アレクサンドル・セルゲーヴィッチ・プーシキン 作
プロスペル・メリメ 仏訳

仏−露 スペードの女王

調　佳　智　雄
直　野　洋　子　訳注

東京 **大学書林** 発行

は　し　が　き

　ロシアの国民的詩人アレクサンドル・セルゲーヴィッチ・プーシキン（1799〜1837）の短篇小説『スペードの女王(クイーン)』（1833）のフランス語訳がはじめて出版されたのは，1852年のことであった。翻訳者は『コロンバ』『カルメン』の作者プロスペル・メリメ（1803〜1870）で，彼は，はじめてロシア文学に興味を抱いたフランス人の一人だった。が，この作品ははじめのうちはメリメの創作とみなされていた。このような誤解が広くゆきわたるにはそれなりの理由があった。

　作家であると同時に博学な考古学者でもあるメリメには，文学を真面目には受け取らない韜晦(とうかい)趣味があった。だから，文壇へのデビューからして，たいへん人を食ったものだった。すなわち彼は，1825年，22歳のときに，処女作『クララ・ガスル戯曲集』を，スペインの著名な女優クララ・ガスル Clara Gazul の遺作集として発表したのである。しかも，一部には，巻頭にクララの肖像と称する仮装した自分自身の肖像まで付したのだった。また，1827年には，イリリア（バルカン半島北部の旧地名）語の詩選集という但し書きをつけて『ラ・グズラ』La Guzla を刊行している。このときには，フランスの雑誌『ジュルナル・デ・サヴァン』までだまされている。プーシキンもだまされた一人で，フランス語に堪能であった彼はその詩集のロシア語訳を企てている。『西スラヴ人の歌』がそれである。ただし，これは『ラ・グズラ』の逐語的な翻訳ではなく，別な資料も駆使してスラヴ民族独立のための英雄的な戦いをメイン・テ

—i—

　　　　　　　は　し　が　き

ーマとした自由な翻訳である．つまり，だまされはしたが，プ
ーシキンは，この「翻訳」によって，自己の詩才の柔軟性を示
す結果となったのである．ちなみにゲーテは，ガスル Gazul と
グズラ Guzla のアナグラム（綴り変え）に気づいて，これがメ
リメのいたずらであることを見破っている．

　こんなふうにメリメに二度まで一杯食わされた読者が，『スペ
ードの女王《クイーン》』のフランス語訳が現れたとき，これを彼の創作と
信じたのは無理からぬことである．ましてや，メリメの訳がみ
ごとなフランス語であってみれば，なおさらであろう．メリメ
の訳文とプーシキンの原文には，ところどころに，注意深く読
み比べないと気がつかないほどの微妙な違いが見られる．これ
をメリメの語学力の不足の所為《せい》にする向きもあるが，「プーシキ
ンの『スペードの女王《クイーン》』の文章はフランス語そのものだ，それ
も（メリメが好んでいた）18世紀風の…」というメリメの文章
から判断しても，二つの文章の違いは美しいフランス語をめざ
す訳者の努力の現れであろう．要するに，プーシキンとメリメ
は，奇しくも，自己の文体となるまで相手の文体を咀嚼《そしゃく》すると
いう，同じ努力をしていたのである．

　ところで本書は，プーシキンの原文とメリメの訳文とを同時
に学習できるように編集した．すなわち，見開きの左手にフラ
ンス語テキストを，右手にロシア語テキストを並べ，巻末に主
として語学的な注釈とフランス語テキストの日本語訳とを加え
た．なお，解説および巻末のフランス語の語注と日本語訳は調
が，ロシア語の語注は直野が担当した．なお，フランス語の底
本として Prosper Mérimée《CONTES RUSSES》Le Divan 社
版（1931）を，ロシア語の底本として "А. С. Пушкин . Собрание
сочинений в 10 томах" М. : ГИХЛ, 1959-1962, Т.5 "Романсы. по-

　　　　　　　　　　　— ii —

は　し　が　き

вести" (Электронная публикация - РВБ, 2000-2015), "От Пушкциа до Чехова / From Russian Prose" А. Турков (сост.), Москва, 1974 を使用した。

2016 年 6 月

調　佳智雄
直野　洋子

目　　次

はしがき ………………………………………………………………… i

解　説 …………………………………………………………………… v

LA DAME DE PIQUE …………………………………………………… 2

ПИКОВАЯ ДАМА ……………………………………………………… 3

注釈　フランス語 …………………………………………………… 98

注釈　ロシア語 ……………………………………………………… 152

スペードの女王(クイーン) ………………………………………………………… 165

エピグラフの和訳 …………………………………………………… 202

解　　説

　アレクサンドル・セルゲーヴィッチ・プーシキンは，退役近衛将校の父セルゲイとエキゾチックな美人の母ナジェージダの長男として，1799年に，モスクワで生まれた。プーシキン家は，13世紀にプロシアから移住してアレクサンドル・ネフスキイ公に仕えた名門貴族の家柄で，母方の曽祖父には，アフリカ生まれの黒人でピョートル大帝の寵臣，陸軍大将のアブラーム・ペトロヴィッチ・ガンニバルがいる。詩人は，髪の毛が縮れ，肌が浅黒く，口数の少ない，鈍重な子供だったが，7歳のころに，目がきらきら輝く，腕白で活発ないたずらっ子に変身した。先祖から受け継いだアフリカ的情熱が目覚めたのかもしれない。

　プーシキンは，必ずしも両親の愛情には恵まれなかったが，正確で美しいロシア語を話して「彼の最初のロシア語教師」と言われた母方の祖母と，詩人にお伽話を語り民謡を歌い聞かせて彼の詩と生活に大きな影響を及ぼした乳母の愛情に包まれて育った。詩人の幼年時代の教育に当ったのはフランス人家庭教師だったが，ろくな人物がいず，詩人は彼らに強く反発した。そこで詩人は，父親が開放した自宅のサロンで，史家でロシア語改革運動の総帥でもあるカラムジンおよびそのシンパである伯父で詩人のワシーリイ・プーシキン，ロマン派の代表詩人ジュコフスキイら当代一流の文人たちの政治や文学談義，自作の披露や朗読を直接見たり聞いたりして，学んだのである。

　ところで，詩人の一生を方向づけるとともにその文学的な才能が一気に開花したのは，リツェイ（貴族学校）生活において

—v—

解　説

である。

　1881 年の秋，首都近郊のツァルスコエ・セロー（皇帝村，現プーシキン市）に 6 年制の貴族学校リツェイが開校し，詩人はその一期生として入学する。この学校は定員 30 で生徒は 3 年に一度しか募集しない全寮制の超エリート校で，教授陣も一流ぞろいなら，級友も多士済済だった。詩人は，外出は不可，面会は休日だけという厳しい寮生活をしばしば修道院生活になぞらえているが，多感な少年たちの共同生活であってみれば，厳しい生活のなかにも楽しいこと心に残ることがたくさんあったに違いない。彼ら同期生は，10 月 19 日のリツェイ開校記念日に毎年同窓会を開いて，“修道院生活”を懐しんでいる。詩人は死の 3 カ月前の開校 25 周年記念同窓会で，自分たちの「聖なる日々」を回想する詩の朗読を始めたが，万感胸に迫って絶句し，友人が代読したという。また，決闘による傷が因で死の床にあったとき，彼は「ここにプーシチンもマリノフスキイもいないのが残念だ」と，旧友 2 人の名を呼んだと伝えられている。この二つのエピソードから，われわれは詩人にとってリツェイ生活が何であったかを推測することができよう。

　プーシキンの詩才は早くから開花し現存する少年時代の作品だけで百二・三十編はある。少年期の詩のなかでもっとも名高いのが『ツァルスコエ・セローーの思い出』で，詩人はこの詩をリツェイ前期課程修了時の公開進級試験の席上で朗読し，詩壇の長老デルジャーヴィンに祝福された。そしてこの“事件”以降，彼の文名はリツェイ内にとどまらず，広く世間にまで広まることになり，ジュコフスキイやカラムジンやその仲間たちがリツェイに少年詩人を訪ねてきて，彼らの交友が始まっている。

　リツェイ開校の翌 1812 年の夏には，ナポレオンがロシア攻撃を開始した。詩人たちは，愛国心を掻き立てられ，戦況に一喜

— vi —

解　　説

一憂し，出征兵士を送り，若すぎて戦場に立てない身の不運を嘆いた。後進国ロシアにとって，この戦争の勝利の意義は画期的なものであった。西欧先進諸国に対するロシア人の劣等意識を払拭し，兵士たちがナポレオンを西ヨーロッパまで追撃して彼の地の文化や制度に触れ，皇帝独裁と農奴制とに苦しむロシアの現実に目覚めるのに役立ったからである。詩人は，そのころ，反農奴派の思想家で当時はナポレオン戦争から帰還したばかりの近衛騎兵連隊の青年将校だったチャダーエフと知り合い，その影響を受けて，痛烈な政治詩を書き始めている。

　詩人のアフリカ的情熱は女性にも向けられ，彼には生涯艶聞の絶えることがなかった。そして，後世の読者にとって幸いなことに，彼はある令嬢のアルバムに恋の対象となった女性のリストを書き残している。いわゆるプーシキンの『ドンファン表』である。この表によれば，真剣な恋は 16，軽いゆきずりの恋は 18，計 34 である。「表」の第一席はナターリヤであるが，幼い恋の対象だったらしく，詳細は不明である。第二席は女官をしていたリツェイの級友の姉「カチェリーナ1」で，全生徒の憧れの的であった。リツェイ時代にはまた，この表にはない恋も二，三取り沙汰されている。その後も，詩人の理解者のカラムジン夫人やエヴドキヤ・ゴリーツィナ公爵夫人ら年上の女性に対する恋や，アンナ・ケルン夫人との恋のように作品に昇華している恋など，枚挙に暇がない。「詩人は醜男だったが，その顔は生き生きとして表情に富み…女たちには好かれたし，彼もまた女性相手となると常になく魅力的になり…」という弟レフの証言や「出会ったすべての美しい女，年若い娘に恋することを義務と心得る」というラエーフスキイ将軍の三女マリーヤの証言からも，恋する男プーシキンの姿が想像できよう。

　プーシキンがリツェイを卒業したのは 1817 年の 6 月だった。

解　　説

詩人は，キューヘリベッケルらの級友とともに，外務院の翻訳官となるが，当時の役所勤めはずいぶんいい加減で（後に出張を命じられたとき詩人は「自分はこれまで7年間勤めに出たことはない」と抗議している），詩人は社交界・劇場通い・恋・酒・喧嘩に明け暮れるのだった。それでも，現実に対する詩人の不満と自由への憧れは強く，盛んに急進思想を盛り込んだ政治詩を書いた。1819年の『農村』は「皇帝の命令による」農奴制度の廃止を願って，時の皇帝アレクサンドル一世を感激させたが，それより前1817年に書いた『自由』ははるかに過激で，血なまぐさいフランス革命を歌い込み，アレクサンドル一世の即位につながる先帝パーヴェル一世の暗殺事件を暗示して，詩人の南方追放の第一の理由となる。

　詩人は，反政府的な政治詩を書いた廉で，1820年に「南方勤務」を命ぜられた。これが21歳から26歳までの6年間に及ぶ追放と終生にわたる監視生活の始まりだった。彼はこの期間にエカチェリノフ，キシニョーフ，オデッサと南方各地を移り住み，最後に母方の領地ミハイロフスコエ村で蟄居生活を送っている。幸い，お目付け役のインゾフ将軍が温厚で詩人に好意的だったために，彼は最大限の自由を与えられた。そこで詩人は，ナポレオン戦争の英雄ラエーフスキイ将軍一家の4ヵ月にわたるコーカサス・クリミヤ旅行に同行したり，将軍の邸宅に忠僕コズロフと移り住んで町の社交界に出入りしたりした。デカブリストと親交を結んだのもこのころのことで，その中にはデカブリストの乱の首謀者で，乱の失敗後絞首刑に処せられたペステリ少佐もいた。彼は『スペードの女王』のナポレオン的風貌を持つ主人公エルマン（ロシア語ではゲルマン）のモデルと言われている。この期間は，生活面では荒れて，女出入りが激しく何度も決闘騒ぎを起こしているが，仕事の面では実りが多く，

— viii —

解　説

多数の抒情詩，書簡詩，寸鉄詩やコーカサス旅行に鼓吹された『盗賊兄弟』『コーカサスの捕虜』『バフチサライの泉』を完成し，代表作『オネーギン』に着手している。

　ミハイロフスコエ村の幽閉生活は抒情詩『冬の夜』さながらのわびしいもので，リツェイ時代の親友プーシチンとデリヴィグが危険を冒して来訪した他は，隣村の女地主オーシポワ夫人一家との交遊と老いたる乳母アリーナから民謡や民話を聞くことだけが慰めであった。だが，その生活は，詩人に自分を見つめ直したり，民衆の生活や考え方を知ったり，創作に励む機会を与えてくれた。この時代の作品に，情熱の女アンナ・ケルン夫人に与えた『＊＊＊に』を含む抒情詩百編，『オネーギン（第三，四章）』，物語詩『ジプシー』等がある。オデッサの海との別れに仮託してバイロン主義との決別を歌った『海へ』およびシェイクスピア研究の成果である史劇『ボリス・ゴドゥノフ』など，プーシキンの転機を示す重要な作品が書かれたのもこの時期である。

　詩人が村で蟄居生活を送っていた 1825 年 11 月，皇帝アレクサンドル一世が急死した。ニコライ一世が帝位を継ぐまでに多少の混乱があり，12 月 14 日に，農奴制の廃止と立憲政治の確立を目指す青年貴族たちが決起した。デカブリストの乱である。だが，簡単に鎮圧され，参加者全員が逮捕された。翌年，ルイレーエフ，ペステリらいずれも詩人に面識のあった 5 人が絞首刑に，プーシチン，キューヘリベッケル，S. ヴォルコンスキイ公爵ら旧友が無期シベリヤ流刑に処せられ，詩人に大きな衝撃を与えた。

　その 2 ヵ月後，新帝ニコライ一世から詩人に召喚命令が届いた。当局の方針が改まり，詩人をひたすら隔離するのではなく，積極的に利用することになったのだ。詩人は，モスクワで皇帝

解　説

に拝謁し，「反乱当日首都にいたら，どうしたか」とたずねられて，率直に「反乱に加わったことでしょう」と答えている。謁見の首尾は上々で，今後は皇帝が直々作品の検閲をするということで，詩人は追放を解除された。しかし，彼は真の自由を得たのではなかった。秘密警察の厳重な監視下に置かれ，その言動が逐一報告され，詮索好きな郵便局長の手でその信書が開封されたからである。

　モスクワに数年ぶりにもどった詩人は，たちまち，酒，賭博，女，決闘騒ぎ，とほぼ昔の放蕩生活へ逆戻りする。彼は以前から賭けトランプに手を染めていたが，このころはことに熱中して，書き上げたばかりの『オネーギン』第五章を賭け，それに負けるとピストル二挺を賭けた，と伝えられている。

　詩人が結婚を考え始めたのもこのころのことである。彼は1828年の暮か翌年の初めに将来の妻ナターリヤ・ゴンチャローワと出会っている。16歳になったばかりのナターリヤの美しさに参った詩人は，例によって短兵急に求婚し，断られる。すると，詩人は，皇帝の許可も得ないままに，その日のうちに，対トルコ戦中のコーカサスへ旅立っている。旅先では詩人は飛び交う弾丸の下に立っても顔色一つ変えなかったし，戦死したコサック兵の槍を取って実際に突撃を敢行したことさえある，と伝えられている。帰国後も，詩人は，ナターリヤに求婚し続けて，ついに1830年の6月に，受け入れられた。

　ゴンチャロフ家は，17世紀に亜麻布と紙で財を成した家柄であるが，当時は落魄していた。ナターリヤは伝説的な美貌の持主だが，詩人の仕事に興味も理解も示さなかった。妻の両親は，二人の婚約後も，詩人に対して冷淡な態度をとり，結婚準備も費用は詩人持ちという有様で，彼は必ずしも幸せではなかった。

　このように精神的に不安定だった1830年の秋に，詩人はボル

— x —

解　　説

ジノ村に 3 ヵ月間滞在する機会があった。村では創作意欲が大いに高まって，主な作品だけでも，《ベールキン物語》（短篇小説五編『葬儀屋』『駅長』『百姓令嬢』『その一発』『吹雪』），『オネーギン』の終章，詩数編，小悲劇数編があり，この期間は「ボルジノの秋」と呼ばれている。

1831 年 2 月 18 日の挙式後，詩人は思い出深いツァルスコエ・セローで新婚生活を始めた。ここで過ごした数か月間は，詩人の 6 年余の結婚生活でもっとも幸せな日々だった。その上，首都のコレラ騒ぎで宮中がこの村の離宮に移ってきて，詩人夫妻は皇帝に謁見を許される。秋にはコレラ騒ぎも収まり，彼らはペテルブルグに移り住む。やがて皇帝の口添えで，詩人は外務院にリツェイ卒業時より一階級上の九等官として再登録され，ナターリヤはペテルブルグ社交界の星となる。結婚後 2 年半は詩人の創作活動は低調だったが，1833 年の一ヵ月半にわたる「第二ボルジノの秋」には，『青銅の騎手』『スペードの女王（クイーン）』『プガチョフ反乱史』および幾編かの民話詩に抒情詩を完成している。

その後，詩人は年少侍従に任命される。が，これは彼にとって屈辱以外の何ものでもなかった。この地位が社交界入りをしたばかりの十八，九の青年にふさわしい宮廷職で，しかも，詩人のためではなく，宮廷の覚えのめでたいナターリヤにすべての宮廷舞踏会に出席する権利を与えるために用意されたものであったからだ。その結果，うち続く舞踏会のために，ナターリヤは流産し，一家の財政はいっそう圧迫されることになる。そのころ『スペードの女王（クイーン）』が出版され，首都の賭博者たちが作中の張り手にならって「三，七，エース」と張っている，と詩人が日記に書き留めるほどの評判を取りながら，当時の出版事情では彼の懐はまったく潤わず，彼の物質的精神的困難は度を

— xi —

解　説

深めるばかりであった。

　その上，4人の子持ちであったナターリヤとフランスから流れてきた美男の近衛将校ジョルジュ・ダンテスの間が社交界の評判になり，詩人を苦しめるようになった。1836年の11月には，詩人のコキュ（寝取られ亭主）ぶりを嘲笑する匿名の手紙が友人の間にばらまかれるという事件が起きた。詩人は激昂し，ただちにダンテスに決闘を申し込んだ。友人たちは決闘を避けるために，ダンテスの相手はナターリヤではなく実は彼女の実姉のエカテリーナであるとして，翌1837年1月10日には二人を結婚させる。が，その後もナターリヤに対するダンテスの態度は改まらず，ついに1月27日に，ペテルブルグ郊外で，詩人とダンテスの間で決闘が行なわれた。詩人は，腹部に致命傷を受け，29日に絶命する。享年37であった。

　友人の一人はこう回想している。「ロシア人なら，誰一人としてプーシキンに銃口を向ける者はいないだろう。だが，フランス人にはロシアの栄光を惜しむ気持などさらさらなかったのだ」

　プーシキンは，現代ロシア語の確立者・近代ロシア文学の創立者であり，抒情詩・物語詩・史劇・韻文小説・散文小説・紀行・歴史等々，文学のさまざまなジャンルにすぐれた業績を残している。が，ロシア人にとって彼は何よりも詩人であって，ロシア人は学校や家庭で諧調に富んだ彼の詩を暗唱させられて育つ，と言われている。彼の詩が国民にかくも親しまれているのは，それが民衆の生活に深くかかわり，民衆の夢と希望を歌っているからにほかならない。

　プーシキンの文学は初期においてはロマン主義的であり，ロマンチックな抒情詩あるいは物語詩がその主な仕事であるが，ミハイロフスコエ村における蟄居時代から写実主義的作風に変

解　　説

っている。その転機となったのは史劇『ボリス・ゴドゥノフ』
で，以後，簡潔明快な散文からなる珠玉の短篇小説集『ベール
キン物語』，領地争いに敗れて盗賊に身を落とした元貴族の物語
『ドブロフスキイ』，プガチョフの乱に取材した長編小説『大尉
の娘』等リアリスティックな散文作品が続く。農奴制と専制政
治という自国の暗い現実から目をそむけることができないロシ
アの文学者として，彼は高度に思想的にならざるを得なかった
のであろう。しかし，プーシキンの代表作は「ロシアの生活の
百科事典であり，真に国民的作品」（ベリンスキー）である韻文
小説『エヴゲーニイ・オネーギン』であろう。この作品はまた，
ロシア文学に名高い「余計者」の系譜を作り出し，ロシア文学
史上もっとも魅力的な女性と言われるタチヤーナを創造してい
る。

　『スペードの女王』は，十九世紀初頭のロシアの首都ペテルブ
ルグの二つの階級，すなわち支配階級たる貴族と被支配階級と
の相克ないしは対比がそのテーマになっている。フェドトヴナ
伯爵夫人や孫の公爵トムスキイ等が貴族階級を代表し，ドイツ
移民の子孫である主人公エルマンが非貴族階級を代表している
のは言うまでもないが，リザベタもまたエルマンに近い存在で
ある。というのも，彼女は身分こそ貴族であるが，伯爵夫人の
養女＝召使の立場にあるからである。だからこそ彼女はエルマ
ンを自分の救い主と信じて，彼に賭けるのである。その結果，
邪悪なエルマンは滅びて，善意のリザベタは伯爵夫人の執事の
息子（非貴族階級）と幸せな結婚生活を送ることになるのであ
る。しかしながら本編はまた，歴史の枠組を超えて，ナポレオ
ン的上昇志向を持った人間の典型を創造するのに成功している。
プーシキンはかかる主人公が金銭欲に囚われ，次第に人間的な
感情を失って破滅してゆく過程を，虚飾を排した簡潔な文体で

— xiii —

解　　説

リアリスティックに描き切っている。主人公の性格が一面的ではなく矛盾に満ちていることも，作品の厚みを増している。すなわち彼は，根っからの博打好きでありながら分を心得ていて，はじめのうちは賭けトランプを傍で観戦するばかりで，決して参加せず，また，秘密の必勝法の存在を知っても「倹約・節制・勤勉」こそ自分の必勝法だとして自制していたが，街を彷徨中に偶然伯爵夫人邸に行き当たり，リザベタと顔を合わせたことから，悪魔の策略を思いつくのである。本編をホフマン的な幻想小説である，とする批評があるが，本編は発端から結末に至るまで間然するところのない，写実小説である。

　ところで『スペードの女王（クイーン）』では，賭けトランプが全編の主要なモチーフとなっている。その賭けトランプは十九世紀三十年代のロシア貴族社会に流行したシュットスと呼ばれるもので，そのヴァリアントがファラオンあるいはバンクであるが，そのやり方を以下箇条書き風に記す。

1. まず，親が基本となる賭け金を宣言する。
2. 子（複数も可）はいかなる賭け方をするかを選択して，それを表明する。それは賭け金の額を一定に保つたまま賭けるミランドル，賭け金を二倍にするパロリ，四倍にするパロリ・ぺとがある。
3. 次に子が賭けるべきカードを，たとえば「クラブの2」とコールするか，またはそのカードの角を折って周知せしめる。
4. こんな風にして賭けが成立すると，親は一組のトランプを一枚一枚カードを表に返しながら，右，左と順に並べていく。もし，子のコールしたカード（この場合はクラブの2）が親の右側に（つまり子の左側に）出れば，親の勝ちに，左側に（つまり子の右側に）出れば，子の勝ちとなる。賭

— xiv —

解　　説

けたカードが出ればその回の勝負は終り，つづいて二回目
が行なわれる。

5. いかさまを避けるには，子の賭けるカードが親に知れなけ
ればよい。そこで，賭けは普通二組のトランプを使って行
なわれる。一組は親が持ち，すでに説明したような手順を
踏む。子はもう一組のトランプの中から好きなカードを抜
き出し，それを開かずにテーブルの上に置くか，そのカー
ドの角を折る。そして場に自分の選んだカードと同じカー
ドが出たら，子は自分のカードを開き，勝負が決まるので
ある。

　ところで，エルマンは二晩連続して勝ち，三晩目に，伏せて
いたカードの札を開けてみると，自分が賭けたはずのエースで
はなく，クイーンが出て，土壇場で大勝負を失ってしまう。こ
のどんでん返しの原因を故伯爵夫人の悪意その他の超自然的な
ものに帰することも一つの解釈であろうが，賭けの過程には陥
りやすい陥穽があることもまた事実である。賭け金の額が大き
い場合，政府認可の帯封が張られた新しいトランプが用いられ
るからである。つまり，新しいトランプはカードが張りついて
二枚重なりやすいのである。

　なお，賭け方には，すでに説明したものの他に，大金を狙っ
て場銭を急激に増やす「ルテ」がある。それは，一回目の勝負
の後，二回目，三回目を連続して倍々に賭ける（つまり「パロ
リ）と「パロリ・ペ」とを連動させる）方法で，エルマンが三
晩にわたって賭けた賭け方がそれである。したがって，もしエ
ルマンが計算通り勝っていれば，

　　　　第1日目　　　4万7千＋4万7千＝9万4千
　　　　第2日目　　　9万4千＋9万4千＝18万8千
　　　　第3日目　　　18万8千＋18万8千＝37万6千

解　　説

となって，元金は四倍，八倍に，純利益は三倍，七倍となるのである。

『スペードの女王^{クイーン}』の翻訳者プロスペル・メリメ（1803 〜 1870）はパリの上流家庭に生まれた。父は著名な画家兼化学者で母も絵心のある教養人だったから，メリメは自然デッサンをよくし，多くの肖像や風物を描き残している。その出来栄えは素人離れしており，同じ趣味を持つプーシキンより上と言う人もいるほどである。彼は，父親の希望もあってパリ大学で法律を学び卒業もしているが，在学中に文学に興味が移り，むしろその方面の勉強に精を出した。だから，彼は博学多才で，英，独，西，伊，露語から，スペイン各地の方言，さらにはギリシア語，ラテン語にまで通じていたし，美術史，考古学にも詳しく，後には歴史的記念物監督官として史蹟の保存に成果をあげ，学芸と文学の最高の栄誉である歴史アカデミーとアカデミー・フランセーズの会員に選ばれもした。作家としては珍しいこのような経歴から，彼の韜晦^{とうかい}的な態度が生まれたのであろう。しかしながら，時折ひけらかされる彼の硬質の学識が物語の世界に理性と客観の光を投げかけ，独特の雰囲気を醸し出すのに役立っているし"本職"がらみの旅行からインスピレーションを得たり，作品の題材そのものを採集したりすることが多いのもまた事実である。

メリメは，『クララ・ガスル戯曲集』『イリリア語の詩選集』で，"はしがき"で触れたような衝撃的なデヴューを果たし，また，ウォルター・スコット流の長篇歴史小説『シャルル九世年代記』も書いているが，彼の真価が発揮されるのは，それ以後発表された『タマンゴ』『マテオ・ファルコーネ』『エトルリアの壺』『コロンバ』『カルメン』等の中・短編小説においてである。

— xvi —

解　説

　メリメは生涯独身を通したが、「わたしは一度も公衆のために
など書いたことはない。わたしはいつも特定のある人のために
書いたのだ」という彼の有名な言葉通り、艶聞には事欠かない。
彼がその人のために書いたとされる最初の人は貿易商の夫人で、
メリメより5歳年長のラコスト夫人である。彼がアメリカ滞在
から戻ったばかりの夫人と1827年に出会うと、すぐに二人は愛
し合うようになった。しかし二人の間柄が、まるでプーシキン
のような決闘狂の夫に知れて、たちまち決闘ということになっ
た。メリメは、自分が発射するより先に、決闘慣れのした相手
から腕と肩にピストルの弾丸三発を食らったが、幸い、数日後
には、包帯姿ながらサロンに顔を出すことができた。二人の関
係はそれから二年ほど続いてから終りを告げた。二番目の人は
当時のシャルトル知事の妻ドレセール夫人で、二人の関係は
1834年ごろ始まって、37年ごろ最高潮に達し、その後も54年
まで続いていたが、この年の暮にとつぜん、彼女からメリメの
もとに絶交状が届いたのだった。彼女に新しい恋人ができたか
らだ。しかしメリメの衝撃と悲嘆は大きく、ある手紙に「わた
しはもう、仕事をする気がなくなってしまいました。誰のため
に仕事をしたらいいのか、その相手の人がいないのです」確か
に、そのころから、彼のかつての旺盛な創作力は衰え、彼の仕
事は主としてロシアの歴史的研究、二、三の翻訳、ロシア作家
論等に移っている。

　ところで、メリメがロシア語の勉強を始めたのは、1848年、
48歳の年で、翌年には早くも『スペードの女王(クイーン)』を発表してい
る。こんな風に彼がロシア語に長足の進歩を遂げたのは、彼が
単なる語学の天才ではなく、ロシア語に惚れ込んでいたからで
あろう。彼はこう書いている。「ロシア語はギリシア語を勘定に
入れても、ヨーロッパでもっとも美しい。ドイツ語より美しく、

— xvii —

解　説

かつすばらしく明晰な言語である。この言語はまだ若い。だから，学者たちが損〔そこ〕なう時間がなかったのだ。ロシア語はことに大いに詩に向いている」

　メリメは，第二帝政樹立（1852）の翌年には上院議員となり，さらには皇室の側近となった。ナポレオン三世の皇妃ウージェニーが彼のスペイン旅行以来の友人モン・ティホ伯爵夫人の娘で，彼は幼い彼女を膝に抱いてお伽話をしてやったことがあったからである。このため，晩年は，『ロキス』や『ジュマーヌ』など二，三の作品をまたもウージェニーのために書いた他は，文学，ましてや創作より，政治や社交に気を取られることの多い日々を過ごし，第二帝政の没落と歩調を合わせて，1870 年に67 歳で没している。

　彼の創作活動が盛んだった時代はほぼロマン派の全盛期に当たるが，彼の文学はロマン主義とは一線を画している。といっても，ロマン派の影響を全然受けていないわけではない。それどころか，彼が作品に好んで展開する歴史趣味，異国趣味（とりわけスペイン・イタリアに対する思い入れ），原始的な自然，野性的な情熱，非日常的で強烈な色彩や感覚，幻想の世界等は，まぎれもなくロマン派の主題そのものと言ってよい。だが気質的に古典派的なメリメは，このようなロマン派的な主題を，ロマン派の作家たちのように，感情の赴くまま，ときには大げさな美辞麗句をも厭〔いと〕わずに歌い上げるのではなく，選び抜いた言葉を用い，抑制のきいた淡々とした口調で，客観的かつ簡潔に語るのである。このために，メリメは，20 歳も年上の友人スタンダールとともに，写実主義文学の先駆けとみなされている。

　プーシキンとメリメには，たびたび決闘を申し込んだ人間とただ一度だけ申し込まれた人間程度には気質の違いがあり，前者はロマン派的，後者は古典派的と言えようが，メリメの登場

— xviii —

解　　説

人物とプーシキンのそれにはしばしば大きな相似性が見られる。たとえば，戯れに自分の指に婚約指輪をはめた青年をその婚礼の夜に取り殺す『イルのヴィーナス』とエルマンの運命を狂わせる『スペードの女王（クイーン）』；結ばれると殺されることを予知しながらも結ばれ，しかも他の男に心を移して，予知通りに夫ホセに殺される情熱の女『カルメン』と，一目で自分たちが結ばれることを見抜いてお尋ね者を夫にしながら，心変りをして夫に殺される『ジプシー』のゼムフィーラ；最愛のジプシー女カルメンを殺す夫ホセと，妻とその情人を殺す『ジプシー』のアレコ等ロマン派的な人物がそうである。このような相似性がメリメをして本能的にほかのロシア作家に先んじて（メリメはゴーゴリ，ツルゲーネフの作品も仏訳している），プーシキンを取り上げせしめたのであろう。

LA DAME DE PIQUE
ПИКОВАЯ ДАМА

LA DAME DE PIQUE

I

On jouait chez Naroumof [1], lieutenant aux gardes à cheval [2]. Une longue nuit d'hiver s'était écoulée [3] sans que personne s'en aperçût [4], et il était cinq heures du matin quand on servit le souper [5]. Les gagnants se mirent à table [6] avec grand appétit; pour les autres [7] ils regardaient leurs assiettes vides. Peu à peu [8] néanmoins, le vin de Champagne aidant [9], la conversation

ПИКОВАЯ ДАМА

Пи́ковая да́ма означа́ет та́йную недоброжела́тельность.

Новейшая гадательная книга. [1]

I

А в нена́стные дни
Собира́лись они́
Ча́сто;
Гну́ли [2] — бог их прости́! — [3]
От пяти́десяти
На́ сто,
И вы́игрывали,
И отпи́сывали
Ме́лом. [4]
Так, в нена́стные дни,
Занима́лись они́
Де́лом.

Одна́жды игра́ли в ка́рты у конногварде́йца [5] Нару́мова. До́лгая зи́мняя ночь прошла́ незаме́тно; се́ли у́жинать в пя́том часу́ утра́. [6] Те, кото́рые оста́лись в вы́игрыше, е́ли с больши́м аппети́том, про́чие, в рассе́янно- [7] сти, сиде́ли перед пусты́ми свои́ми прибо́рами. [8] Но [9] шампа́нское яви́лось, разгово́р оживи́лся, и все при́няли

LA DAME DE PIQUE

s'anima et devint générale.[10]

— Qu'as-tu fait aujourd'hui, Sourine ? demanda le maître de la maison à un de ses camarades.[11]

— Comme toujours,[12] j'ai perdu. En vérité, je n'ai pas de chance.[13] Je joue la *mirandole*;[14] vous savez si j'ai du sang-froid.[15] Je suis un ponte[16] impassible, jamais je ne change mon jeu,[17] et je perds toujours[18]!

— Comment! Dans toute ta soirée, tu n'as pas essayé une fois de mettre sur la rouge[19] ? En vérité ta fermeté me passe.[20]

— Comment trouvez-vous Hermann[21] ? dit un des convives en montrant un jeune officier du génie.[22] De sa vie, ce garçon-là n'a fait un paroli, ni touché une carte,[23] et il nous regarde jouer[24] jusqu'à cinq heures du matin.

— Le jeu m'intéresse, dit Hermann, mais je ne suis pas d'humeur à risquer le nécessaire[25] pour gagner le superflu.

— Hermann est Allemand; il est économe, voilà tout,[26] s'écria Tomski; mais ce qu'il y a de plus étonnant, c'est ma grand-mère,[27] la comtesse Anna Fedotovna.

— Pourquoi cela[28] ? lui demandèrent ses amis.

— N'avez-vous pas remarqué, reprit Tomski, qu'elle ne joue jamais ?

— En effet,[29] dit Naroumof, une femme de quatre-

— 4 —

ПИКОВАЯ ДАМА

в нём уча́стие.

— Что ты сде́лал, Су́рин? — спроси́л хозя́ин.

— Проигра́л, по обыкнове́нию. На́добно призна́ться, что я несча́стлив: игра́ю мирандо́лем, никогда́ не горячу́сь, ниче́м меня́ с то́лку не собьёшь, а всё прои́грываюсь!

— И ты ни ра́зу не соблазни́лся? ни ра́зу не поста́вил на *руте́*?.. Твёрдость твоя́ для меня́ удиви́тельна.

— А како́в Ге́рманн! — сказа́л оди́н из госте́й, ука́зывая на молодо́го инжене́ра, — о́троду не брал он ка́рты в ру́ки, о́троду не загну́л ни одного́ паро́ли, а до пяти́ часо́в сиди́т с на́ми и смо́трит на на́шу игру́!

— Игра́ занима́ет меня́ си́льно, — сказа́л Ге́рманн, — но я не в состоя́нии же́ртвовать необходи́мым в наде́жде приобрести́ изли́шнее.

— Ге́рманн не́мец: он расчётлив, вот и всё! — заме́тил То́мский. — А е́сли кто для меня́ непоня́тен, так э́то моя́ ба́бушка графи́ня А́нна Федо́товна.

— Как? что? — закрича́ли го́сти.

— Не могу́ пости́гнуть, — продолжа́л То́мский, — каки́м о́бразом ба́бушка моя́ не понти́рует!

— Да что ж тут удиви́тельного, — сказа́л Нару́мов, —

LA DAME DE PIQUE

vingts ans qui ne ponte pas[30], cela est extraordinaire.

— Vous ne savez pas le pourquoi ?

— Non. Est-ce qu'il y a une raison ?

— Oh ! bien, écoutez. Vous saurez que[31] ma grand-
mère, il y a quelque soixante ans[32], alla à Paris et y fit
fureur[33]. On courait après elle[34] pour voir *la Vénus mos-
covite*. Richelieu lui fit la cour[35], et ma grand-mère pré-
tend qu'il s'en fallut peu qu'elle ne l'obligeât par ses
rigueurs à se brûler la cervelle[36]. Dans ce temps-là, les
femmes jouaient au pharaon[37]. Un soir, au jeu de la
cour, elle perdit sur parole[38], contre le duc d'Orléans[39],
une somme très considérable. Rentrée chez elle[40], ma
grand-mère ôta ses mouches[41], défit ses paniers[42], et
dans ce costume tragique[43] alla conter[44] sa mésaventure
à mon grand-père, en lui demandant de l'argent pour
s'acquitter. Feu mon grand-père[45] était une espèce
d'intendant[46] pour sa femme. Il la craignait comme le
feu[47], mais le chiffre qu'on lui avoua le fit sauter au
plancher[48] ; il s'emporta, se mit à faire ses comptes[49], et
prouva à ma grand-mère qu'en six mois[50] elle avait dé-
pensé un demi-million[51]. Il lui dit nettement qu'il
n'avait pas à Paris ses villages[52] des gouvernements
de Moskou et de Saratof[53], et conclut en refusant les
subsides demandés. Vous imaginez bien la fureur de
ma grand-mère[54]. Elle lui donna un soufflet et fit lit à
part[55] cette nuit-là en témoignage de[56] son indignation.

— 6 —

ПИКОВАЯ ДАМА

что осьмидесятилетняя старуха не понтирует?

— Так вы ничего про неё не знаете?

— Нет! Право, ничего!

— О, так послушайте:

Надобно знать, что бабушка моя, лет шестьдесят тому назад, ездила в Париж и была там в большой моде. Народ бегал за нею, чтоб увидеть la Vénus moscovite; Ришельё за нею волочился, и бабушка уверяет, что он чуть было не застрелился[25) от её жестокости.

В то время дамы играли в фараон. Однажды при дворе она проиграла на слово[26) герцогу Орлеанскому что-то очень много.[27) Приехав домой, бабушка, отлепливая мушки с лица и отвязывая фижмы, объявила дедушке о своём проигрыше и приказала заплатить.

Покойный дедушка, сколько я помню, был род бабушкина дворецкого.[28) Он её боялся, как огня;[29) однако, услышав о таком ужасном проигрыше, он вышел из себя,[30) принёс счёты, доказал ей,[31) что в полгода они издержали полмиллиона, что под Парижем[32) нет у них ни подмосковной,[33) ни саратовской деревни, и начисто отказался от платежа. Бабушка дала ему[34) пощёчину и легла спать одна, в знак своей немилости.

25

LA DAME DE PIQUE

Le lendemain elle revint à la charge.[57] Pour la pre-
mière fois[58] de sa vie elle voulut bien condescendre à
des raisonnements[59] et des explications. C'est en vain
qu'elle s'efforça de démontrer[60] à son mari qu'il y a
5 dettes et dettes,[61] et qu'il n'y a pas d'apparence d'en[62]
user avec un prince comme avec un carrossier.[63]
Toute cette éloquence fut en pure perte,[64] mon grand-
père était inflexible. Ma grand-mère ne savait que
devenir.[65] Heureusement, elle connaissait un homme
10 fort célèbre[66] à cette époque. Vous avez entendu par-
ler du comte de Saint-Germain,[67] dont on débite tant
de merveilles.[68] Vous savez qu'il se donnait pour une
manière de Juif errant,[69] possesseur de l'élixir de vie[70] et
de la pierre philosophale.[71] Quelques-uns se moquaient
15 de lui[72] comme d'un charlatan. Casanova,[73] dans ses Mé-
moires,[74] dit qu'il était espion. Quoi qu'il en soit,[75] malgré
le mystère de sa vie,[76] Saint-Germain était recherché
par la bonne compagnie[77] et était vraiment un homme
aimable. Encore aujourd'hui ma grand-mère a
20 conservé pour lui une affection très vive, et elle se
fâche tout rouge[78] quand on n'en parle pas avec res-
pect. Elle pensa[79] qu'il pourrait lui avancer la somme[80]
dont elle avait besoin, et lui écrivit un billet pour le
prier de passer chez elle. Le vieux thaumaturge ac-
25 courut aussitôt et la trouva plongée dans le déses-
poir.[81] En deux mots,[82] elle le mit au fait,[83] lui raconta son

— 8 —

ПИКОВАЯ ДАМА

На другóй день онá велéла позвáть мýжа, надéясь, что домáшнее наказáние над ним подéйствовало, но нашлá его непоколебимым.[35] В пéрвый раз в жи́зни онá дошлá с ним до рассуждéний и объяснéний;[37] дýмала усóвестить[38] его, снисходи́тельно докáзывая,[39] что долг дóлгу рознь[40] и 5 что есть рáзница мéжду при́нцем и карéтником. — Кудá![41] дéдушка бунтовáл. Нет, да и тóлько![42] Бáбушка не знáла, что дéлать.

С нéю был кóротко знакóм[43] человéк óчень замечáтельный. Вы слы́шали о грáфе Сен-Жермéне, о котóром рас- 10 скáзывают так мнóго чудéсного. Вы знáете, что он выдавáл себя́[44] за вéчного жидá, за изобретáтеля жи́зненного эликси́ра и филосóфского кáмня,[45] и прóчая. Над ним смея́лись, как над шарлатáном, а Казанóва в свои́х Запи́сках говори́т, что он был шпиóн; впрóчем, Сен- 15 Жермéн, несмотря́ на свою́ тáинственность, имéл óчень почтéнную нарýжность[46] и был в óбществе человéк óчень[47] любéзный.[48] Бáбушка до сих пор лю́бит егó без пáмяти и сéрдится, éсли говоря́т об нём с неуважéнием.[49] Бáбушка знáла, что Сен-Жермéн мог располагáть больши́ми[50] 20 деньгáми. Онá реши́лась к немý прибéгнуть.[51] Написáла емý запи́ску и проси́ла немéдленно к ней приéхать.

Стáрый чудáк яви́лся тóтчас и застáл в ужáсном гóре.[52] Онá описáла емý сáмыми чёрными крáсками вáрварство мýжа[53] и сказáла наконéц, что всю свою́ надéжду полагáет 25

— 9 —

LA DAME DE PIQUE

malheur et la cruauté de son mari, ajoutant qu'elle n'avait plus d'espoir que dans son amitié[84] et son obligeance. Saint-Germain, après quelques instants de réflexion : Madame, dit-il, je pourrais facilement vous avancer l'argent[85] qu'il vous faut ; mais je sais que vous n'auriez de repos qu'après me l'avoir remboursé[86], et je ne veux pas que vous sortiez d'un embarras pour vous jeter dans un autre[87]. Il y a un moyen de vous acquitter. Il faut que vous regagniez cet argent... — Mais, mon cher comte, répondit ma grand-mère, je vous l'ai déjà dit[88], je n'ai plus une pistole[89]... — Vous n'en avez pas besoin[90], reprit Saint-Germain : écoutez-moi seulement[91]. Alors il lui apprit un secret que chacun de vous, j'en suis sûr, payerait fort cher[92].

Tous les jeunes officiers étaient attentifs. Tomski s'arrêta pour allumer une pipe, avala une bouffée de tabac et continua de la sorte[93] :

— Le soir même, ma grand-mère alla à Versailles au jeu de la reine. Le duc d'Orléans tenait la banque[94]. Ma grand-mère lui débita une petite histoire[95] pour s'excuser de n'avoir pas encore acquitté sa dette[96], puis elle s'assit et se mit à ponter. Elle prit trois cartes : la première gagna ; elle doubla son enjeu sur la seconde, gagna encore, doubla sur la troisième[97] ; bref, elle s'acquitta glorieusement.

— Pur hasard ! dit un des jeunes officiers[98].

— 10 —

ПИКОВАЯ ДАМА

на его́ дру́жбу и любе́зность.

Сен-Жерме́н заду́мался.

«Я могу́ вам услужи́ть э́той су́ммою, — сказа́л он, — но зна́ю, что вы не бу́дете споко́йны, пока́ со мно́ю не расплати́тесь, а я бы не жела́л вводи́ть вас в но́вые хло́поты. Есть друго́е сре́дство: вы мо́жете отыгра́ться».
— «Но, любе́зный граф, — отвеча́ла ба́бушка, — я говорю́ вам, что у нас де́нег во́все нет». — «Де́ньги тут не нужны́, — возрази́л Сен-Жерме́н: — изво́льте меня́ вы́слушать». Тут он откры́л ей та́йну, за кото́рую вся́кий из нас до́рого бы дал...

Молоды́е игроки́ удво́или внима́ние. То́мский закури́л тру́бку, затяну́лся и продолжа́л.

В тот же са́мый ве́чер ба́бушка яви́лась в Верса́ли, au jeu de la Reine. Ге́рцог Орлеа́нский мета́л; ба́бушка слегка́ извини́лась, что не привезла́ своего́ до́лга, в оправда́ние сплела́ ма́ленькую исто́рию и ста́ла про́тив него́ понти́ровать. Она́ вы́брала три ка́рты, поста́вила их одну́ за друго́ю: все три вы́играли ей со́ника, и ба́бушка отыгра́лась соверше́нно.

— Слу́чай! — сказа́л оди́н из госте́й.

LA DAME DE PIQUE

— Quel conte[99]! s'écria Hermann.

— C'était donc des cartes préparées[100]? dit un troisième.

— Je ne le crois pas[101], répondit gravement Tomski.

— Comment! s'écria Naroumof, tu as une grand-mère qui sait trois cartes gagnantes, et tu n'as pas encore su te les faire indiquer[102]?

— Ah! c'est là le diable[103]! reprit Tomski. Elle avait quatre fils, dont mon père était un[104]. Trois furent des joueurs déterminés[105], et pas un seul n'a pu lui tirer son secret[106], qui pourtant leur aurait fait grand bien[107] et à moi aussi. Mais écoutez ce que m'a raconté mon oncle[108], le comte Ivan Ilitch[109], et j'ai sa parole d'honneur[110]. Tchaplitzki — vous savez[111], celui qui est mort dans la misère après avoir mangé des millions[112] —, un jour, dans sa jeunesse, perdit contre Zoritch environ trois cent mille roubles[113]. Il était au désespoir[114]. Ma grand-mère, qui n'était guère indulgente pour les fredaines[115] des jeunes gens, je ne sais pourquoi[116], faisait exception à ses habitudes[117] en faveur de[118] Tchaplitzki: elle lui donna trois cartes à jouer l'une après l'autre, en exigeant sa parole de ne plus jouer ensuite de sa vie[119][120]. Aussitôt Tchaplitzki alla trouver Zoritch et lui demanda sa revanche. Sur la première carte, il mit cinquante mille roubles. Il gagna, fit paroli; en fin de compte[121], avec ses trois cartes, il s'acquitta et se trou-

— 12 —

ПИКОВАЯ ДАМА

— Ска́зка! — заме́тил Ге́рманн.

— Мо́жет ста́ться, порошко́вые[63] ка́рты?[64] — подхвати́л[65] тре́тий.

— Не ду́маю, — отвеча́л ва́жно То́мский.

— Как! — сказа́л Нару́мов, — у тебя́ есть ба́бушка, которая уга́дывает три ка́рты[66] сря́ду,[67] а ты до сих пор не пе́ренял у ней её кабали́стики?[68]

— Да, чёрта с два![69] — отвеча́л То́мский, — у ней бы́ло че́тверо сыновей, в том числе́ и мой оте́ц: все четы́ре отча́янные игроки́,[70] и ни одному́ не откры́ла она́ свое́й та́йны; хоть э́то бы́ло бы не ху́до[71] для них и да́же для меня́. Но вот что мне расска́зывал дя́дя, граф Ива́н Ильи́ч, и в чём он меня́ уверя́л че́стью.[72] Поко́йный Чапли́цкий, тот са́мый, кото́рый у́мер в нищете́, промота́в миллио́ны, одна́жды в мо́лодости свое́й проигра́л — по́мнится Зо́ричу[73] —о́коло трёхсо́т ты́сяч. Он был в отча́янии. Ба́бушка, кото́рая всегда́ была́ строга́ к ша́лостям молоды́х люде́й, ка́к-то сжа́лилась над Чапли́цким.[74] Она́ дала́ ему́ три ка́рты, с тем, чтоб он[75] поста́вил их одну́ за друго́ю, и взяла́ с него́ че́стное сло́во впредь уже́ никогда́ не игра́ть. Чапли́цкий яви́лся к своему́ победи́телю: они́ се́ли игра́ть. Чапли́цкий поста́вил на пе́рвую ка́рту пятьдеся́т ты́сяч и вы́играл со́ника; загну́л паро́ли, паро́ли-пе,[76] — отыгра́лся и оста́лся ещё в вы́игрыше...

Одна́ко пора́ спать: уже́ без че́тверти шесть.

— 13 —

LA DAME DE PIQUE

va même en gain[122]... Mais voilà six heures! Ma foi, il est temps d'aller se coucher.[124]

Chacun vida son verre, et l'on se sépara.[125]

II

La vieille comtesse Anna Fedotovna était dans son cabinet de toilette, assise devant une glace.[126] Trois femmes de chambre l'entouraient: l'une lui présentait[127] un pot de rouge, une autre une boîte d'épingles noires; une troisième tenait un énorme bonnet de[128] dentelles avec des rubans couleur de feu.[129] La comtesse n'avait plus la moindre prétention à la beauté;[130] mais elle conservait les habitudes de sa jeunesse, s'habillait à la mode d'il y a cinquante ans, et mettait[131] à sa toilette tout le temps et toute la pompe d'une[132][133] petite maîtresse du siècle passé. Sa demoiselle de compagnie travaillait à un métier dans l'embrasure[134][135][136] de la fenêtre.

— Bonjour, grand-maman, dit un jeune officier en entrant dans le cabinet; bonjour, mademoiselle Lise.[137] Grand-maman, c'est une requête que je viens vous

— 14 —

ПИКОВАЯ ДАМА

В са́мом де́ле, уж рассвета́ло:[77] молоды́е лю́ди до́пили свои́ рю́мки и разъе́хались.

II

> — Il paraît que monsieur est
> décidément pour les suivantes.
> — Que voulez-vous, madame?
> Elles sont plus fraîches.
>
> *Све́тский разгово́р.*

Ста́рая графи́ня *** сиде́ла в свое́й убо́рной перед зе́ркалом. Три де́вушки окружа́ли её. Одна́ держа́ла ба́нку румя́н,[78] друга́я коро́бку со шпи́льками, тре́тья высо́кий чепе́ц с ле́нтами о́гненного цве́та. Графи́ня не име́ла ни мале́йшего притяза́ния на красоту́ давно́ увя́дшую,[79] но сохраня́ла все привы́чки свое́й мо́лодости, стро́го сле́довала мо́дам семидеся́тых годо́в[80] и одева́лась так же до́лго, так же стара́тельно, как и шестьдеся́т лет тому́ наза́д. У око́шка сиде́ла за пя́льцами[81] ба́рышня, её воспи́танница.[82]

— Здра́вствуйте, grand'maman,[83] — сказа́л, вошед́ши, молодо́й офице́р. — Bon jour, mademoiselle Lise. Grand'maman, я к вам с про́сьбою.

LA DAME DE PIQUE

porter.[138]

— Qu'est-ce que c'est, Paul[139]?

— Permettez-moi de vous présenter un de mes amis, et de vous demander pour lui[140] une invitation à votre bal.

— Amène-le à mon bal, et tu me le présenteras là.[141] As-tu été hier chez la princesse ***[142]?

— Assurément; c'était délicieux! On a dansé jusqu'à cinq heures.[143] Mademoiselle Eletzki était à ravir.[144]

— Ma foi, mon cher, tu n'es pas difficile.[145] En fait de beauté, c'est sa grand-mère[146] la princesse Daria Petrovna qu'il fallait voir[147]! Mais, dis donc,[148] elle doit être bien vieille, la princesse Daria Petrovna?

— Comment, vieille! s'écria étourdiment Tomski, il y a sept ans qu'elle est morte[149]!

La demoiselle de compagnie leva la tête et fit un signe[150] au jeune officier. Il se rappela aussitôt que la consigne était de cacher[151] à la comtesse la mort de ses contemporains. Il se mordit la langue[152]; mais d'ailleurs[153] la comtesse garda le plus beau sang-froid en apprenant que sa vieille amie n'était plus de ce monde.[154]

— Morte? dit-elle; tiens,[155] je ne le savais pas.[156] Nous avons été nommées ensemble demoiselles d'honneur,[157] et quand nous fûmes présentées, l'impératrice...

La vieille comtesse raconta pour la centième fois[158] une anecdote de ses jeunes années.

ПИКОВАЯ ДАМА

— Что такое, Paul?

— Позвольте[84)] вам представить одного из моих приятелей и привезти его к вам в пятницу на бал.

— Привези мне его прямо на бал, и тут мне его и представишь. Был ты вчерась[85)] у ***?

— Как же! очень было[86)] весело; танцевали до пяти часов. Как хороша была Елецкая!

— И, мой милый![87)] Что в ней хорошего? Такова ли была её бабушка, княгиня Дарья Петровна?.. Кстати: я чай, она уж очень постарела,[88)] княгиня Дарья Петровна?

— Как постарела? — отвечал рассеянно Томский, — она лет семь как умерла.[89)]

Барышня подняла голову и сделала знак молодому человеку. Он вспомнил, что от старой графини таили смерть её ровесниц, и закусил себе губу. Но графиня услышала весть, для неё новую, с большим равнодушием.

— Умерла! — сказала она, — а я и не знала! Мы вместе были пожалованы во фрейлины,[90)] и когда мы представились, то государыня...

И графиня в сотый раз рассказала внуку свой анекдот.

LA DAME DE PIQUE

— Paul, dit-elle en finissant, aide-moi à me lever. Lisanka[159], où est ma tabatière?

Et, suivie de ses trois femmes de chambre[160], elle passa derrière un grand paravent pour achever sa toilette. Tomski demeurait en tête à tête[161] avec la demoiselle de compagnie.

— Quel est ce monsieur que vous voulez présenter à madame? demanda à voix basse[162] Lisabeta Ivanovna.

— Naroumof. Vous le connaissez?

— Non. Est-il militaire?

— Oui.

— Dans le génie?

— Non, dans les chevaliers-gardes. Pourquoi donc croyiez-vous qu'il était dans le génie[163]?

La demoiselle de compagnie sourit, mais ne répondit pas.

— Paul! cria la comtesse de derrière son paravent[164], envoie-moi un roman nouveau, n'importe quoi[165]; seulement, vois-tu[166], pas dans le goût d'aujourd'hui[167].

— Comment vous le faut-il[168], grand-maman?

— Un roman où le héros n'étrangle ni père ni mère, et où il n'y ait pas de noyés[169]. Rien ne me fait plus de peur que les noyés[170].

— Où trouver à présent un roman de cette espèce[171]? En voudriez-vous un russe[172]?

— 18 —

ПИКОВАЯ ДАМА

— Ну, Paul, — сказа́ла она́ пото́м, — тепе́рь помоги́ мне встать. Ли́занька, где моя́ табаке́рка?

И графи́ня со свои́ми де́вушками пошла́ за ши́рмами ока́нчивать свой туале́т.[91] То́мский оста́лся с ба́рышнею.

— Кого́ э́то вы хоти́те предста́вить? — ти́хо спроси́ла Лизаве́та Ива́новна.

— Нару́мова. Вы его́ зна́ете?

— Нет! Он вое́нный или ста́тский?[92]

— Вое́нный.

— Инжене́р?

— Нет! кавалери́ст. А почему́ вы ду́мали, что он инжене́р?

Ба́рышня засмея́лась и не отвеча́ла ни сло́ва.

— Paul! — закрича́ла графи́ня из-за ши́рмов, — пришли́[93] мне како́й-нибудь но́вый рома́н, то́лько, пожа́луйста, не из ны́нешних.

— Как э́то, grand'maman?

— То есть тако́й рома́н, где бы геро́й не дави́л ни отца́, ни ма́тери и где бы не́ было уто́пленных тел. Я ужа́сно бою́сь уто́пленников!

— Таки́х рома́нов ны́нче нет. Не хоти́те ли ра́зве ру́сских?

LA DAME DE PIQUE

— Bah! est-ce qu'il y a des romans russes? Tu m'en enverras un[173]; n'est-ce pas, tu ne l'oublieras pas[174]?

— Je n'y manquerai pas[175]. Adieu, grand-maman, je suis bien pressé. Adieu, Lisabeta Ivanovna. Pourquoi
5 donc vouliez-vous que Naroumof fût dans le génie[176]?

Et Tomski sortit du cabinet de toilette.

Lisabeta Ivanovna, restée seule, reprit sa tapisserie[177] et s'assit dans l'embrasure de la fenêtre. Aussitôt, dans la rue, à l'angle d'une maison voisine, parut un
10 jeune officier[178]. Sa présence[179] fit aussitôt rougir jusqu'aux oreilles la demoiselle de compagnie; elle baissa la tête et la cacha presque sous son canevas. En ce moment, la comtesse rentra, complètement habillée.

15 — Lisanka, dit-elle, fais atteler[180]; nous allons faire un tour de promenade[181].

Lisabeta se leva aussitôt et se mit à ranger sa tapisserie.

— Eh bien, qu'est-ce que c'est? Petite, es-tu sourde[182]?
20 Va dire qu'on attelle tout de suite[183].

— J'y vais[184], répondit la demoiselle de compagnie.

Et elle courut dans l'antichambre.

Un domestique entra, apportant des livres de la part du prince Paul Alexandrovitch[185].

25 — Bien des remercîments[186]. — Lisanka! Lisanka! Où court-elle comme cela?

— 20 —

ПИКОВАЯ ДАМА

— А ра́зве есть ру́сские рома́ны?.. Пришли́, ба́тюшка, [94)]
пожа́луйста пришли́!

— Прости́те, grand'maman: я спешу́... Прости́те,
Лизаве́та Ива́новна! Почему́ же вы ду́мали, что Нару́мов
инжене́р?

И То́мский вы́шел из убо́рной.

Лизаве́та Ива́новна оста́лась одна́: она́ оста́вила
рабо́ту и ста́ла гляде́ть в окно́. [95)] Вско́ре на одно́й стороне́
у́лицы из-за уго́льного до́ма показа́лся молодо́й офице́р.
Румя́нец покры́л её щёки: она́ приняла́сь опя́ть за
рабо́ту и наклони́ла го́лову над са́мой канво́ю. [96)] В э́то
вре́мя вошла́ графи́ня, совсе́м оде́тая.

— Прикажи́, Ли́занька, — сказа́ла она́, — каре́ту
закла́дывать, [97)] и пое́дем прогуля́ться.

Ли́занька вста́ла из-за пя́льцев и ста́ла убира́ть свою́
рабо́ту.

— Что ты, мать моя́! глуха́, что ли! — закрича́ла
графи́ня. — Вели́ скоре́й закла́дывать каре́ту.

— Сейча́с! — отвеча́ла ти́хо ба́рышня и побежа́ла в
пере́днюю.

Слуга́ вошёл и по́дал графи́не кни́ги от кня́зя Па́вла
Алекса́ндровича.

— Хорошо́! Благодари́ть, [98)] — сказа́ла графи́ня. —
Ли́занька, Ли́занька! да куда́ ж ты бежи́шь?

LA DAME DE PIQUE

— J'allais m'habiller, madame.[187]

— Nous avons le temps, petite. Assieds-toi, prends le premier volume, et lis-moi.

La demoiselle de compagnie prit le livre et lut quelques lignes.

— Plus haut! dit la comtesse. Qu'as-tu donc?[188] Est-ce que tu es enrouée? Attends, approche-moi ce tabouret... Plus près... Bon.

Lisabeta Ivanovna lut encore deux pages; la comtesse bâilla.

— Jette cet ennuyeux livre, dit-elle; quel fatras! Renvoie cela au prince Paul, et fais-lui bien mes remercîments...[189] Et cette voiture, est-ce qu'elle ne viendra pas?

— La voici,[190] répondit Lisabeta Ivanovna, en regardant par la fenêtre.[191]

— Eh bien, tu n'es pas habillée? Il faut donc toujours t'attendre! C'est insupportable.

Lisabeta courut à sa chambre. Elle y était depuis deux minutes à peine, que la comtesse sonnait de[192] toute sa force;[193] ses trois femmes de chambre entraient par une porte et le valet de chambre par une autre.[194]

— On ne m'entend donc pas,[195] à ce qu'il paraît![196] s'écria la comtesse. Qu'on aille dire à Lisabeta Ivanovna que je l'attends.[197]

— 22 —

ПИКОВАЯ ДАМА

— Одева́ться.

— Успе́ешь, ма́тушка. Сиди́ здесь. Раскро́й-ка пе́рвый[99] том; чита́й вслух...

Ба́рышня взяла́ кни́гу и прочла́[100] не́сколько строк.

— Гро́мче! — сказа́ла графи́ня. — Что с тобо́ю, мать моя́? с го́лосу спа́ла[101], что ли?.. Погоди́: подви́нь мне скаме́ечку, бли́же... ну!

Лизаве́та Ива́новна прочла́ ещё две страни́цы. Графи́ня зевну́ла.

— Брось э́ту кни́гу, — сказа́ла она́, — что за вздор! Отошли́ э́то кня́зю Па́влу и вели́ благодари́ть... Да что ж каре́та?

— Каре́та гото́ва, — сказа́ла Лизаве́та Ива́новна, взгляну́в на у́лицу.

— Что ж ты не оде́та? — сказа́ла графи́ня, — всегда́ на́добно тебя́ ждать! Э́то, ма́тушка, несно́сно.

Ли́за побежа́ла в свою́ ко́мнату. Не прошло́ двух мину́т, графи́ня начала́ звони́ть изо всей мо́чи[102]. Три де́вушки вбежа́ли в одну́ дверь, а камерди́нер в другу́ю.

— Что э́то вас не докли́чешься?[103] — сказа́ла им графи́ня.

— Сказа́ть Лизаве́те Ива́новне, что я её жду.

25

Elle entrait en ce moment avec une robe de promenade et un chapeau.

— Enfin, mademoiselle! dit la comtesse. Mais quelle toilette est-ce là[198]! Pourquoi cela? A qui en veux-tu[199]? Voyons, quel temps fait-il? Il fait du vent, je crois.

— Non, Excellence[200], dit le valet de chambre. Au contraire, il fait bien doux.

— Vous ne savez jamais ce que vous dites[201]. Ouvrez-moi le vasistas[202]. Je le disais bien[203]... Un vent affreux! un froid glacial! Qu'on dételle[204]! Lisanka, ma petite[205], nous ne sortirons pas. Ce n'était pas la peine de te faire si belle[206].

— Quelle existence! se dit tout bas la demoiselle de compagnie[207].

En effet, Lisabeta Ivanovna était une bien malheureuse créature[208]. « Il est amer, le pain de l'étranger, dit Dante; elle est haute à franchir, la pierre de son seuil[209]. » Mais qui pourrait dire les ennuis d'une pauvre demoiselle de compagnie[210] auprès d'une vieille femme de qualité[211]? Pourtant la comtesse n'était pas méchante, mais elle avait tous les caprices d'une femme gâtée par le monde[212]. Elle était avare, personnelle, égoïste, comme celle qui depuis longtemps avait cessé de jouer un rôle actif dans la société[213]. Jamais elle ne manquait au bal[214]; et là, fardée, vêtue à la

— 24 —

ПИКОВАЯ ДАМА

Лизавета Ивановна вошла в капоте и в шляпке.

— Наконец, мать моя! — сказала графиня. — Что за наряды! Зачем это?.. кого прельщать?[104].. А какова погода? — кажется, ветер.

— Никак нет-с[105], ваше сиятельство! очень тихо-с![106] — отвечал камердинер.

— Вы всегда говорите наобум![107] Отворите форточку. Так и есть: ветер![108] и прехолодный! Отложить карету! Лизанька, мы не поедем: нечего было наряжаться.[109]

«И вот моя жизнь!» — подумала Лизавета Ивановна.

В самом деле, Лизавета Ивановна была пренесчастное создание. Горек чужой хлеб, говорит Данте, и тяжелы ступени чужого крыльца, а кому и знать горечь зависимости, как не бедной воспитаннице знатной старухи? Графиня ***[110], конечно, не имела злой души; но была своенравна, как женщина, избалованная светом, скупа и погружена[111] в холодный эгоизм, как и все старые люди, отлюбившие в свой век и чуждые настоящему.[112] Она участвовала во всех суетностях большого света,[113]

LA DAME DE PIQUE

mode antique, elle se tenait dans un coin [216] et semblait
placée exprès pour servir d'épouvantail [217]. Chacun, en
entrant, allait lui faire un profond salut [218]; mais, la céré-
monie terminée [219], personne ne lui adressait plus la pa-
role [220]. Elle recevait chez elle toute la ville [221], observant
l'étiquette dans sa rigueur [222] et ne pouvant mettre les
noms sur les figures [223]. Ses nombreux domestiques, en-
graissés et blanchis [224] dans son antichambre, ne fai-
saient que ce qu'ils voulaient [225], et cependant tout chez
elle était au pillage [226], comme si déjà la mort fût entrée
dans sa maison [227]. Lisabeta Ivanovna passait sa vie
dans un supplice continuel. Elle servait le thé, et on
lui reprochait le sucre gaspillé. Elle lisait des romans
à la comtesse, qui la rendait responsable de toutes les
sottises des auteurs [228]. Elle accompagnait la noble dame
dans ses promenades, et c'était à elle qu'on s'en pre-
nait du mauvais pavé [229] et du mauvais temps. Ses ap-
pointements, plus que modestes [230], n'étaient jamais ré-
gulièrement payés, et l'on exigeait [231] qu'elle s'habillât
comme tout le monde [232], c'est-à-dire comme fort peu de
gens [233]. Dans la société son rôle était aussi triste [234]. Tous
la connaissaient, personne ne la distinguait. Au bal,
elle dansait, mais seulement lorsqu'on avait besoin
d'un vis-à-vis [235]. Les femmes venaient la prendre par la
main et l'emmenaient [236] hors du salon quand il fallait
arranger quelque chose à leur toilette [237]. Elle avait de

— 26 —

ПИКОВАЯ ДАМА

таскалась на балы, где сидела в углу, разрумяненная и одетая по старинной моде, как уродливое и необходимое украшение бальной залы;[114] к ней с низкими поклонами подходили приезжающие гости, как по установленному обряду, и потом уже никто ею не занимался. У себя принимала она весь город, наблюдая строгий этикет и не узнавая никого в лицо.[115] Многочисленная челядь её, разжирев и поседев в её передней и девичьей,[116] делала, что хотела, наперерыв обкрадывая умирающую старуху.[117] Лизавета Ивановна была домашней мученицею.[118] Она разливала чай и получала выговоры за лишний расход сахара; она вслух читала романы и виновата была во всех ошибках[119] автора; она сопровождала графиню в её прогулках и отвечала за погоду и за мостовую.[120] Ей было назначено жалованье, которое никогда не доплачивали; а между тем требовали от неё, чтоб она одета была, как и все, то есть как очень немногие. В свете играла она самую жалкую роль. Все её знали и никто не замечал; на балах она танцевала только тогда, как недоставало vis-à-vis, и дамы брали её под руку[121] всякий раз, как им нужно было идти в уборную поправить что-нибудь в своём наряде.

LA DAME DE PIQUE

l'amour-propre et sentait profondément la misère de sa position. Elle attendait avec impatience un libéra- teur[238] pour briser ses chaînes; mais les jeunes gens, prudents au milieu de leur étourderie affectée[239], se gardaient bien de l'honorer de leurs attentions[240], et ce- pendant Lisabeta Ivanovna était cent fois plus jolie que ces demoiselles[241] ou effrontées ou stupides qu'ils entouraient de leurs hommages[242]. Plus d'une fois[243], quit- tant le luxe et l'ennui du salon, elle allait s'enfermer seule dans sa petite chambre meublée d'un vieux pa- ravent, d'un tapis rapiécé, d'une commode, d'un petit miroir et d'un lit en bois peint[244]; là, elle pleurait tout à son aise[245], à la lueur d'une[246] chandelle de suif dans un chandelier en laiton.

Une fois, c'était deux jours après la soirée chez Na- roumof[247] et une semaine avant la scène que nous ve- nons d'esquisser[248], un matin, Lisabeta était assise à son métier devant la fenêtre, quand, promenant un re- gard distrait dans la rue[249], elle aperçut un officier du génie, immobile, les yeux fixés sur elle[250]. Elle baissa la tête et se mit à son travail avec un redoublement d'application. Au bout de cinq minutes[251], elle regarda machinalement dans la rue, l'officier était à la même place. N'ayant pas l'habitude de[252] coqueter avec les[253] jeunes gens qui passaient sous ses fenêtres, elle de- meura les yeux fixés sur son métier pendant près de

— 28 —

ПИКОВАЯ ДАМА

Она была самолюбива, живо чувствовала своё [122)] положение и глядела кругом себя, — с нетерпением [123)] ожидая избавителя; но молодые люди, расчётливые в ветреном своём тщеславии, не удостоивали её [124)] внимания, хотя Лизавета Ивановна была сто раз милее [125)] наглых и холодных невест, около которых они увивались. Сколько раз, оставя тихонько скучную и [126)][127)] пышную гостиную, она уходила плакать в бедной своей комнате, где стояли ширмы, оклеенные обоями, комод, [128)] зеркальце и крашеная кровать и где сальная свеча темно горела в медном шандале!

Однажды — это случилось два дня после вечера, описанного в начале этой повести, и за неделю перед той сценой, на которой мы остановились, — однажды [129)] Лизавета Ивановна, сидя под окошком за пяльцами, нечаянно взглянула на улицу и увидела молодого [130)] инженера, стоящего неподвижно и устремившего глаза к её окошку. Она опустила голову и снова занялась работой; через пять минут взглянула опять — молодой офицер стоял на том же месте. Не имея привычки кокетничать с прохожими офицерами, она перестала глядеть на улицу и шила около двух часов, не

LA DAME DE PIQUE

deux [254] heures, jusqu'à ce que l'on vînt l'avertir pour dîner. [255] Alors il fallut se lever et ranger ses affaires, et pendant ce mouvement elle revit l'officier à la même place. Cela lui sembla fort étrange. Après le dîner,
5 elle s'approcha de la fenêtre [256] avec une certaine émotion, [257] mais l'officier du génie n'était plus dans la rue. Elle cessa d'y penser. [258]

Deux jours après, [259] sur le point de [260] monter en voiture avec la comtesse, elle le revit planté droit de-
10 vant la porte, [261] la figure à demi cachée [262] par un collet de fourrure, mais ses yeux noirs étincelaient sous son chapeau. Lisabeta eut peur sans trop savoir pourquoi, [263] et s'assit en tremblant dans la voiture.

De retour à la maison, [264] elle courut à la fenêtre avec
15 un battement de cœur ; l'officier était à sa place habituelle, fixant sur elle un regard ardent. Aussitôt elle se retira, mais brûlante de curiosité et en proie à un [265] sentiment étrange qu'elle éprouvait pour la première fois.

20 Depuis lors, il ne se passa pas de jour que le jeune ingénieur ne vînt rôder sous sa fenêtre. [266] Bientôt, entre elle et lui s'établit une connaissance muette. [267] Assise à son métier, elle avait le sentiment de sa présence ; [268] elle relevait la tête, et chaque jour le regar-
25 dait plus longtemps. Le jeune homme semblait plein de reconnaissance pour cette innocente faveur : elle

— 30 —

ПИКОВАЯ ДАМА

приподнима́я головы́.[131] По́дали обе́дать.[132] Она́ вста́ла, начала́ убира́ть свои́ пя́льцы и, взгляну́в неча́янно на у́лицу, опя́ть уви́дела офице́ра. Это показа́лось ей дово́льно стра́нным. По́сле обе́да она́ подошла́ к око́шку с чу́вством не́которого беспоко́йства,[133] но уже́ офице́ра не́ было, — и она́ про него́ забы́ла...

Дня че́рез два, выходя́ с графи́ней сади́ться в каре́ту, она́ опя́ть его́ уви́дела. Он стоя́л у са́мого подъе́зда,[134] закры́в лицо́ бобро́вым воротнико́м: чёрные глаза́ его́ сверка́ли из-под шля́пы. Лизаве́та Ива́новна испуга́лась, сама́ не зна́я чего́,[135] и се́ла в каре́ту с тре́петом неизъясни́-мым.[136]

Возвратя́сь домо́й,[137] она́ подбежа́ла к око́шку, — офице́р стоя́л на пре́жнем ме́сте, устреми́в на неё глаза́: она́ отошла́, му́чась любопы́тством[138] и волну́емая чу́вством, для неё соверше́нно но́вым.

С того́ вре́мени не проходи́ло дня, чтоб молодо́й челове́к, в изве́стный час, не явля́лся под о́кнами их до́ма.[139] Ме́жду им и е́ю учреди́лись неусло́вленные сноше́ния.[140] Си́дя на своём ме́сте за рабо́той, она́ чу́вствовала его́ приближе́ние, — подыма́ла го́лову, смотре́ла на него́ с ка́ждым днём до́лее и до́лее.[141] Молодо́й челове́к, каза́-лось, был за то ей благода́рен: она́ ви́дела о́стрым

25

— 31 —

LA DAME DE PIQUE

voyait avec ce regard profond et rapide de la jeu-
nesse qu'une vive rougeur couvrait les joues pâles de
l'officier, chaque fois que leurs yeux se rencontraient.
Au bout d'une semaine, elle se prit à lui sourire.

5   Lorsque Tomski demanda à sa grand-mère la per-
mission de lui présenter un de ses amis, le cœur de la
pauvre fille battit bien fort, et, lorsqu'elle sut que Na-
roumof était dans les gardes à cheval, elle se repentit
cruellement d'avoir compromis son secret en le li-
10   vrant à un étourdi.

Hermann était le fils d'un Allemand établi en Rus-
sie, qui lui avait laissé un petit capital. Fermement
résolu à conserver son indépendance, il s'était fait
une loi de ne pas toucher à ses revenus, vivait de sa
15   solde et ne se passait pas la moindre fantaisie. Il était
peu communicatif, ambitieux, et sa réserve fournis-
sait rarement à ses camarades l'occasion de s'amuser
de ses dépens. Sous un calme d'emprunt il cachait
des passions violentes, une imagination désordonnée,
20   mais il était toujours maître de lui et avait su se pré-
server des égarements ordinaires de la jeunesse.
Ainsi, né joueur, jamais il n'avait touché une carte,
parce qu'il comprenait que sa position ne lui permet-
tait pas (il le disait lui-même) de sacrifier le néces-
25   saire dans l'espérance d'acquérir le superflu ; et ce-
pendant il passait des nuits entières devant un tapis

ПИКОВАЯ ДАМА

взо́ром мо́лодости, как бы́стрый румя́нец покрыва́л его́ бле́дные щёки вся́кий раз, когда́ взо́ры их встреча́лись. Че́рез неде́лю она́ ему́ улыбну́лась...

Когда́ То́мский спроси́л позволе́ния предста́вить графи́не своего́ прия́теля, се́рдце бе́дной де́вушки 5 заби́лось. Но узна́в, что Нару́мов не инжене́р, а конногварде́ец, она́ сожале́ла, что нескро́мным вопро́сом вы́сказала свою́ та́йну[142] ве́треному[143] То́мскому.

Ге́рманн был сын обрусе́вшего[144] не́мца, оста́вившего ему́ ма́ленький капита́л. Бу́дучи твёрдо убеждён в 10 необходи́мости упро́чить свою́ незави́симость,[145] Ге́рманн не каса́лся и проце́нтов,[146] жил одни́м жа́лованьем, не позволя́л себе́ мале́йшей при́хоти. Впро́чем, он был скры́тен и честолюби́в, и това́рищи его́ ре́дко име́ли слу́чай посмея́ться над его́ изли́шней бережли́востью.[147] 15 Он име́л си́льные стра́сти и о́гненное воображе́ние, но твёрдость спасла́ его́ от обыкнове́нных заблужде́ний мо́лодости.[148] Так, наприме́р, бу́дучи в душе́ игро́к, никогда́ не брал он ка́рты в ру́ки,[149] и́бо рассчита́л, что его́ состоя́ние не позволя́ло ему́ (как ска́зывал он)[150] 20 же́ртвовать необходи́мым в наде́жде приобрести́ изли́шнее, — а ме́жду тем це́лые но́чи проси́живал[151] за ка́рточными стола́ми и сле́довал с лихора́дочным

LA DAME DE PIQUE

vert, suivant avec une anxiété fébrile les chances ra-
pides du jeu.

L'anecdote des trois cartes du comte de Saint-Ger-
main avait fortement frappé son imagination, et toute
5 la nuit il ne fit qu'y penser. « Si pourtant, se disait-il
le lendemain soir, en se promenant dans les rues de
Pétersbourg, si la vieille comtesse me confiait son se-
cret ? si elle voulait seulement me dire trois cartes
gagnantes !... Il faut que je me fasse présenter, que je
10 gagne sa confiance, que je lui fasse la cour... Oui ! Elle
a quatre-vingt-sept ans ! Elle peut mourir cette se-
maine, demain peut-être... D'ailleurs, cette histoire... Y
a-t-il un mot de vrai là-dedans ? Non ; l'économie, la
tempérance, le travail, voilà mes trois cartes ga-
15 gnantes ! C'est avec elles que je doublerai, que je dé-
cuplerai mon capital. Ce sont elles qui m'assureront
l'indépendance et le bien-être. »

Rêvant de la sorte, il se trouva dans une des
grandes rues de Pétersbourg, devant une maison
20 d'assez vieille architecture. La rue était encombrée
de voitures, défilant une à une devant une façade
splendidement illuminée. Il voyait sortir de chaque
portière ouverte tantôt le petit pied d'une jeune
femme, tantôt la botte à l'écuyère d'un général, cette
25 fois un bas à jour, cette autre un soulier diploma-
tique. Pelisses et manteaux passaient en procession

— 34 —

ПИКОВАЯ ДАМА

трéпетом за разли́чными оборóтами игры́.[152)][153)]

Анекдóт о трёх кáртах си́льно подéйствовал на егó воображéние и цéлую ночь не выходи́л из егó головы́. «Что, éсли, — дýмал он на другóй день вéчером, бродя́ по Петербýргу, — что, éсли стáрая графи́ня открóет мне свою́ тáйну! — и́ли назнáчит мне э́ти три вéрные кáрты! Почемý ж не попрóбовать своегó счáстия?..[154)] Предстáвиться ей, подби́ться в её ми́лость, — пожáлуй,[155)][156)] сдéлаться её любóвником, — но на э́то всё трéбуется врéмя — а ей вóсемьдесят семь лет, — онá мóжет умерéть чéрез недéлю, — чéрез два дня!.. Да и сáмый анекдóт?.. Мóжно ли емý вéрить?.. Нет! расчёт, умéренность и трудолю́бие: вот мои́ три вéрные кáрты, вот что утрóит, усемери́т мой капитáл и достáвит мне[157)] покóй и незави́симость!»

Рассуждáя таки́м óбразом, очути́лся он в однóй из[158)] глáвных ýлиц Петербýрга, пéред дóмом стари́нной архитектýры. У́лица былá застáвлена экипáжами, карéты[159)] однá за другóю кати́лись к освещённому подъéзду. Из карéт помину́тно вытя́гивались то стрóйная ногá молодóй красáвицы, то гремý́чая ботфóрта, то[160)] полосáтый чулóк и дипломати́ческий башмáк. Шýбы и[161)] плащи́ мелькáли ми́мо величáвого швейцáра. Гéрманн[162)]

LA DAME DE PIQUE

devant un suisse gigantesque[302]; Hermann s'arrêta.

— A qui est cette maison[303]? demanda-t-il à un garde de nuit (*boudoutchnik*) rencogné dans sa guérite.

— A la comtesse ***.

C'était la grand-mère de Tomski.

Hermann tressaillit. L'histoire des trois cartes se représenta à son imagination. Il se mit à tourner autour de la maison[304], pensant à la femme qui l'occupait[305], à sa richesse, à son pouvoir mystérieux. De retour enfin dans son taudis[306], il fut longtemps avant de s'endormir[307], et, lorsque le sommeil s'empara de ses sens[308], il vit danser devant ses yeux des cartes, un tapis vert, des tas de ducats[309] et de billets de banque. Il se voyait faisant paroli sur paroli[310], gagnant toujours, empochant des piles de ducats[311] et bourrant son portefeuille de billets. A son réveil[312], il soupira de ne plus trouver ses trésors fantastiques[313], et, pour se distraire, il alla de nouveau se promener par la ville[314]. Bientôt il fut en face de la maison de la comtesse ***[315]. Une force invincible l'entraînait. Il s'arrêta et regarda aux fenêtres[316]. Derrière une vitre il aperçut une jeune tête[317] avec de beaux cheveux noirs[318], penchée gracieusement sur un livre sans doute, ou sur un métier. La tête se releva; il vit un frais visage et des yeux noirs. Cet instant-là décida de son sort[319].

— 36 —

ПИКОВАЯ ДАМА

остановился.

— Чей это дом? — спросил он у углового будочника.[163)]

— Графини ***, — отвечал будочник.

Германн затрепетал. Удивительный анекдот снова представился его воображению. Он стал ходить около дома, думая об его хозяйке и о чудной её способности. Поздно воротился он в смиренный свой уголок;[164)] долго не мог заснуть, и, когда сон им овладел,[165)] ему пригрезились карты,[166)] зелёный стол, кипы ассигнаций и груды червонцев.[167)] Он ставил карту за картой, гнул углы решительно,[168)] выигрывал беспрестанно, и загребал к себе золото,[169)] и клал ассигнации в карман. Проснувшись уже поздно, он вздохнул о потере своего фантастического богатства, пошёл опять бродить по городу и опять очутился перед домом графини ***. Неведомая сила,[170)] казалось, привлекала его к нему. Он остановился и стал смотреть на окна. В одном увидел он черноволосую головку, наклонённую, вероятно, над книгой или над работой. Головка приподнялась. Германн увидел свежее личико и чёрные глаза.[171)] Эта минута решила его участь.

LA DAME DE PIQUE

III

Lisabeta Ivanovna ôtait son châle [320] et son chapeau quand la comtesse l'envoya chercher. [321] Elle venait de faire remettre [322] les chevaux à la voiture. [323] Tandis qu'à la porte de la rue [324] deux laquais hissaient la vieille dame à grand-peine [325] sur le marchepied, Lisabeta aperçut le jeune officier tout auprès d'elle; elle sentit qu'il lui saisissait la main, [326] la peur lui fit perdre la tête, [327] et l'officier avait déjà disparu lui laissant un papier entre les doigts. Elle se hâta de le cacher [328] dans son gant. Pendant toute la route, elle ne vit et n'entendit rien. En voiture, la comtesse avait l'habitude sans cesse de faire des questions:

— Qui est cet homme qui nous a saluées [329]? Comment s'appelle ce pont? Qu'est-ce qu'il y a écrit sur cette enseigne? [330]

Lisabeta répondait tout de travers, [331] et se fit gronder par la comtesse. [332]

— Qu'as-tu donc aujourd'hui, [333] petite? A quoi penses-tu donc? Ou bien est-ce que tu ne m'entends pas? Je ne grasseye pourtant pas, [334] et je n'ai pas encore perdu la tête, [335] hein?

ПИКОВАЯ ДАМА

III

*Vous m'écrivez, mon ange,
des lettres de quatre pages plus
vite que je ne puis les lire.*

Переписка.

Только Лизавета Ивановна успела снять капот[172] и
шляпу, как уже графиня послала[173] за нею и велела[174] опять
подавать карету. Они пошли садиться. В то самое время,
как два лакея приподняли старуху и просунули в
дверцы,[175] Лизавета Ивановна у самого колеса[176] увидела
своего инженера; он схватил её руку; она не могла
опомниться от испугу, молодой человек исчез:[177] письмо
осталось в её руке. Она спрятала его за перчатку и во
всю дорогу ничего не слыхала и не видала.[178] Графиня
имела обыкновение поминутно делать в карете
вопросы: кто это с нами встретился? — как зовут этот
мост? — что там написано на вывеске? Лизавета
Ивановна на сей раз отвечала наобум[179] и невпопад[180] и
рассердила графиню.

— Что с тобою сделалось, мать моя! Столбняк ли на
тебя нашёл,[181] что ли? Ты меня или не слышишь, или не
понимаешь?.. Слава богу, я не картавлю[182] и из ума ещё не
выжила![183]

LA DAME DE PIQUE

Lisabeta ne l'écoutait pas. De retour à la maison, elle courut s'enfermer dans sa chambre[336] et tira la lettre de son gant. Elle n'était pas cachetée, et par conséquent[337] il était impossible de ne pas la lire[338]. La lettre contenait des protestations d'amour[339]. Elle était tendre, respectueuse, et mot pour mot[340] traduite d'un roman allemand; mais Lisabeta ne savait pas l'allemand, et en fut fort contente[341].

Seulement, elle se trouvait bien embarrassée[342]. Pour la première fois de sa vie, elle avait un secret. Etre en correspondance avec[343] un jeune homme! Sa témérité la faisait frémir. Elle se reprochait son imprudence, et ne savait quel parti prendre[344].

Cesser de travailler à la fenêtre, et, à force de froideur[345], dégoûter le jeune officier de sa poursuite[346], — lui renvoyer sa lettre, — lui répondre[347] d'une manière ferme et décidée... A quoi se résoudre[348]? Elle n'avait ni amie ni conseiller; elle se résolut à répondre[349].

Elle s'assit à sa table, prit du papier et une plume, et médita profondément. Plus d'une fois elle commença une phrase, puis déchira la feuille[350]. Le billet était tantôt trop sec, tantôt il manquait d'une juste réserve[351]. Enfin, à grand-peine, elle réussit à composer quelques lignes dont elle fut satisfaite[352]:

« Je crois, écrivit-elle, que vos intentions sont celles d'un galant homme[353], et que vous ne voudriez pas

ПИКОВАЯ ДАМА

Лизавета Ивановна её не слушала. Возвратясь домой, она побежала в свою комнату, вынула из-за перчатки письмо: оно было не запечатано. Лизавета Ивановна его прочитала. Письмо содержало в себе признание в любви: оно было нежно, почтительно и слово в слово [184] [185] взято из немецкого романа. Но Лизавета Ивановна по-немецки не умела и была очень им довольна.

Однако принятое ею письмо беспокоило её чрезвычайно. Впервые входила она в тайные, тесные сношения с молодым мужчиною. Его дерзость ужасала [186] её. Она упрекала себя в неосторожном поведении и не знала, что делать: перестать ли сидеть у окошка и невниманием охладить в молодом офицере охоту к дальнейшим преследованиям? — отослать ли ему [187] письмо? — отвечать ли холодно и решительно? Ей не с кем было посоветоваться, у ней не было ни подруги, ни [188] наставницы. Лизавета Ивановна решилась отвечать. [189] [190]

Она села за письменный столик, взяла перо, бумагу — и задумалась. Несколько раз начинала она своё письмо, — и рвала его: то выражения казались ей слишком снисходительными, то слишком жестокими. [191] Наконец ей удалось написать несколько строк, которыми она осталась довольна. «Я уверена, — писала она, — что вы имеете честные намерения и что вы не хотели оскорбить меня необдуманным поступком; но

— 41 —

LA DAME DE PIQUE

m'offenser par une conduite irréfléchie ; mais vous comprendrez que notre connaissance [354)] ne peut commencer de la sorte. Je vous renvoie votre lettre, et j'espère que vous ne me donnerez pas lieu de regret-
5 ter mon imprudence. [355)] »

Le lendemain, aussitôt qu'elle aperçut Hermann, [356)] elle quitta son métier, passa dans le salon, ouvrit le vasistas, et jeta la lettre dans la rue, comptant bien que le jeune officier ne la laisserait pas s'égarer. [357)] En
10 effet, Hermann la ramassa aussitôt, et entra dans une boutique de confiseur pour la lire. N'y trouvant rien de décourageant, [358)] il rentra chez lui assez content du début de son intrigue amoureuse.

Quelques jours après, une jeune personne aux
15 yeux fort éveillés [359)] vint demander à parler à mademoiselle Lisabeta de la part d'une marchande de modes. [360)] Lisabeta ne la reçut pas sans inquiétude, prévoyant quelque mémoire arriéré ; [361)] mais sa surprise fut grande lorsqu'en ouvrant un papier qu'on lui remit
20 elle reconnut l'écriture de Hermann.

— Vous vous trompez, mademoiselle, cette lettre n'est pas pour moi. [362)]

— Je vous demande bien pardon, répondit la mo-
diste [363)] avec un sourire malin. Prenez donc la peine de
25 la lire. [364)]

Lisabeta y jeta les yeux. [365)] Hermann demandait un

— 42 —

ПИКОВАЯ ДАМА

знако́мство на́ше не должно́ бы нача́ться таки́м о́бразом. Возвраща́ю вам письмо́ ва́ше и наде́юсь, что не бу́ду впредь име́ть причи́ны жа́ловаться на незаслу́женное неуваже́ние».[192]

На друго́й день, уви́дя иду́щего Ге́рманна,[193] Лизаве́та Ива́новна вста́ла из-за пя́льцев, вы́шла в за́лу, отвори́ла фо́рточку и бро́сила письмо́ на у́лицу, наде́ясь на прово́рство молодо́го офице́ра. Ге́рманн подбежа́л, по́днял его́ и вошёл в конди́терскую ла́вку. Сорва́в печа́ть, он нашёл своё письмо́ и отве́т Лизаве́ты Ива́новны. Он того́ и ожида́л[194] и возврати́лся домо́й, о́чень за́нятый свое́й интри́гою.[195]

Три дня по́сле того́ Лизаве́те Ива́новне моло́денькая, быстрогла́зая мамзе́ль[196] принесла́ запи́сочку из мо́дной ла́вки.[197] Лизаве́та Ива́новна откры́ла её с беспоко́йством, предви́дя[198] де́нежные тре́бования, и вдруг узна́ла ру́ку Ге́рманна.[199]

— Вы, ду́шенька, оши́блись,[200] — сказа́ла она́, — э́та запи́ска не ко мне.

— Нет, то́чно к вам! — отвеча́ла сме́лая де́вушка, не скрыва́я лука́вой улы́бки. — Изво́льте прочита́ть!

Лизаве́та Ива́новна пробежа́ла запи́ску.[201] Ге́рманн

LA DAME DE PIQUE

entretien.[366)]

— C'est impossible! s'écria-t-elle, effrayée et de la hardiesse de la demande et de la manière dont elle lui était transmise.[367)] Cette lettre n'est pas pour moi!

Et elle la déchira en mille morceaux.[368)]

— Si cette lettre n'est pas pour vous, mademoiselle, pourquoi la déchirez-vous? reprit la modiste.[369)] Il fallait la renvoyer à la personne à qui elle était destinée.[370)]

— Mon Dieu![371)] ma bonne,[372)] excusez-moi, dit Lisabeta toute déconcertée;[373)] ne m'apportez plus jamais de lettres,[374)] je vous en prie,[375)] et dites à celui qui vous envoie qu'il devrait rougir de son procédé.[376)]

Mais Hermann n'était pas homme à lâcher prise.[377)] Chaque jour Lisabeta recevait une lettre nouvelle, arrivant tantôt d'une manière, tantôt d'une autre.[378)] Maintenant ce n'était plus des traductions de l'allemand qu'on lui envoyait.[379)] Hermann écrivait sous l'empire d'une[380)] passion violente, et parlait une langue qui était bien la sienne. Lisabeta ne put tenir contre ce torrent d'éloquence.[381)] Elle reçut les lettres de bonne grâce,[382)] et bientôt y répondit. Chaque jour, ses réponses devenaient plus longues et plus tendres. Enfin, elle lui jeta par la fenêtre le billet suivant:

— Aujourd'hui il y a bal[383)] chez l'ambassadeur de ***.

ПИКОВАЯ ДАМА

требовал свидания.

— Не может быть! — сказала Лизавета Ивановна, испугавшись и поспешности требований и способу, им употреблённому. —Это писано, верно, не ко мне! — И разорвала письмо в мелкие кусочки.

— Коли письмо не к вам, зачем же вы его разорвали? — сказала мамзель, — я бы возвратила его тому, кто его послал.

— Пожалуйста, душенька! — сказала Лизавета Ивановна, вспыхнув от её замечания, — вперёд ко мне записок не носите. А тому, кто вас послал, скажите, что ему должно быть стыдно...

Но Германн не унялся. Лизавета Ивановна каждый день получала от него письма, то тем, то другим образом. Они уже не были переведены с немецкого. Германн их писал, вдохновённый страстию, и говорил языком, ему свойственным: в них выражались и непреклонность его желаний, и беспорядок необузданного воображения. Лизавета Ивановна уже не думала их отсылать: она упивалась ими; стала на них отвечать, — и её записки час от часу становились длиннее и нежнее. Наконец она бросила ему в окошко следующее письмо:

«Сегодня бал у *** ского посланника. Графиня там

LA DAME DE PIQUE

La contesse y va. Nous y resterons jusqu'à deux heures. Voici comment vous pourrez me voir sans témoins[384]. Dès que la comtesse sera partie[385], vers onze heures, les gens ne manquent pas de s'éloigner[386]. Il ne restera que le suisse[387] dans le vestibule, et il est presque toujours endormi dans son tonneau[388]. Entrez dès que onze heures sonneront, et aussitôt montez rapidement l'escalier. Si vous trouvez quelqu'un dans l'antichambre, vous demanderez si la comtesse est chez elle[389] : on vous répondra qu'elle est sortie et alors il faudra bien se résigner à partir[390] ; mais très probablement vous ne rencontrerez personne. Les femmes de la comtesse sont toutes ensemble[391] dans une chambre éloignée. Arrivé dans l'antichambre[392], prenez à gauche[393], et allez tout droit[394] devant vous jusqu'à ce que vous soyez dans la chambre à coucher de la comtesse. Là, derrière un grand paravent, vous trouverez deux portes : celle de droite ouvre dans un cabinet noir, celle de gauche donne dans un corridor[395] au bout duquel est un petit escalier tournant[396] ; il mène à ma chambre. »

Hermann frémissait, comme un tigre à l'affût[397], en attendant l'heure du rendez-vous. Dès dix heures, il était en faction[398] devant la porte de la comtesse. Il faisait un temps affreux. Les vents étaient déchaînés, la

ПИКОВАЯ ДАМА

бу́дет. Мы оста́немся часо́в до дву́х.[212] Вот вам слу́чай уви́деть меня́ наедине́.[213] Как ско́ро графи́ня уе́дет, её лю́ди,[214] вероя́тно, разойду́тся, в сеня́х оста́нется швейца́р,[215] но и он обыкнове́нно ухо́дит в свою́ камо́рку. Приходи́те в полови́не двена́дцатого. Ступа́йте пря́мо на ле́стницу. Ко́ли вы найдёте кого́ в пере́дней,[216] то вы спроси́те, до́ма ли графи́ня. Вам ска́жут нет, — и де́лать не́чего. Вы должны́ бу́дете вороти́ться.[217] Но, вероя́тно, вы не встре́тите никого́. Де́вушки сидя́т у себя́,[218] все в одно́й ко́мнате. Из пере́дней ступа́йте нале́во, иди́те всё пря́мо до графи́ниной спа́льни. В спа́льне за ши́рмами уви́дите две ма́ленькие две́ри: спра́ва в кабине́т, куда́ графи́ня никогда́ не вхо́дит; сле́ва в коридо́р, и тут же у́зенькая вита́я ле́стница:[219] она́ ведёт в мою́ ко́мнату».

Ге́рманн трепета́л, как тигр, ожида́я назна́ченного вре́мени. В де́сять часо́в ве́чера он уж стоя́л перед до́мом графи́ни. Пого́да была́ ужа́сная: ве́тер выл, мо́крый

LA DAME DE PIQUE

neige tombait à larges flocons.[399] Les réverbères ne je-
taient qu'une lueur incertaine ; les rues étaient dé-
sertes. De temps en temps passait un fiacre fouettant
une rosse maigre,[400] et cherchant à découvrir un pas-
5 sant attardé.[401] Couvert d'une mince redingote,[402] Her-
mann ne sentait ni le vent ni la neige. Enfin parut la
voiture de la comtesse. Il vit deux grands laquais
prendre par-dessous les bras ce spectre cassé,[403] et le
déposer sur les coussins, bien empaqueté dans une
10 énorme pelisse.[404] Aussitôt après, enveloppée d'un petit
manteau, la tête couronnée de fleurs naturelles,[405] Lisa-
beta s'élança comme un trait[406] dans la voiture. La por-
tière se ferma, et la voiture roula sourdement sur la
neige molle. Le suisse ferma la porte de la rue. Les
15 fenêtres du premier étage devinrent sombres, le si-
lence régna dans la maison. Hermann se promenait
de long en large.[407] Bientôt il s'approcha d'un réver-
bère, et regarda sa montre. Onze heures moins vingt
minutes. Appuyé contre le réverbère,[408] les yeux fixés
20 sur l'aiguille,[409] il comptait avec impatience les minutes
qui restaient. A onze heures juste, Hermann montait
les degrés,[410] ouvrait la porte de la rue, entrait dans le
vestibule, en ce moment fort éclairé. O bonheur !
point de suisse.[411] D'un pas ferme et rapide,[412] il franchit
25 l'escalier en un clin d'œil,[413] et se trouva dans l'anti-
chambre.[414] Là, devant une lampe, un valet de pied[415] dor-

— 48 —

ПИКОВАЯ ДАМА

снег па́дал хло́пьями; фонари́ свети́лись ту́скло; у́лицы [220)]
бы́ли пу́сты. И́зредка тяну́лся Ва́нька на то́щей кля́че
свое́й, высма́тривая запозда́лого седока́. [221)] Ге́рманн стоя́л в [222)]
одно́м сертуке́, [223)] не чу́вствуя ни ве́тра, ни сне́га. Наконе́ц
графи́нину каре́ту по́дали. [224)] Ге́рманн ви́дел, как лаке́и вы-
несли по́д руки сго́рбленную стару́ху, [225)] уку́танную в со-
бо́лью шу́бу, [226)] и как вослед за не́ю, [227)] в холо́дном плаще́, с
голово́й, у́бранною све́жими цвета́ми, мелькну́ла её вос-
пи́танница. Две́рцы захло́пнулись. Каре́та тяжело́
покати́лась по ры́хлому сне́гу. Швейца́р за́пер две́ри.
О́кна поме́ркли. [228)] Ге́рманн стал ходи́ть о́коло опусте́вшего
до́ма: он подошёл к фонарю́, взгляну́л на часы́, — бы́ло
два́дцать мину́т двена́дцатого. [229)] Он оста́лся под фонарём,
устреми́в глаза́ на часову́ю стре́лку и выжида́я осталь-
ны́е мину́ты. Ро́вно в полови́не двена́дцатого [230)] Ге́рманн
ступи́л на графи́нино крыльцо́ и взошёл в я́рко освещён-
ные се́ни. Швейца́ра не́ было. Ге́рманн взбежа́л по ле-

LA DAME DE PIQUE

mait étendu dans une vieille bergère toute crasseuse.[416]
Hermann passa prestement devant lui, et traversa la
salle à manger et le salon, où il n'y avait pas de lu-
mière ; la lampe de l'antichambre lui servait à se gui-[417]
5 der. Le voilà enfin dans la chambre à coucher.[418] De-[419]
vant l'armoire sainte, remplie de vieilles images,[420]
brûlait une lampe d'or. Des fauteuils dorés, des di-
vans aux couleurs passées et aux coussins moelleux
étaient disposés symétriquement le long des mu-
10 railles tendues de soieries de la Chine.[421] On remar-
quait d'abord deux grands portraits peints par ma-
dame Lebrun.[422] L'un[423] représentait un homme de
quarante ans, gros et haut en couleur, en habit vert[424]
clair, avec une plaque sur la poitrine.[425] Le second[426] por-
15 trait était celui d'une jeune élégante, le nez aquilin,
les cheveux relevés sur les tempes,[427] avec de la
poudre et une rose sur l'oreille. Dans tous les coins,
on voyait des bergers en porcelaine de Saxe,[428] des
vases de toutes formes, des pendules de Leroy,[429] des
20 paniers, des éventails, et les mille joujoux à l'usage
des dames,[430] grandes découvertes du siècle dernier,
contemporaines des ballons de Montgolfier[431] et du ma-
gnétisme de Mesmer.[432] Hermann passa derrière le pa-
ravent, qui cachait un petit lit en fer.[433] Il aperçut les
25 deux portes : à droite celle du cabinet noir, à gauche
celle du corridor. Il ouvrit cette dernière, vit le petit

— 50 —

ПИКОВАЯ ДАМА

стнице, отворил двери в переднюю и увидел слугу, спящего под лампою, в старинных, запачканных креслах.[231)] Лёгким и твёрдым шагом Германн прошёл мимо его. Зала и гостиная были темны. Лампа слабо освещала их из передней.[232)] Германн вошёл в спальню. Перед киво-том,[233)] наполненным старинными образами,[234)] теплилась зо-лотая лампада.[235)] Полинялые штофные кресла и диваны с пуховыми подушками, с сошедшей позолотою,[237)] стояли в печальной симметрии[238)] около стен, обитых китайскими обоями. На стене висели два портрета, писанные в Париже m-me Lebrun. Один из них изображал мужчину лет сорока, румяного и полного, в светло-зелёном мундире и со звездою; другой — молодую красавицу с орлиным носом, с зачёсанными висками[239)] и с розою в пудреных волосах.[240)] По всем углам торчали[241)] фарфоровые пастушки, столовые часы работы славного Leroy,[242)] коробочки, рулетки, веера и разные дамские игрушки, изобретённые в конце минувшего столетия вместе с Монгольфьеровым шаром и Месмеровым магнетизмом. Германн пошёл за ширмы. За ними стояла маленькая железная кровать; справа находилась дверь, ведущая в кабинет; слева, другая — в коридор. Германн её

LA DAME DE PIQUE

escalier qui conduisait chez la pauvre demoiselle de compagnie ; puis il referma cette porte, et entra dans le cabinet noir.

Le temps s'écoulait lentement. Dans la maison, tout était tranquille. La pendule du salon sonna minuit, et le silence recommença. Hermann était debout, appuyé contre un poêle [434)] sans feu. Il était calme. Son cœur battait par pulsations bien égales, [435)] comme celui d'un homme déterminé à braver tous les dangers qui s'offriront à lui, [436)] parce qu'il les sait inévitables. [437)] Il entendit sonner une heure, puis deux heures ; puis bientôt après, le roulement lointain d'une voiture. Alors il se sentit ému [438)] malgré lui. [439)] La voiture approcha rapidement et s'arrêta. Grand bruit aussitôt de domestiques courant dans les escaliers, des voix confuses ; [440)] tous les appartements s'illuminent, [441)] et trois vieilles femmes de chambre entrent à la fois dans la chambre à coucher ; enfin paraît la comtesse, momie ambulante, [442)] qui se laisse tomber [443)] dans un grand fauteuil à la Voltaire. [444)] Hermann regardait par une fente. Il vit Lisabeta passer tout contre lui [445)] et il entendit son pas précipité dans le petit escalier tournant. Au fond du cœur, [446)] il sentit bien quelque chose comme un remords, mais cela passa. [447)] Son cœur redevint de pierre. [448)]

La comtesse se mit à se déshabiller devant un miroir. On lui ôta sa coiffure de roses et on sépara sa

ПИКОВАЯ ДАМА

отвори́л, уви́дел у́зкую, виту́ю ле́стницу, кото́рая вела́ в ко́мнату бе́дной воспи́танницы... Но он вороти́лся и вошёл в тёмный кабине́т.

Вре́мя шло ме́дленно. Всё бы́ло ти́хо. В гости́ной про́било двена́дцать;[243)] по всем ко́мнатам часы́ одни́ за други́ми прозвони́ли двена́дцать,[244)] — всё умо́лкло опя́ть. Ге́рманн стоя́л, прислоня́сь к холо́дной пе́чке. Он был споко́ен; се́рдце его́ би́лось ро́вно, как у челове́ка, реши́вшегося на что́-нибудь опа́сное, но необходи́мое. Часы́ про́били пе́рвый и второ́й час утра́, — и он услы́шал да́льний стук каре́ты. Нево́льное волне́ние овладе́ло им. Каре́та подъе́хала и останови́лась. Он услы́шал стук опуска́емой подно́жки.[245)] В до́ме засуети́лись.[246)] Лю́ди побежа́ли, раздали́сь голоса́, и дом освети́лся. В спа́льню вбежа́ли три ста́рые го́рничные, и графи́ня,[247)] чуть жива́я, вошла́ и опусти́лась в вольте́ровы кре́сла.[248)] Ге́рманн гляде́л в щёлку: Лизаве́та Ива́новна прошла́ ми́мо его́. Ге́рманн услы́шал её торопли́вые шаги́ по ступе́ням её ле́стницы.[249)] В се́рдце его́ отозва́лось не́что похо́жее на угрызе́ние со́вести и сно́ва умо́лкло. Он окамене́л.

Графи́ня ста́ла раздева́ться перед зе́ркалом. Откололи

25

LA DAME DE PIQUE

perruque poudrée de ses cheveux à elle, tout ras et
tout blancs.[449] Les épingles tombaient en pluie[450] autour
d'elle. Sa robe jaune, lamée d'argent, glissa jusqu'à
ses pieds gonflés. Hermann assista malgré lui à tous
5 les détails peu ragoûtants, d'une toilette de nuit; en-
fin la comtesse demeura en peignoir et en bonnet de
nuit. En ce costume plus convenable à son âge, elle
était un peu moins effroyable.

Comme la plupart des vieilles gens,[451] la comtesse
10 était tourmentée par des insomnies. Après s'être dés-
habillée,[452] elle fit rouler son fauteuil dans l'embrasure
d'une fenêtre et congédia ses femmes. On éteignit les
bougies, et la chambre ne fut plus éclairée que par la
lampe[453] qui brûlait devant les saintes images. La com-
15 tesse, toute jaune, toute ratatinée, les lèvres pen-
dantes,[454] se balançait doucement à droite et à gauche.[455]
Dans ses yeux ternes on lisait l'absence de la pensée;[456]
et, en la regardant se brandiller ainsi,[457] on eût dit
qu'elle ne se mouvait pas par l'action de la volonté,
20 mais par quelque mécanisme secret.[458]

Tout à coup ce visage[459] de mort changea d'expres-
sion.[460] Les lèvres cessèrent de trembler, les yeux
s'animèrent. Devant la comtesse, un inconnu venait
de paraître: c'était Hermann.[461]

25 — N'ayez pas peur, madame,[462] dit Hermann à voix
basse, mais en accentuant bien ses mots. Pour

— 54 —

ПИКОВАЯ ДАМА

с неё чепе́ц, укра́шенный ро́зами; сня́ли напу́дренный [250)] пари́к с её седо́й и пло́тно остри́женной головы́. Була́вки [251)] дождём сы́пались о́коло неё. Жёлтое пла́тье, ши́тое серебро́м, упа́ло к её распу́хлым нога́м. Ге́рманн был [252)] свиде́телем отврати́тельных та́инств её туале́та; наконе́ц 5 графи́ня оста́лась в спа́льной ко́фте и ночно́м чепце́: в э́том наря́де, бо́лее сво́йственном её ста́рости, она́ [253)] каза́лась ме́нее ужа́сна и безобра́зна.

Как и все ста́рые лю́ди вообще́, графи́ня страда́ла бессо́нницею. Разде́вшись, она́ се́ла у окна́ в вольте́ровы 10 кре́сла и отосла́ла го́рничных. Све́чи вы́несли, ко́мната [254)] опя́ть освети́лась одно́ю лампа́дою. Графи́ня сиде́ла вся [255)] жёлтая, шевеля́ отви́слыми губа́ми, кача́ясь напра́во и [256)] нале́во. В му́тных глаза́х её изобража́лось соверше́нное отсу́тствие мы́сли; смотря́ на неё, мо́жно бы́ло бы 15 поду́мать, что кача́ние стра́шной стару́хи происходи́ло не от её во́ли, но по де́йствию скры́того гальвани́зма. [257)]

Вдруг э́то мёртвое лицо́ измени́лось неизъясни́мо. [258)] Гу́бы переста́ли шевели́ться, глаза́ оживи́лись: перед графи́нею стоя́л незнако́мый мужчи́на. 20

— Не пуга́йтесь, ра́ди бо́га, не пуга́йтесь! — сказа́л

LA DAME DE PIQUE

l'amour de Dieu,[463] n'ayez pas peur. Je ne veux pas vous faire le moindre mal.[464] Au contraire, c'est une grâce que je viens implorer de vous.[465]

La vieille le regardait en silence, comme si elle ne comprenait pas.[466] Il crut qu'elle était sourde, et, se penchant à son oreille, il répéta son exorde. La comtesse continua à garder le silence.[467]

— Vous pouvez, continua Hermann, assurer le bonheur de toute ma vie, et sans qu'il vous en coûte rien...[468] Je sais que vous pouvez me dire trois cartes qui...

Hermann s'arrêta. La comtesse comprit sans doute ce qu'on voulait d'elle[469]; peut-être cherchait-elle une réponse.[470] Elle dit:

— C'était une plaisanterie... Je vous le jure,[471] une plaisanterie.

— Non, madame, répliqua Hermann d'un ton colère.[472] Souvenez-vous de Tchaplitzki, que vous fîtes gagner...[473]

La comtesse parut troublée. Un instant, ses traits[474] exprimèrent une vive émotion, mais bientôt ils reprirent une immobilité stupide.[475]

— Ne pouvez-vous pas, dit Hermann, m'indiquer trois cartes gagnantes?

La comtesse se taisait; il continua:

— Pourquoi garder pour vous ce secret?[476] Pour vos

— 56 —

ПИКОВАЯ ДАМА

он внятным и тихим голосом. — Я не имею намерения вредить вам; я пришёл умолять вас об одной милости.[259)]

Старуха молча смотрела на него и, казалось, его не слыхала. Германн вообразил, что она глуха, и, наклонясь над самым её ухом, повторил ей то же самое.[260)] Старуха молчала по-прежнему.

— Вы можете, — продолжал Германн, — составить счастие моей жизни, и оно ничего не будет вам стоить: я знаю, что вы можете угадать три карты сряду...[261)]

Германн остановился. Графиня, казалось, поняла, чего от неё требовали; казалось, она искала слов для своего ответа.[263)]

— Это была шутка, — сказала она наконец, — клянусь вам! это была шутка![264)]

—Этим нечего шутить, — возразил сердито Германн.[265)]

— Вспомните Чаплицкого, которому помогли вы отыграться.

Графиня видимо смутилась. Черты её изобразили сильное движение души, но она скоро впала в прежнюю бесчувственность.

— Можете ли вы, — продолжал Германн, — назначить мне эти три верные карты?[266)] [267)]

Графиня молчала; Германн продолжал:

— Для кого вам беречь вашу тайну? Для внуков? Они[268)]

LA DAME DE PIQUE

petits-fils ? Ils sont riches sans cela. Ils ne savent pas
le prix de l'argent. A quoi leur serviraient vos trois
cartes[477] ? Ce sont des débauchés. Celui qui ne sait pas
garder son patrimoine[478] mourra dans l'indigence, eût-il
la science des démons à ses ordres[479]. Je suis un
homme rangé[480], moi ; je connais le prix de l'argent. Vos
trois cartes ne seront pas perdues[481] pour moi. Allons...[482]
»

Il s'arrêta, attendant une réponse en tremblant[483]. La
comtesse ne disait mot[484].

Hermann se mit à genoux[485].

— Si votre cœur a jamais connu l'amour[486], si vous
vous rappelez ses douces extases, si vous avez ja-
mais souri au cri d'un nouveau-né, si quelque senti-
ment humain a jamais fait battre votre cœur, je vous
en supplie par l'amour[487] d'un époux, d'un amant[488], d'une
mère, par tout ce qu'il y a de saint dans la vie[489], ne re-
jetez pas ma prière. Révélez-moi votre secret ! —
Voyons[490] ! Peut-être se lie-t-il à quelque péché terrible[491],
à la perte de votre bonheur éternel ? N'auriez-vous
pas fait quelque pacte diabolique[492] ?...[493] Pensez-y, vous
êtes bien âgée, vous n'avez plus longtemps à vivre[494].
Je suis prêt à prendre sur mon âme[495] tous vos péchés[496],
à en répondre seul devant Dieu[497] ! — Dites-moi votre
secret ! Songez que le bonheur d'un homme se
trouve entre vos mains[498], que non seulement moi[499], mais

— 58 —

ПИКОВАЯ ДАМА

богаты и без того[269]; они же не знают и цены деньгам[270]. Моту не помогут ваши три карты. Кто не умеет беречь отцовское наследство, тот всё-таки умрёт в нищете, несмотря ни на какие демонские усилия[271]. Я не мот[272]; я знаю цену деньгам. Ваши три карты для меня не пропадут[273]. Ну!..

Он остановился и с трепетом ожидал её ответа. Графиня молчала; Германн стал на колени.

—Если когда-нибудь, — сказал он, — сердце ваше знало чувство любви, если вы помните её восторги, если вы хоть раз улыбнулись при плаче новорождённого сына, если что-нибудь человеческое билось когда-нибудь в груди вашей, то умоляю вас чувствами супруги, любовницы, матери, — всём, что ни есть святого в жизни, — не откажите мне в моей просьбе[274]! — откройте мне вашу тайну! — что вам в ней?[275].. Может быть, она сопряжена[276] с ужасным грехом, с пагубою вечного блаженства, с дьявольским договором...[277] Подумайте: вы стары; жить вам уж недолго, — я готов взять грех ваш на свою душу. Откройте мне только вашу тайну. Подумайте, что счастие человека находится

LA DAME DE PIQUE

mes enfants, mes petits-enfants, nous bénirons tous votre mémoire [500] et vous vénérerons comme une sainte.

La vieille comtesse ne répondit pas un mot. [501]

Hermann se releva.

— Maudite vieille, [502] s'écria-t-il en grinçant des dents, je saurais bien te faire parler [503] !

Et il tira un pistolet de sa poche.

A la vue du pistolet, [504] la comtesse, pour la seconde fois, montra une vive émotion. Sa tête branla plus fort, elle étendit ses mains comme pour écarter l'arme, puis, tout d'un coup, [505] se renversant en arrière, elle demeura immobile. [506]

— Allons ! Cessez de faire l'enfant, [507] dit Hermann en lui saisissant la main. [508] Je vous adjure pour la dernière fois. Voulez-vous me dire vos trois cartes, oui ou non ?

La comtesse ne répondit pas. Hermann s'aperçut qu'elle était morte. [509]

IV

Lisabeta Ivanovna était assise dans sa chambre, encore en toilette de bal, [510] plongée dans une profonde

ПИКОВАЯ ДАМА

в ва́ших рука́х; что не то́лько я, но де́ти мои́, вну́ки и
пра́внуки благословя́т ва́шу па́мять [278] и бу́дут её чтить, как
святы́ню... [279]

Стару́ха не отвеча́ла ни сло́ва.

Ге́рманн встал.

— Ста́рая ве́дьма! — сказа́л он, сти́снув зу́бы, — так я
ж заста́влю тебя́ отвеча́ть... [280]

С э́тим сло́вом он вы́нул из карма́на пистоле́т. При
ви́де пистоле́та графи́ня во второ́й раз оказа́ла си́льное
чу́вство. Она́ закива́ла голово́ю [281] и подняла́ ру́ку, как бы
заслоня́ясь от вы́стрела... Пото́м покати́лась на́взничь... [282]
и оста́лась недви́жи́ма.

— Переста́ньте ребя́читься, [283] — сказа́л Ге́рманн, взяв
её ру́ку. — Спра́шиваю в после́дний раз: хоти́те ли
назна́чить мне ва́ши три ка́рты? — да и́ли нет?

Графи́ня не отвеча́ла. Ге́рманн уви́дел, что она́
умерла́.

IV

7 Mai 18**.

Homme sans mœurs et sans
religion!

Перепи́ска.

Лизаве́та Ива́новна сиде́ла в свое́й ко́мнате, ещё в
ба́льном своём наря́де, погружённая в глубо́кие раз-

LA DAME DE PIQUE

méditation. De retour à la maison, elle s'était hâtée de congédier sa femme de chambre en lui disant qu'elle n'avait besoin de personne pour se déshabiller, et elle était montée dans son appartement, tremblant d'y
5 trouver Hermann, désirant de même ne l'y pas trouver. Du premier coup d'œil elle s'assura de son absence et remercia le hasard qui avait fait manquer leur rendez-vous. Elle s'assit toute pensive, sans songer à changer de toilette, et se mit à repasser dans
10 sa mémoire toutes les circonstances d'une liaison commencée depuis si peu de temps, et qui pourtant l'avait déjà menée si loin. Trois semaines s'étaient à peine écoulées depuis que de sa fenêtre elle avait aperçu le jeune officier, et déjà elle lui avait écrit, et il
15 avait réussi à obtenir d'elle un rendez-vous la nuit. Elle savait son nom, voilà tout. Elle en avait reçu quantité de lettres, mais jamais il ne lui avait adressé la parole ; elle ne connaissait pas le son de sa voix. Jusqu'à ce soir-là même, chose étrange, elle n'avait
20 jamais entendu parler de lui. Ce soir-là, Tomski, croyant s'apercevoir que la jeune princesse Pauline ***, auprès de laquelle il était fort assidu, coquetait, contre son habitude, avec un autre que lui, avait voulu s'en venger en faisant parade d'indifférence.
25 Dans ce beau dessein, il avait invité Lisabeta pour une interminable mazurka. Il lui fit force plaisante-

— 62 —

ПИКОВАЯ ДАМА

мышле́ния. Прие́хав домо́й, она́ спеши́ла отосла́ть за́спанную де́вку, не́хотя предлага́вшую ей свою́ услу́гу, — [284)] сказа́ла, что разде́нется сама́, и с тре́петом вошла́ к себе́, [285)] наде́ясь найти́ там Ге́рманна и жела́я не найти́ его́. С пе́рвого взгля́да она́ удостове́рилась в его́ отсу́тствии и [286)] благодари́ла судьбу́ за препя́тствие, помеша́вшее их свида́нию. Она́ се́ла, не раздева́ясь, и ста́ла припоми- [287)] на́ть все обстоя́тельства, в тако́е коро́ткое вре́мя и так далеко́ её завлёкшие. Не прошло́ трёх неде́ль с той [288)] поры́, как она́ в пе́рвый раз уви́дела в око́шко молодо́го челове́ка, — и уже́ она́ была́ с ним в перепи́ске, — и он [289)] успе́л вы́требовать от неё ночно́е свида́ние! Она́ зна́ла и́мя его́ потому́ то́лько, что не́которые из его́ пи́сем [290)] бы́ли им подпи́саны; никогда́ с ним не говори́ла, не слыха́ла его́ го́лоса, никогда́ о нём не слыха́ла... до са́мого сего́ ве́чера. Стра́нное де́ло! В са́мый тот ве́чер, [291)] на ба́ле, То́мский, ду́ясь на молоду́ю княжну́ Поли́ну ***, кото́рая, про́тив обыкнове́ния, коке́тничала не с [292)] ним, жела́л отомсти́ть, ока́зывая равноду́шие: он позва́л Лизаве́ту Ива́новну и танцева́л с не́ю бесконе́чную [293)] [294)] мазу́рку. Во всё вре́мя шути́л он над её пристра́стием к

5

10

15

20

25

— 63 —

LA DAME DE PIQUE

ries sur sa partialité pour les officiers [534] de l'armée du génie, et, tout en feignant d'en [535] savoir beaucoup plus qu'il n'en disait, [536] il arriva que [537] quelques-unes de ses plaisanteries tombèrent si juste, que [538] plus d'une fois
5 Lisabeta put croire que son secret était découvert.

— Mais enfin, [539] dit-elle en souriant, de qui tenez-vous tout cela ? [540]

— D'un ami de l'officier que vous savez. D'un homme très original.

10 — Et quel est cet homme si original ?

— Il s'appelle Hermann.

Elle ne répondit rien, mais elle sentit ses mains et ses pieds se glacer. [541]

— Hermann est un héros de roman, continua
15 Tomski. Il a le profil de Napoléon et l'âme de Méphistophélès. [542] Je crois qu'il a au moins trois crimes sur la conscience. [543] Comme vous êtes pâle ! [544]

— J'ai la migraine. [545] Eh bien ! que vous a dit ce M. Hermann ? N'est-ce pas ainsi que vous l'appelez ? [546]

20 — Hermann est très mécontent de son ami, de l'officier du génie que vous connaissez. Il dit qu'à sa place il en userait autrement. [547] Et puis, je parierais [548] que Hermann a ses projets sur vous. [549] Du moins, il pa-[550] raît écouter avec un intérêt fort étrange les confi-
25 dences de son ami...

— Et où m'a-t-il vue ?

— 64 —

ПИКОВАЯ ДАМА

инжене́рным офице́рам, уверя́л, что он зна́ет гора́здо[295)] бо́лее, не́жели мо́жно бы́ло ей предполага́ть, и[296)] не́которые из его́ шу́ток бы́ли так уда́чно напра́влены,[297)] что Лизаве́та Ива́новна ду́мала не́сколько раз, что её та́йна была́ ему́ изве́стна.

— От кого́ вы всё э́то зна́ете? — спроси́ла она́ смея́сь.

— От прия́теля изве́стной вам осо́бы,[298)] — отвеча́л То́мский, — челове́ка о́чень замеча́тельного![299)]

— Кто ж э́тот замеча́тельный челове́к?

— Его́ зову́т Ге́рманном.[300)]

Лизаве́та Ива́новна не отвеча́ла ничего́, но её ру́ки и но́ги поледене́ли...

—Э́тот Ге́рманн, — продолжа́л Томский, — лицо́ и́стинно романи́ческое: у него́ про́филь Наполео́на, а[301)] душа́ Мефисто́феля. Я ду́маю, что на его́ со́вести по[302)] кра́йней ме́ре три злоде́йства. Как вы побледне́ли!..

— У меня́ голова́ боли́т... Что же говори́л вам Ге́рманн, —и́ли как бишь его́?..[303)]

— Ге́рманн о́чень недово́лен свои́м прия́телем: он говори́т, что на его́ ме́сте он поступи́л бы совсе́м ина́че... Я да́же полага́ю, что Ге́рманн сам име́ет на вас ви́ды, по[304)] кра́йней ме́ре он о́чень неравноду́шно слу́шает влю-блённые восклица́ния своего́ прия́теля.[305)]

— Да где ж он меня́ ви́дел?

LA DAME DE PIQUE

— A l'église peut-être ; à la promenade, Dieu sait
où, peut-être dans votre chambre pendant que vous [551]
dormiez. Il est capable de tout... [552]

En ce moment, trois dames s'avançant, selon les us [553]
5 de la mazurka, pour l'inviter à choisir entre *oubli* ou [554]
regret, interrompirent une conversation qui excitait [555]
douloureusement la curiosité de Lisabeta Ivanovna.

La dame qui, en vertu de ces infidélités que la ma- [556]
zurka autorise, venait d'être choisie par Tomski était
10 la princesse Pauline. Il y eut entre eux une grande
explication pendant les évolutions répétées que la fi-
gure les obligeait à faire et la conduite très lente jus- [557]
qu'à la chaise de la dame. De retour auprès de sa
danseuse, Tomski ne pensait plus ni à Hermann ni à
15 Lisabeta Ivanovna. Elle essaya vainement de conti- [558]
nuer la conversation, mais la mazurka finit et aussi- [559]
tôt après la vieille comtesse se leva pour sortir. [560]

Les phrases mystérieuses de Tomski n'étaient
autre chose que des platitudes à l'usage de la mazur-
20 ka, mais elles étaient entrées profondément dans le [561]
cœur de la pauvre demoiselle de compagnie. Le por-
trait ébauché par Tomski lui parut d'une ressem-
blance frappante, et, grâce à son érudition romanes- [562]
que, elle voyait dans le visage assez insignifiant de [563]
25 son adorateur de quoi la charmer et l'effrayer tout à [564]
la fois. Elle était assise les mains dégantées, les [565]

— 66 —

ПИКОВАЯ ДАМА

— В це́ркви, мо́жет быть, — на гуля́нье!.. Бог его́ [306)] зна́ет! мо́жет быть, в ва́шей ко́мнате, во вре́мя ва́шего сна: от него́ ста́нет... [307)]

Подоше́дшие к ним три да́мы с вопро́сами — oubli ou regret? — прерва́ли разгово́р, кото́рый станови́лся мучи́тельно любопы́тен для Лизаве́ты Ива́новны. [308)]

Да́ма, вы́бранная То́мским, была́ сама́ княжна́ ***. Она́ успе́ла с ним изъясни́ться, обежа́в ли́шний круг и [309)] ли́шний раз поверте́вшись перед свои́м сту́лом. [310)] То́мский, возвратя́сь на своё ме́сто, уже́ не ду́мал ни о Ге́рманне, ни о Лизаве́те Ива́новне. Она́ непреме́нно хоте́ла возобнови́ть пре́рванный разгово́р; но мазу́рка [311)] ко́нчилась, и вско́ре по́сле ста́рая графи́ня уе́хала.

Слова́ То́мского бы́ли не что ино́е, как мазу́рочная [312)] болтовня́, но они́ глубоко́ зарони́лись в ду́шу молодо́й мечта́тельницы. Портре́т, набро́санный То́мским, схо́- [313)] [314)] дствовал с изображе́нием, соста́вленным е́ю само́ю, и, [315)] благодаря́ нове́йшим рома́нам, э́то уже́ по́шлое лицо́ пу- га́ло и пленя́ло её воображе́ние. Она́ сиде́ла, сложа́ кре- [316)]

LA DAME DE PIQUE

épaules nues[566]; sa tête parée de fleurs tombait sur sa poitrine[567], quand tout à coup la porte s'ouvrit[568], et Hermann entra. Elle tressaillit.

— Où étiez-vous? lui demanda-t-elle toute tremblante.

— Dans la chambre à coucher de la comtesse, répondit Hermann. Je la quitte à l'instant[569]: elle est morte.

— Bon Dieu[570]!... que dites-vous[571]!

— Et je crains, continua-t-il, d'être cause de sa mort[572].

Lisabeta Ivanovna le regardait tout effarée, et la phrase de Tomski lui revint à la mémoire[573]: « Il a au moins trois crimes sur la conscience! » Hermann s'assit auprès de la fenêtre, et lui raconta tout.

Elle l'écouta avec épouvante. Ainsi, ces lettres si passionnées, ces expressions brûlantes, cette poursuite si hardie, si obstinée, tout cela, l'amour ne l'avait pas inspiré[574]. L'argent seul, voilà ce qui enflammait son âme[575]. Elle qui n'avait que son cœur à lui offrir[576], pouvait-elle le rendre heureux? Pauvre enfant! elle avait été l'instrument aveugle d'un voleur, du meurtrier de sa vieille bienfaitrice. Elle pleurait amèrement dans l'agonie de son repentir[577]. Hermann la regardait en silence; mais ni les larmes de l'infortunée ni sa beauté rendue plus touchante par la

— 68 —

ПИКОВАЯ ДАМА

стом го́лые ру́ки, наклони́в на откры́тую грудь го́лову, [317] [318]
ещё у́бранную цвета́ми... Вдруг дверь отвори́лась, и
Ге́рманн вошёл. Она́ затрепета́ла...

— Где же вы бы́ли? — спроси́ла она́ испу́ганным шё-
потом. [319]

— В спа́льне у ста́рой графи́ни, — отвеча́л Ге́рманн,
— я сейча́с от неё. Графи́ня умерла́.

— Бо́же мой!.. что вы говори́те?..

— И ка́жется, — продолжа́л Ге́рманн, — я причи́ною
её сме́рти. [320]

Лизаве́та Ива́новна взгляну́ла на него́, и слова́
То́мского раздали́сь в её душе́: *у э́того челове́ка по* [321]
кра́йней ме́ре три злоде́йства на душе́! Ге́рманн сел на
око́шко по́дле неё и всё рассказа́л.

Лизаве́та Ива́новна вы́слушала его́ с у́жасом. Ита́к,
э́ти стра́стные пи́сьма, э́ти пла́менные тре́бования, э́то
де́рзкое, упо́рное пресле́дование, всё э́то бы́ло не [322]
любо́вь! Де́ньги, — вот чего́ алка́ла его́ душа́! Не она́ [323]
могла́ утоли́ть его́ жела́ния и осчастли́вить его́! Бе́дная [324]
воспи́танница была́ не что ино́е, как слепа́я помо́щница
разбо́йника, уби́йцы ста́рой её благоде́тельницы!..
Го́рько запла́кала она́ в по́зднем, мучи́тельном своём
раска́янии. Ге́рманн смотре́л на неё мо́лча: се́рдце его́
та́кже терза́лось, но ни слёзы бе́дной де́вушки, ни [325]

5

10

15

20

25

LA DAME DE PIQUE

douleur ne pouvaient ébranler cette âme de fer. Il [578)] n'avait pas un remords en songeant à la mort de la comtesse. Une seule pensée le déchirait, c'était la [580)] perte irréparable du secret dont il avait attendu sa fortune. [581)]

— Mais vous êtes un monstre! s'écria Lisabeta [582)] après un long silence.

— Je ne voulais pas la tuer, répondit-il froidement; mon pistolet n'était pas chargé.

Ils demeurèrent longtemps sans se parler, sans se regarder. Le jour venait, Lisabeta éteignit la chan- [583)] [584)] delle qui brûlait dans la bobèche. La chambre s'éclai-ra d'une lumière blafarde. Elle essuya ses yeux noyés [585)] de pleurs, et les leva sur Hermann. Il était toujours près de la fenêtre, les bras croisés, fronçant le sourcil. [586)] Dans cette attitude, il lui rappela involontairement le portrait de Napoléon. Cette ressemblance l'accabla. [587)]

— Comment vous faire sortir d'ici? lui dit-elle en- [588)] fin. Je pensais à vous faire sortir par l'escalier dérobé, [589)] mais il faudrait passer par la chambre de la com-tesse, et j'ai trop peur... [590)]

— Dites-moi seulement où je trouverai cet escalier dérobé; j'irai bien seul.

Elle se leva, chercha dans un tiroir une clé qu'elle remit à Hermann, en lui donnant tous les renseigne-ments nécessaires. Hermann prit sa main glacée, dé-

— 70 —

ПИКОВАЯ ДАМА

удиви́тельная пре́лесть её го́рести не трево́жили суро́вой души́ его́. Он не чу́вствовал угрызе́ния со́вести при мы́сли о мёртвой стару́хе. Одно́ его́ ужаса́ло:[326] невозвра́тная поте́ря та́йны, от кото́рой ожида́л обогаще́ния.

— Вы чудо́вище! — сказа́ла наконе́ц Лизаве́та Ива́новна.

— Я не хоте́л её сме́рти, — отвеча́л Ге́рманн,— пистоле́т мой не заря́жен.[327]

Они́ замолча́ли.

У́тро наступа́ло. Лизаве́та Ива́новна погаси́ла догора́ющую[328] свечу́: бле́дный свет озари́л её ко́мнату. Она́ отёрла запла́канные глаза́[329] и подняла́ их на Ге́рманна: он сиде́л на око́шке, сложа́ ру́ки и гро́зно[330] нахму́рясь. В э́том положе́нии удиви́тельно напомина́л он портре́т Наполео́на.[331] Э́то схо́дство порази́ло да́же Лизаве́ту Ива́новну.[332]

— Как вам вы́йти из до́му? — сказа́ла наконе́ц Лизаве́та Ива́новна. — Я ду́мала провести́ вас по пота-ённой ле́стнице, но на́добно идти́ ми́мо спа́льни, а я бою́сь.

— Расскажи́те мне, как найти́ э́ту потаённую ле́стницу; я вы́йду.

Лизаве́та Ива́новна вста́ла, вы́нула из комо́да ключ, вручи́ла его́ Ге́рманну и дала́ ему́ подро́бное

— 71 —

LA DAME DE PIQUE

posa un baiser sur son front qu'elle baissait, il sortit.

Il descendit l'escalier tournant et entra dans la chambre de la comtesse. Elle était assise dans son fauteuil, toute raide; les traits de son visage n'étaient point contractés. Il s'arrêta devant elle, et la contempla quelque temps[591)] comme pour s'assurer de l'effrayante réalité; puis il entra dans le cabinet noir, et, en tâtant la tapisserie découvrit une petite porte qui ouvrait sur un escalier[592)]. En descendant, d'étranges idées lui vinrent en tête[593)]. — Par cet escalier, se disait-il, il y a quelque soixante ans[594)], à pareille heure, sortant de cette chambre à coucher[595)], en habit brodé, coiffé *à l'oiseau royal*[596)], serrant son chapeau à trois cornes contre sa poitrine[597)], on aurait pu surprendre quelque galant[598)], enterré depuis de longues années, et, aujourd'hui même, le cœur de sa vieille maîtresse a cessé de battre.

Au bout de l'escalier[599)], il trouva une autre porte que sa clé ouvrit[600)]. Il entra dans un corridor, et bientôt il[601)] gagna la rue.

V

ПИКОВАЯ ДАМА

наставле́ние.[333] Ге́рманн пожа́л её холо́дную, безотве́тную ру́ку,[334] поцелова́л её наклонённую го́лову и вы́шел.

Он спусти́лся вниз по вито́й ле́стнице и вошёл опя́ть в спа́льню графи́ни. Мёртвая стару́ха сиде́ла окамене́в; лицо́ её выража́ло глубо́кое споко́йствие. Ге́рманн остано́вился пе́ред не́ю, до́лго смотре́л на неё, как бы жела́я удостове́риться в ужа́сной и́стине; наконе́ц вошёл в кабине́т, ощу́пал за обо́ями дверь[335] и стал сходи́ть по тёмной ле́стнице, волну́емый стра́нными чу́вствованиями.[336]

По э́той са́мой ле́стнице, ду́мал он, мо́жет быть, лет шестьдеся́т наза́д, в э́ту са́мую спа́льню, в тако́й же час, в ши́том кафта́не, причёсанный à l'oiseau royal, прижима́я к се́рдцу треуго́льную свою́ шля́пу,[337] прокра́дывался молодо́й счастли́вец, давно́ уже́ истле́вший[338] в моги́ле, а се́рдце престаре́лой его́ любо́вницы сего́дня переста́ло би́ться...

Под ле́стницею Ге́рманн нашёл дверь, кото́рую о́тпер[339] тем же ключо́м, и очути́лся в сквозно́м коридо́ре,[340] вы́ведшем его́[341] на у́лицу.

V

В э́ту ночь яви́лась ко мне поко́йница бароне́сса фон В***. Она́ была́ вся в бе́лом и сказа́ла мне:

LA DAME DE PIQUE

Trois jours après cette nuit fatale, à neuf heures du matin, Hermann entrait dans le couvent de ***, où l'on devait rendre les derniers devoirs à la dépouille[602)] mortelle de la vieille comtesse. Il n'avait pas de remords, et cependant il ne pouvait se dissimuler qu'il était l'assassin[603)] de cette pauvre femme. N'ayant pas de foi[604)], il avait, selon l'ordinaire[605)], beaucoup de superstition. Persuadé[606)] que la comtesse morte pouvait exercer une maligne influence sur sa vie, il s'était imaginé qu'il apaiserait ses mânes[607)] en assistant à ses funérailles[608)].

L'église était pleine de monde[609)], et il eut beaucoup de peine à trouver place[610)]. Le corps était disposé sur un riche catafalque, sous un baldaquin de velours. La comtesse était couchée dans sa bière, les mains jointes sur la poitrine[611)], avec une robe de satin blanc et des coiffes de dentelles. Autour du catafalque, la famille était réunie ; les domestiques en caftan noir, avec un nœud de rubans armoriés sur l'épaule, un cierge à la main[612)] ; les parents en grand deuil, enfants, petits-enfants, arrière-petits-enfants[613)], personne ne pleurait ; les larmes eussent passé pour *une affecta-tion*[614)]. La comtesse était si vieille, que sa mort ne pou-

ПИКОВАЯ ДАМА

«Здра́вствуйте, господи́н
сове́тник!»

Шве́денборг.

Три дня по́сле роково́й но́чи, в де́вять часо́в утра́,
Ге́рманн отпра́вился в *** монасты́рь, где должны́ бы́ли
отпева́ть те́ло усо́пшей графи́ни. Не чу́вствуя раска́яния,
он не мог, одна́ко, соверше́нно заглуши́ть го́лос со́вести,
тверди́вшей ему́: ты уби́йца стару́хи! Име́я ма́ло
и́стинной ве́ры, он име́л мно́жество предрассу́дков. Он
ве́рил, что мёртвая графи́ня могла́ име́ть вре́дное
влия́ние на его́ жизнь, — и реши́лся яви́ться на её
по́хороны, чтобы испроси́ть у ней проще́ния.

Це́рковь была́ полна́. Ге́рманн наси́лу мог пробра́ться
сквозь толпу́ наро́да. Гроб стоя́л на бога́том катафа́лке
под ба́рхатным балдахи́ном. Усо́пшая лежа́ла в нём с
рука́ми, сло́женными на груди́, в кружевно́м чепце́ и в
бе́лом атла́сном пла́тье. Круго́м стоя́ли её дома́шние:
слу́ги в чёрных кафта́нах с ге́рбовыми ле́нтами на плече́
и со свеча́ми в рука́х; ро́дственники в глубо́ком тра́уре,
— де́ти, вну́ки и пра́внуки. Никто́ не пла́кал; слёзы
бы́ли бы — une affectation. Графи́ня так была́ стара́, что

— 75 —

LA DAME DE PIQUE

vait surprendre personne[615], et l'on s'était accoutumé depuis longtemps à la regarder comme déjà hors de ce monde[616]. Un prédicateur célèbre prononça l'oraison funèbre[617]. Dans quelques phrases simples et tou-
5 chantes, il peignit le départ final du juste[618], qui a passé de longues années dans les préparatifs attendrissants d'une fin chrétienne. « L'ange de la mort l'a enlevée, dit l'orateur, au milieu de l'allégresse de ses pieuses méditations et dans l'attente du FIANCÉ DE MI-
10 NUIT[619]. »

Le service s'acheva dans le recueillement convenable. Alors les parents vinrent faire leurs derniers adieux à la défunte[620]. Après eux, en longue procession, tous les invités à la cérémonie s'inclinèrent pour la
15 dernière fois devant celle qui, depuis tant d'années, avait été un épouvantail pour leurs amusements[621]. La maison de la comtesse s'avança la dernière[622]. On remarquait une vieille gouvernante du même âge que la défunte[623], soutenue par deux femmes. Elle n'avait
20 pas la force de s'agenouiller, mais des larmes coulèrent de ses yeux quand elle baisa la main de sa maîtresse.

A son tour[624], Hermann s'avança vers le cercueil. Il s'agenouilla un moment sur les dalles jonchées de
25 branches de sapin. Puis il se leva, et, pâle comme la mort[625], il monta les degrés du catafalque et s'inclina...

— 76 —

ПИКОВАЯ ДАМА

смерть её никого не могла поразить и что её родственники давно смотрели на неё, как на отжившую.[348] Молодой архиерей произнёс надгробное слово.[349] В простых и трогательных выражениях представил он мирное успение праведницы,[350] которой долгие годы были[351] тихим, умилительным приготовлением к христианской кончине.[352] «Ангел смерти обрёл её,[353] — сказал оратор, — бодрствующую в помышлениях благих[354] и в ожидании[355] жениха полунощного».[356] Служба совершилась с печальным приличием.[357] Родственники первые пошли прощаться с телом. Потом двинулись и многочисленные гости, приехавшие поклониться той, которая так давно была участницею в их суетных увеселениях.[358] После них и все домашние. Наконец приблизилась старая барская барыня,[359] ровесница покойницы. Две молодые девушки вели её под руки. Она не в силах была поклониться до[360] земли, — и одна пролила[361] несколько слёз, поцеловав холодную руку госпожи своей. После неё Германн решился подойти ко гробу. Он поклонился в землю[362] и несколько минут лежал на холодном полу, усыпанном ельником.[363] Наконец приподнялся,[364] бледен как сама покойница,[365] взошёл на ступени катафалка и

LA DAME DE PIQUE

quand tout à coup il lui sembla que la morte le re-
gardait d'un œil moqueur en clignant un œil. Her-
mann, d'un brusque mouvement, se rejeta en arrière
et tomba à la renverse. On s'empressa de le relever.
Au même instant, sur le parvis de l'église, Lisabeta
Ivanovna tombait sans connaissance. Cet épisode
troubla pendant quelques minutes la pompe de la cé-
rémonie funèbre; les assistants chuchotaient, et un
chambellan chafouin, proche parent de la défunte,
murmura à l'oreille d'un Anglais qui se trouvait près
de lui: « Ce jeune officier est un fils de la comtesse,
de la main gauche, s'entend. » A quoi l'Anglais ré-
pondit: « Oh! »

Toute la journée, Hermann fut en proie à un ma-
laise extraordinaire. Dans le restaurant solitaire où il
prenait ses repas, il but beaucoup contre son habi-
tude, dans l'espoir de s'étourdir; mais le vin ne fit
qu'allumer son imagination et donner une activité
nouvelle aux idées qui le préoccupaient. Il rentra
chez lui de bonne heure, se jeta tout habillé sur son
lit, et s'endormit d'un sommeil de plomb.

Lorsqu'il se réveilla, il était nuit, la lune éclairait sa
chambre. Il regarda l'heure; il était trois heures
moins un quart. Il n'avait plus envie de dormir. Il
était assis sur son lit et pensait à la vieille comtesse.

En ce moment, quelqu'un dans la rue s'approcha

— 78 —

ПИКОВАЯ ДАМА

наклони́лся... В э́ту мину́ту показа́лось ему́, что мёртвая насме́шливо взгляну́ла на него́, прищу́ривая одни́м гла́зом.[366] Ге́рманн, поспе́шно пода́вшись наза́д,[367] оступи́лся[368] и на́взничь гря́нулся об земь.[369] Его́ по́дняли. В то же са́мое вре́мя Лизаве́ту Ива́новну вы́несли в о́бмороке на па́перть.[370] Э́тот эпизо́д возмути́л на не́сколько мину́т торже́ственность мра́чного обря́да.[371] Ме́жду посети́телями подня́лся глухо́й ро́пот,[372] а худоща́вый камерге́р,[373] бли́зкий ро́дственник поко́йницы, шепну́л на́ ухо стоя́щему по́дле него́ англича́нину, что молодо́й офице́р её побо́чный[374] сын, на что англича́нин отвеча́л хо́лодно: Oh?

Це́лый день Ге́рманн был чрезвыча́йно расстро́ен. Обе́дая в уединённом тракти́ре,[375] он, про́тив обыкнове́ния своего́, пил о́чень мно́го, в наде́жде заглуши́ть[376] вну́треннее волне́ние. Но вино́ ещё бо́лее горячи́ло его́ воображе́ние. Возвратя́сь домо́й, он бро́сился, не раздева́ясь, на крова́ть и кре́пко засну́л.

Он просну́лся уже́ но́чью: луна́ озаря́ла его́ ко́мнату. Он взгляну́л на часы́: бы́ло без че́тверти три. Сон у него́ прошёл; он сел на крова́ть и ду́мал о похорона́х ста́рой графи́ни.

В э́то вре́мя кто-то с у́лицы взгляну́л к нему́ в око́шко,

LA DAME DE PIQUE

de la fenêtre comme pour regarder dans sa chambre, et passa aussitôt. Hermann y fit à peine attention.[646] Au bout d'une minute, il entendit ouvrir la porte de son antichambre. Il crut que son denschik,[647] ivre selon son
5 habitude, rentrait de quelque excursion nocturne; mais bientôt il distingua un pas inconnu.[648] Quelqu'un entrait en traînant doucement des pantoufles sur le parquet. La porte s'ouvrit, et une femme vêtue de blanc[649] s'avança dans sa chambre. Hermann s'imagina
10 que c'était sa vieille nourrice, et il se demanda ce qui pouvait l'amener[650] à cette heure de la nuit; mais la femme en blanc, traversant la chambre avec rapidité, fut en un moment[651] au pied de[652] son lit, et Hermann reconnut la comtesse[653]!

15 — Je viens à toi contre ma volonté,[654] dit-elle d'une voix ferme.[655] Je suis contrainte d'exaucer[656] ta prière. Trois—sept—as gagneront pour toi l'un après l'autre; mais tu ne joueras pas plus d'une carte en vingt-quatre heures,[657] et après, pendant toute ta vie, tu ne
20 joueras plus! Je te pardonne ma mort,[658] pourvu que tu[659] épouses ma demoiselle de compagnie, Lisabeta Ivanovna.

A ces mots,[660] elle se dirigea vers la porte[661] et se retira en traînant encore ses pantoufles sur le parquet.
25 Hermann l'entendit pousser la porte de l'antichambre, et vit un instant après une figure blanche

— 80 —

ПИКОВАЯ ДАМА

— и тотчас отошёл. Германн не обратил на то никакого внимания. [377] Чрез минуту услышал он, что отпирали дверь в передней комнате. Германн думал, что денщик его, пьяный по своему обыкновению, возвращался с ночной прогулки. Но он услышал незнакомую походку: кто-то ходил, тихо шаркая туфлями. [378] Дверь отворилась, вошла женщина в белом платье. Германн принял её за свою старую кормилицу [379] и удивился, что могло привести её в такую пору. Но белая женщина, скользнув, [380] очутилась вдруг перед ним, — и Германн узнал графиню!

— Я пришла к тебе против своей воли, — сказала она твёрдым голосом, — но мне велено исполнить твою просьбу. [381] Тройка, семёрка и туз выиграют тебе сряду, [382] но с тем, чтобы ты в сутки более одной карты не ставил и чтоб во всю жизнь уже после не играл. Прощаю тебе мою смерть, с тем, чтоб ты женился на моей воспитан- [383] нице Лизавете Ивановне...

С этим словом она тихо повернулась, пошла к дверям и скрылась, шаркая туфлями. Германн слышал, как хлопнула дверь в сенях, и увидел, что кто-то опять

LA DAME DE PIQUE

passer dans la rue et s'arrêter devant la fenêtre
comme pour le regarder.

Hermann demeura quelque temps tout abasourdi;
il se leva et entra dans l'antichambre. Son denschik,
5 ivre comme à l'ordinaire,[662] dormait couché sur le par-
quet. Il eut beaucoup de peine à le réveiller, et n'en
put obtenir la moindre explication.[663] La porte de l'anti-
chambre était fermée à clé.[664] Hermann rentra dans sa
chambre et écrivit aussitôt toutes les circonstances
10 de sa vision.

VI

15

Deux idées fixes ne peuvent exister à la fois dans
le monde moral, de même que dans le monde phy-
20 sique deux corps ne peuvent occuper à la fois la
même place.[665] Trois—sept—as effacèrent bientôt dans
l'imagination de Hermann le souvenir des derniers
moments de la comtesse.[666] Trois—sept—as ne lui sor-
taient plus de la tête et venaient à chaque instant
25 sur ses lèvres.[667] Rencontrait-il une jeune personne
dans la rue:[668] — Quelle jolie taille! disait-il; elle res-

— 82 —

ПИКОВАЯ ДАМА

погляде́л к нему́ в око́шко.

Ге́рманн до́лго не мог опо́мниться.[384] Он вы́шел в другу́ю ко́мнату. Денщи́к его́ спал на полу́; Ге́рманн наси́лу его́ добуди́лся.[385] Денщи́к был пьян по обыкнове́нию: от него́ нельзя́ бы́ло доби́ться никако́го то́лку.[386] Дверь в се́ни была́ заперта́.[387] Ге́рманн возврати́лся в свою́ ко́мнату, засвети́л све́чку и записа́л своё виде́ние.[388]

10

VI

— Атанде́![389]

— Как вы сме́ли мне сказа́ть атанде́?

15

— Ва́ше превосходи́тельство, я сказа́л атанде́-с!

Две неподви́жные иде́и[390] не мо́гут вме́сте существова́ть в нра́вственной приро́де,[391] так же, как два те́ла не мо́гут в физи́ческом ми́ре занима́ть одно́ и то же ме́сто. Тро́йка, семёрка, туз — ско́ро заслони́ли в воображе́нии Ге́рманна о́браз мёртвой стару́хи. Тро́йка, семёрка, туз — не выходи́ли из его́ головы́ и шевели́лись на его́ губа́х.[392] Уви́дев молоду́ю де́вушку, он говори́л: «Как она́ стройна́!.. Настоя́щая тро́йка черво́нная». У него́ спра-

25

— 83 —

LA DAME DE PIQUE

semble à un trois de cœur. On lui demandait l'heure ;
il répondait : Sept de carreau moins un quart. Tout
gros homme qu'il voyait [669] lui rappelait un as. Trois—
sept—as le suivaient en songe, et lui apparaissaient
5 sous maintes formes étranges. [670] Il voyait des trois
s'épanouir comme des *magnolia grandiflora*. [671] Des sept
s'ouvraient en portes gothiques ; [672] des as se mon-
traient suspendus [673] comme des araignées mon-
strueuses. Toutes ses pensées se concentraient vers
10 un seul but : [674] comment mettre à profit ce secret si
chèrement acheté ? [675] Il songeait à demander un congé
pour voyager. A Paris, se disait-il, il découvrirait
quelque maison de jeu où il ferait en trois coups sa
fortune. [676] Le hasard le tira bientôt d'embarras. [677]

15 Il y avait à Moscou une société de joueurs riches,
sous la présidence du [678] célèbre Tchekalinski, qui avait
passé toute sa vie à jouer, [679] et qui avait amassé des
millions, car il gagnait des billets de banque et ne
perdait que de l'argent blanc. [680] Sa maison magnifique,
20 sa cuisine excellente, ses manières ouvertes, lui
avaient fait de nombreux amis et lui attiraient la
considération générale. [681] Il vint à Pétersbourg. Aussi-
tôt la jeunesse accourut dans ses salons, oubliant les
bals pour les soirées de jeu et préférant les émotions
25 du tapis vert aux séductions de la coquetterie. Her-
mann fut conduit chez Tchekalinski par Naroumof.

— 84 —

ПИКОВАЯ ДАМА

шивали: «который час», он отвечал: «без пяти минут се-
мёрка».[393] [394] Всякий пузастый мужчина напоминал ему туза.

Тройка, семёрка, туз — преследовали его во сне,
принимая все возможные виды: тройка цвела перед ним
в образе пышного грандифлора,[395] семёрка представлялась
готическими воротами, туз огромным пауком. Все
мысли его слились в одну, — воспользоваться тайной,
которая дорого ему стоила.[396] Он стал думать об отставке
и о путешествии.[397] Он хотел в открытых игрецких домах
Парижа вынудить клад у очарованной фортуны.[398] Случай
избавил его от хлопот.[399]

В Москве составилось общество богатых игроков,
под председательством славного Чекалинского,[400]
проведшего весь век за картами и нажившего некогда
миллионы, выигрывая векселя и проигрывая чистые
деньги.[401] Долговременная опытность заслужила ему
доверенность товарищей,[403] а открытый дом, славный
повар, ласковость и весёлость приобрели уважение
публики. Он приехал в Петербург. Молодёжь к нему
нахлынула,[404] забывая балы для карт и предпочитая
соблазны фараона обольщениям волокитства.[405] Нарумов
привёз к нему Германна.

LA DAME DE PIQUE

Ils traversèrent une longue enfilade de pièces rem-
plies de serviteurs polis et empressés. Il y avait foule
partout. Des généraux et des conseillers privés[682)]
jouaient au whist.[683)] Des jeunes gens[684)] étaient étendus
5 sur les divans, prenant des glaces et fumant de
grandes pipes. Dans le salon principal, devant une
longue table autour de laquelle se serraient une ving-
taine de joueurs,[685)] le maître de la maison tenait une
banque de pharaon. C'était un homme de soixante
10 ans environ, d'une physionomie douce et noble,[686)] avec
des cheveux blancs comme la neige. Sur son visage
plein et fleuri, on lisait la bonne humeur et la bien-
veillance. Ses yeux brillaient d'un sourire perpétuel.[687)]
Naroumof lui présenta Hermann. Aussitôt Tcheka-
15 linski lui tendit la main, lui dit qu'il était le bienvenu,
qu'on ne faisait pas de cérémonies dans sa maison,[688)] et
il se remit à tailler.[689)]

La taille[690)] dura longtemps ; on pontait sur plus de
trente cartes. A chaque coup, Tchekalinski s'arrêtait
20 pour laisser aux gagnants le temps de faire des pa-
roli,[691)] payait, écoutait civilement les réclamations, et
plus civilement encore faisait abattre les cornes
qu'une main distraite s'était permise.[692)]

Enfin la taille finit ; Tchekalinski mêla les cartes et
25 se prépara à en faire une nouvelle.[693)]

— Permettez-vous que je prenne une carte ?[694)] dit

— 86 —

ПИКОВАЯ ДАМА

Они́ прошли́ ряд великоле́пных ко́мнат, напо́лненных учти́выми официа́нтами. Не́сколько генера́лов и та́йных сове́тников[406) игра́ли в вист; молоды́е лю́ди сиде́ли, развали́сь[407) на што́фных дива́нах, е́ли моро́женое и кури́ли тру́бки. В гости́ной за дли́нным столо́м, о́коло 5 кото́рого тесни́лось челове́к два́дцать игроко́в, сиде́л хозя́ин и мета́л банк. Он был челове́к лет шести́десяти, са́мой почте́нной нару́жности[409); голова́ покры́та была́ сере́бряной седино́ю; по́лное и све́жее лицо́ изобража́ло доброду́шие; глаза́ блиста́ли, оживлённые всегда́шнею 10 улы́бкою. Нару́мов предста́вил ему́ Ге́рманна. Чекали́нский дру́жески пожа́л ему́ ру́ку[410), проси́л не церемо́ниться[411) и продолжа́л мета́ть.

Талья́[412) дли́лась до́лго. На столе́ стоя́ло бо́лее тридцати́ карт. 15

Чекали́нский остана́вливался по́сле ка́ждой проки́дки[413), что́бы дать игра́ющим вре́мя распоряди́ться, запи́сывал про́игрыш, учти́во вслу́шивался в их тре́бования, ещё учти́вее отгиба́л ли́шний у́гол[414), загиба́емый рассе́янною руко́ю. Наконе́ц талья́ ко́нчилась. Чекали́нский стасова́л 20 ка́рты и пригото́вился мета́ть другу́ю[415).

— Позво́льте поста́вить ка́рту[416), — сказа́л Ге́рманн,

LA DAME DE PIQUE

Hermann allongeant la main par-dessus un gros homme qui obstruait tout un côté de la table.

Tchekalinski, en lui adressant un gracieux sourire, s'inclina poliment en signe d'acceptation.[695] Naroumof complimenta en riant Hermann sur la fin de son austérité d'autrefois, et lui souhaita toute sorte de bonheur[696] pour son début dans la carrière du jeu.

— Va![697] dit Hermann après avoir écrit un chiffre sur le dos de sa carte.

— Combien? demanda le banquier en clignant des yeux. Excusez, je ne vois pas.

— Quarante-sept mille roubles, dit Hermann.

A ces mots, toutes les têtes se levèrent, tous les regards se dirigèrent sur Hermann.

Il a perdu l'esprit,[698] pensa Naroumof.

— Permettez-moi de vous faire observer, monsieur, dit Tchekalinski avec son éternel sourire, que[699] votre jeu est un peu fort. Jamais on ne ponte ici que deux cent soixante-quinze roubles sur le simple.[700]

— Bon, dit Hermann; mais faites-vous ma carte, oui ou non?[701]

Tchekalinski s'inclina en signe d'assentiment.

— Je voulais seulement vous faire observer, dit-il, que bien que je sois parfaitement sûr de mes amis,[702] je ne puis tailler que devant de l'argent comptant.[703] Je suis parfaitement convaincu que votre parole vaut de

— 88 —

ПИКОВАЯ ДАМА

протя́гивая ру́ку из-за то́лстого господи́на, тут же понти́ровавшего.[417)] Чекали́нский улыбну́лся и поклони́лся, мо́лча, в знак поко́рного согла́сия. Нару́мов, смея́сь, поздра́вил Ге́рманна с разреше́нием долговре́менного поста́[418)] и пожела́л ему́ счастли́вого нача́ла.

— Идёт![419)] — сказа́л Ге́рманн, надписа́в ме́лом куш[420)] над свое́ю ка́ртою.

— Ско́лько-с? — спроси́л, прищу́риваясь, банкомёт, — извини́те-с, я не разгляжу́.[421)]

— Со́рок семь ты́сяч, — отвеча́л Ге́рманн.

При э́тих слова́х все го́ловы обрати́лись мгнове́нно, и все глаза́ устреми́лись на Ге́рманна. «Он с ума́ сошёл!»[422)] — поду́мал Нару́мов.

— Позво́льте заме́тить вам, — сказа́л Чекали́нский с неизме́нной свое́ю улы́бкою, — что игра́ ва́ша сильна́:[423)] никто́ бо́лее двухсо́т семи́десяти пяти́ се́мпелем здесь ещё не ста́вил.[424)]

— Что ж? — возрази́л Ге́рманн, — бьёте вы мою́ ка́рту[425)] и́ли нет?

Чекали́нский поклони́лся с ви́дом того́ же смире́нного согла́сия.

— Я хоте́л то́лько вам доложи́ть, — сказа́л он, — что, бу́дучи удосто́ен дове́ренности това́рищей,[426)] я не могу́ мета́ть ина́че, как на чи́стые де́ньги. С мое́й стороны́ я,

LA DAME DE PIQUE

l'or[704] ; cependant, pour l'ordre du jeu[705] et la facilité des calculs, je vous serai obligé de mettre de l'argent sur votre carte[706].

Hermann tira de sa poche un billet[707] et le tendit à
5 Tchekalinski, qui, après l'avoir examiné d'un clin d'œil[708], le posa sur la carte de Hermann.

Il tailla, à droite vint un dix, à gauche un trois[709].

— Je gagne, dit Hermann en montrant sa carte.

Un murmure d'étonnement circula parmi les
10 joueurs. Un moment, les sourcils du banquier se contractèrent, mais aussitôt son sourire habituel reparut sur son visage.

— Faut-il régler ? demanda-t-il au gagnant.

— Si vous avez cette bonté.

15 Tchekalinski tira des billets de banque de son portefeuille et paya aussitôt. Hermann empocha son gain et quitta la table. Naroumof n'en revenait pas[710]. Hermann but un verre de limonade et rentra chez lui.

Le lendemain au soir, il revint chez Tchekalinski,
20 qui était encore à tailler[711]. Hermann s'approcha de la table ; cette fois, les pontes s'empressèrent de lui faire une place[712]. Tchekalinski s'inclina d'un air caressant[713].

Hermann attendit une nouvelle taille, puis prit une
25 carte sur laquelle il mit ses quarante-sept mille roubles et, en outre[714], le gain de la veille.

— 90 —

ПИКОВАЯ ДАМА

конечно, уверен, что довольно вашего слова, но для порядка игры и счётов прошу вас поставить деньги на карту.[427)]

Германн вынул из кармана банковый билет[428)] и подал его Чекалинскому, который, бегло посмотрев его, 5 положил на Германнову карту.[429)]

Он стал метать. Направо легла девятка, налево тройка.

— Выиграла! — сказал Германн, показывая свою карту. 10

Между игроками поднялся шёпот. Чекалинский нахмурился, но улыбка тотчас возвратилась на его лицо.

— Изволите получить? — спросил он Германна.

— Сделайте одолжение.[430)]

Чекалинский вынул из кармана несколько банковых 15 билетов[431)] и тотчас расчёлся. Германн принял свои деньги и отошёл от стола. Нарумов не мог опомниться. Германн выпил стакан лимонаду[432)] и отправился домой.

На другой день вечером он опять явился у Чекалинского. Хозяин метал. Германн подошёл к столу; 20 понтеры тотчас дали ему место, Чекалинский ласково ему поклонился.

Германн дождался новой тальи, поставил карту, положив на неё свой сорок семь тысяч и вчерашний выигрыш. 25

— 91 —

LA DAME DE PIQUE

Tchekalinski commença à tailler. Un valet sortit à droite, un sept à gauche.

Hermann montra un sept.

Il y eut un ah! général [715]. Tchekalinski était évidemment mal à son aise [716]. Il compta quatre-vingt-quatorze mille roubles et les remit à Hermann, qui les prit avec le plus grand sang-froid, se leva et sortit aussitôt.

Il reparut le lendemain à l'heure accoutumée [717]. Tout le monde l'attendait; les généraux et les conseillers privés avaient laissé leur whist pour assister à un jeu si extraordinaire [718]. Les jeunes officiers avaient quitté les divans, tous les gens de la maison se pressaient [719] dans la salle. Tous entouraient Hermann [720]. A son entrée [721], les autres joueurs cessèrent de ponter dans leur impatience de le voir aux prises avec le banquier [722] qui, pâle, mais toujours souriant, le regardait s'approcher de la table et se disposer à jouer [723] seul contre lui. Chacun d'eux défit à la fois un paquet de cartes. Hermann coupa; puis il prit une carte et la couvrit d'un monceau de billets de banque [724]. On eût dit les apprêts d'un duel [725]. Un profond silence régnait dans la salle.

Tchekalinski commença à tailler; ses mains tremblaient. A droite, on vit sortir une dame; à gauche un as.

— L'as gagne, dit Hermann, et il découvrit sa

— 92 —

ПИКОВАЯ ДАМА

Чекалинский стал метать.[433] Валет выпал направо, семёрка налево.

Германн открыл семёрку.

Все ахнули. Чекалинский видимо смутился. Он отсчитал девяноста четыре тысячи и передал Германну. Германн принял их с хладнокровием и в ту же минуту удалился.

В следующий вечер Германн явился опять у стола. Все его ожидали. Генералы и тайные советники оставили свой вист, чтоб видеть игру,[434] столь необыкновенную. Молодые офицеры соскочили с диванов; все официанты собрались в гостиной. Все обступили Германна. Прочие игроки не поставили своих карт, с нетерпением ожидая, чем он кончит.[435] Германн стоял у стола, готовясь один понтировать[436] противу бледного, но всё улыбающегося Чекалинского.[437] Каждый распечатал колоду карт. Чекалинский стасовал. Германн снял и поставил свою карту, покрыв её кипой банковых билетов. Это похоже было на поединок. Глубокое молчание царствовало кругом.

Чекалинский стал метать, руки его тряслись.[438] Направо легла дама, налево туз.

— Туз выиграл! — сказал Германн и открыл свою

LA DAME DE PIQUE

carte.

— Votre dame a perdu, dit Tchekalinski d'un ton de voix mielleux.[726)]

Hermann tressaillit. Au lieu d'un as, il avait devant[727)] lui une dame de pique. Il n'en pouvait croire ses yeux,[728)] et ne comprenait pas comment il avait pu se méprendre de la sorte.

Les yeux attachés sur cette carte funeste,[729)] il lui sembla que la dame de pique clignait de l'œil[730)] et lui souriait d'un air railleur. Il reconnut avec horreur une ressemblance étrange entre cette dame de pique et la défunte comtesse...

— Maudite vieille! s'écria-t-il épouvanté.

Tchekalinski, d'un coup de râteau,[731)] ramassa tout son gain. Hermann demeura longtemps immobile, anéanti. Quand enfin il quitta la table de jeu, il y eut un moment de causerie bruyante. Un fameux ponte![732)] disaient les joueurs. Tchekalinski mêla les cartes, et le jeu continua.

Conclusion

Hermann est devenu fou. Il est à l'hôpital d'Oboukhof, le n°17. Il ne répond à aucune question qu'on lui adresse, mais on l'entend répéter sans cesse: trois—sept—as! trois—sept—dame!

Lisabeta Ivanovna vient d'épouser un jeune

— 94 —

ПИКОВАЯ ДАМА

ка́рту.

— Да́ма ва́ша уби́та, — сказа́л ла́сково Чекали́нский.

Ге́рманн вздро́гнул: в са́мом де́ле, вме́сто туза́ у него́ стоя́ла пи́ковая да́ма. Он не ве́рил свои́м глаза́м, не понима́я, как мог он обдёрнуться.[439]

В э́ту мину́ту ему́ показа́лось, что пи́ковая да́ма прищу́рилась и усмехну́лась. Необыкнове́нное схо́дство порази́ло его́...

— Стару́ха! — закрича́л он в у́жасе.

Чекали́нский потяну́л к себе́ прои́гранные биле́ты. Ге́рманн стоя́л неподви́жно. Когда́ отошёл он от стола́, подня́лся шу́мный го́вор.[440] — Сла́вно спонти́ровал! — говори́ли игроки́. — Чекали́нский сно́ва стасова́л ка́рты: игра́ пошла́ свои́м чередо́м.[441]

ЗАКЛЮЧЕ́НИЕ

Ге́рманн сошёл с ума́. Он сиди́т в Обу́ховской больни́це[442] в 17-м ну́мере,[443] не отвеча́ет ни на каки́е вопро́сы и бормо́чет необыкнове́нно ско́ро: «Тро́йка, семёрка, туз! Тро́йка, семёрка, да́ма!..»

Лизаве́та Ива́новна вы́шла за́муж за о́чень любе́зного

LA DAME DE PIQUE

homme très aimable, fils de l'intendant de la défunte comtesse. Il a une bonne place, et c'est un garçon fort rangé. Lisabeta a pris chez elle une pauvre parente dont elle fait l'éducation.[734]

5   Tomski a passé chef d'escadron.[735] Il a épousé la princesse Pauline ***.

ПИКОВАЯ ДАМА

молодо́го челове́ка; он где́-то слу́жит и име́ет поря́дочное состоя́ние:[444)] он сын бы́вшего управи́теля у ста́рой графи́ни. У Лизаве́ты Ива́новны воспи́тывается бе́дная ро́дственница.

То́мский произведён в ро́тмистры[445)] и же́нится на княжне́ Поли́не.

注釈　フランス語

1) **On jouait chez Naroumof**「ナルーモフの家ではみんなが賭け事をしていた」on はつねに三人称単数の主語として用いられる不定代名詞で，特定の人物と不特定の人物とを指し得る。〈特定の on〉としては，一・二・三人称の単数及び複数の主語人称代名詞 je, nous；tu, vous；il(s), elle(s) に代わり，〈不特定の on〉としては〈人間一般〉「一般に人は，人々」または〈不特定の一人または数人〉「誰かある人〔々〕」を表す。ここでは「ナルーモフ家に集まった人々」を漠然と指す。　2) **lieutenant aux gardes à cheval**「近衛騎兵中尉」lieutenant は同格名詞。同格名詞は本例のように一般に無冠詞だが，不特定の一個体を指すときは不定冠詞「一人の，一介の；一つの」を，周知の人や物を強調するときは定冠詞「あの，例の，有名な」を用いる。aux gardes の à は〈所有・所属〉を表す前置詞。例）：professeur à l'Université de Paris(パリ大学教授)。à cheval の à は〈目的・用途〉「～のための」の前置詞。例）：tasse à café(コーヒー茶碗)。　3) **s'était écoulée**: 再帰的代名動詞 s'écouler(水などが流れる；時が過ぎ去る)の直説法大過去。再帰代名詞 se は直接目的補語で女性代名詞の nuit に相当するから，過去分詞の性数がこれと一致している。　4) **sans que personne s'en aperçût**「誰もそのことに気づかずに」《sans que＋[ne]＋接続法》は「…することなしに」personne は〈否定〉の不定代名詞「誰も…ない」en は先行する節(Une longue nuit d'hivers s'était écoulée)の内容を受けて，〈主題〉「そのことに」(de＋cela)を意味する副詞的代名詞。　5) **quand on servit le souper**「夜食が出されたとき」on は動作主が示されていない受動態に相当する能動態の主語として用いられている。servir は「(料理や飲み物等)を出す」こと。6) **Les gagnants se mirent à table**「勝者たちは食卓についた」《se mettre à qc》は「～に身を置く」。　7) **pour les autres**「他の人々はどうかと言えば」pour は文中のある要素を取り上げて〈強調〉する前置詞で「～については，～はどうかと言えば」というほどの意味。autre は不定代名詞で，les autres は「他のすべての人(物)」，d'autres は「他の幾人(いくら)か」。　8) **Peu à peu**「少しずつ；徐々に」à は〈連続・漸進〉「～ずつ」を表す前置詞。　9) **le vin de Champagne aidant**「シャンパンの助けで」独自の主語を持つ絶対分詞節で，〈原

— 98 —

注釈　フランス語

因〉「…ので」を表す。　10) **général(e)**「全体の，全員の」　11) **un de ses camarades**「彼の僚友の一人」un de 〜「〜のうちの一人」の un は不定代名詞。　12) **Comme toujours**「いつもの通り」comme はここでは〈比較・類似〉「〜と同じように，〜のように」を表す接続詞（ただし，本例のように，副詞・前置詞的に機能することもある）。　13) **je n'ai pas de chance**「ぼくはついてない」de は直接目的補語に冠せられた部分冠詞 de la が否定文で de になったもの，肯定形は j'ai de la chance.「ぼくは運がいい」なお，この〈否定の de〉の規則は不定冠詞と部分冠詞に適用される。　14) ***mirandole***「単賭け（ミランドル）」，すなわち確率がほぼ五分五分で，賭け金の額を変えることもないもっとも単純な賭け方。　15) **vous savez si j'ai du sang-froid**「私がどんなに冷静さを保っているかあなたはご存じです」主節の動詞が savoir, penser, songer, voir 等の肯定形のとき，その直接目的補語である《si ...》は「どんなに…か」を意味する。　16) **ponte:** 本編に登場するファラオンやバカラ，ルーレット等の賭け勝負で「親に対抗して賭ける人」，すなわち「張り手」を指す。その動詞形は ponter［他・自］。17) **jeu**「賭け金」。　18) **et je perds toujours!**「それだのに，ぼくはいつも負けるんだ！」et は〈対立・対比〉「しかし，それなのに」を表す接続詞。　19) **tu n'as pas essayé une fois de mettre sur la rouge?**「きみは一度も赤に賭けはしなかったのかい？」《essayer de＋不定詞》は「…しようと試みる，努める」，mettre sur la rouge「赤に賭ける」はミランドルのような手堅い賭け方ではなく賭け金の額を倍増しながら三回連続して賭ける大胆な賭け方，ルテあるいはセリーのこと。　20) **ta fermeté me passe**「きみの手堅さはぼくの理解を超えるよ」passer は「（力等）を超える」というほどの意味。例）：Cela me passe!「お手上げだ！」（文）（廃）。　21) **Comment trouvez-vous Hermann?**「きみたちはエルマンをどう思う？」《trouver qn(qc)＋属詞》は「人(物)を〜と思う(判断する)」。　22) **en montrant un jeune officier du génie**「一人の若い工兵将校を指さしながら言った」《en＋現在分詞》はさまざまな意味を帯びる副詞節に相当し，主動詞を修飾するジェロンディフ。本例の en montrant は〈同時性〉（…ながら）を表し，動詞 dit を飾飾している。génie は「工兵(軍)」。　23) **De sa vie, ce garçon-là n'a fait un paroli ni touché une carte**「あの青年は倍賭け(パロリ)をしたこともなければ，カードに触れたことさえない」de sa vie は否定文に用いられて「決して…ない」というほどの意味を表す。《ne ... pas ..., ni ...》は「…もなく，…さえない」（本例では de sa vie が pas に相当する）。a fait(touché)は

— 99 —

注釈　フランス語

現在完了的に機能し，〈経験〉を表す直説法複合過去。paroli はイタリア語起源のゲーム用語で前回の二倍の金額を賭ける賭け方で，「倍賭け，ダブル」のこと。　24) **il nous regarde jouer**「彼はわれわれが賭け事をしているのを眺める」nous は感覚動詞 regarder の直接目的補語で，不定詞 jouer の主語。　25) **je ne suis pas d'humeur à risquer le nécessaire**「私は必要なものを危険にさらす気にならない」《être d'humeur à＋不定詞》は「…したい気分だ」。　26) **voilà tout**「それだけだ；それだけのことさ」以上述べて来たことが大して重要ではないというニュアンスをこめて，発言や列挙の終わりを示す言葉。

27) **ce qu'il y a de plus étonnant**「存在するもっとも驚くべきこと」ce は関係代名詞 que の先行詞として働く指示代名詞。《ce que ... de plus＋形容詞》は「もっとも～なもの（こと）」（plus の前には定冠詞は不要）。de は不定の意味を持つ代名詞（この場合は ce que）を修飾する形容詞や分詞を導く前置詞。　28) **Pourquoi cela?**「なぜそうなのです？」省略文。pourquoi はしばしば動詞その他の要素を省略して用いられる。例）：Pourquoi pas? Pourquoi un si long silence?　cela は文中の要素（本例の場合は伯爵夫人に関する驚くべきこと）を受ける。29) **En effet**「なるほど，確かに（前に言われたことを肯定し，次の文につなぐ）」。　30) **une femme de quatre-vingts ans qui ne ponte pas**「お金を張らない八十歳の女というもの」une は種族・種類を〈総称〉的に表す不定冠詞で「～たるものはどれも」ponter は「（賭け事で）親に対抗して賭ける」こと。　31) **Vous saurez que ...**「諸君は…ということを知って欲しい」saurez は〈穏やかな語調の命令〉を表す直説法単純未来。　32) **il y a quelque soixante ans**「およそ六十年前」quelque は数形容詞に先立つ場合副詞として働き，「およそ，約」というほどの意味を表す。《il y a＋時間表現》は「（今から）～前は」（前置詞的）。　33) (**ma grand-mère ...)y fit fureur**「（祖母は…）そこで人気をさらった」y は《à＋［代］名詞》（ここでは à Paris）に相当する副詞的代名詞。faire fureur は「熱狂を呼び起こす」。　34) **On courait après elle**「人々は彼女を追い回したものだった」on は「人々」を意味する不定代名詞。courir après ～ は「～を追いかける」。35) **Richelieu lui fit la cour**「リシュリューは彼女に言い寄った」リシュリューはフランスの元帥(1691–1788)で，ルイ十三世治下の大宰相リシュリー枢機卿(1585–1642)の甥の子供。三度結婚するなど，艶名をとどめている。faire la cour à qn は「（人）に取り入る；(女)を口説く」。　36) **il s'en fallut peu qu'elle ne l'obligeât par ses rigueurs à se brûler la cervelle**「彼女はつれない態度で彼に危うくピストルで自

— 100 —

注釈　フランス語

分の頭を打ち抜かせるところだった」《il s'en faut [de] peu que+ [ne]+接続詞》は「もう少しで…するところだ」《par ses rigueurs》の par は〈動機・原因〉「～から，～によって」を表す前置詞。抽象名詞の複数形は具体的な言葉や動作，ときには人や物を指す具象名詞となる。例）：douceurs「菓子，甘言」beautés「美人」本例の rigueurs は「厳しい仕打ち；つれない態度(文)」《obliger qn à+不定詞》は「人に…することを強いる」se brûler la cervelle は「自分の頭にピストルの弾丸を撃ち込む」こと。　37) **pharaon**「ファラオン」十八世紀に大流行した運頼みのトランプ・ゲーム。現在の『銀行』に似て一人の銀行家(親，胴元)が不特定多数の張り手を相手にする。　38) **sur parole**「口約束で；現金を積まずに信用貸しで」sur は〈根拠・保証〉「～に基いて，～にかけて」を表す前置詞。　39) **duc d'Orléans**「オルレアン公」フィリップ平等公(Philippe-Egalité)と呼ばれたフランス革命期の政治家(1747-1793)。アンシャン・レジーム(旧制度)に反対し，従兄の国王ルイ十六世の処刑に賛成投票したが，後に自分自身も山嶽党の手で処刑された。七月王政期の国王，ルイ・フィリップの父親。　40) **Rentrée chez elle**「彼女の家に帰ると」Rentrée は主語 grand-mère の同格として機能する過去分詞節で，本例の場合は〈先立性〉(=Quand elle était rentrée ...)を表す。　41) **mouches**「(十七・八世紀に婦人の間に流行った)付けぼくろ」。　42) **paniers**「スカートの腰部を鯨骨製の枠形で広げたペチコート(十八世紀に流行)」。　43) **dans ce costume tragique**「このような悲惨な服装で」dans は〈状態・状況〉「～な状態で，～に包まれて」。　44) **alla conter**「話しに行った」《aller+不定詞》は「これから…する」(近い未来)または「…しに行く」を意味するが，本例は後者。〈近い未来〉は直説法の現在形または半過去形でのみ用いられる。　45) **Feu mon grand-père**「わが亡き祖父」feu は名詞の前に置かれて「亡き，故」(文・法律)を意味する形容詞。ただし，定冠詞・所有形容詞と名詞の間に置かれる場合は性数一致をするが，それ以外の場合は不変。例）：feu ma mère; ma feue mère。　46) **une espèce de ～**「一種の～，～のようなもの」人に関して用いられると，多くの場合蔑称。　47) **Il la craignait comme le feu**「彼は火を恐れるように彼女を恐れていた」comme は〈比較・類似〉「…と同じように，…のように」の接続詞。　48) **le chiffre qu'on lui avoua le fit sauter au plancher**「彼女が彼に打明けた(彼が打明けられた)金額が彼を天井まで跳び上がらせた」on は明示するのを避けて elle の代わりに用いられた不定代名詞。fit は〈使役〉動詞 faire「…させる」の直説法単純過去で，le は使役動詞に従属する動詞

— 101 —

注釈　フランス語

sauter の動作主。plancher はふつうは「床」を指すが, ここでは「天井」（古）。　49）（il …:）se mit à faire ses comptes「（彼は…）彼女の収支を計算し始めた」《se mettre à + 不定詞》は「…し始める」。faire les comptes de qn は「qn の勘定をしめる」。　50）en six mois「六カ月で」en は〈期間〉「～の間に」を表す前置詞。　51）elle avait dépensé un demi-million「彼女は五十万使った」avait dépensé は主節の動詞 prouva（直説法単純過去）が表す時制に先行する〈過去における過去〉を表す直説法大過去。　52）il n'avait pas à Paris ses villages「彼はパリに自分の村を持っていない」avait は時制の照応によって主節の動詞 dit の表す時（単純過去）と同じ時〈過去における現在〉を表す直説法半過去。　53）gouvernements de Moskou et de Saratof「モスクワ県やサラトフ県」gouvernement は帝制ロシアの行政区「県」。　54）Vous imaginez bien la fureur de ma grand-mère「諸君は祖母の怒りの激しさを御想像下さい」imaginez は,〈命令〉の意味を表す直説法現在。　55）fit lit à part「（夫婦）別々に寝た」。　56）en témoignage de ～「～のしるしとして」。　57）elle revint à la charge: revenir à la charge は「同じ主張（懇願・非難等）を繰り返す」。　58）Pour la première fois「初めて」。　59）elle voulut bien condescendre à des raisonnements「彼女は言いわけすることにした」vouloir はしばしば bien を伴って「…（すること）を認める,…（すること）に同意する」を意味する。condescendre à qc(不定詞) は「優越意識を持って（[古] 善意から）…（すること）に同意する」というほどの意味。　60）C'est en vain qu'elle s'efforça de démontrer「彼女は証明（論証）しようとしたが無駄だった」c'est ～ que(qui)... は〈強調構文〉「…するのは～である」（主語を強調するときは qui, それ以外のものを強調するときは que）。《s'efforcer de + 不定詞》は「…しようとする」。　61）il y a dettes et dettes「借金にもピンからキリまである」《il y a + 無冠詞名詞 + 無冠詞名詞》（ただし同一名詞）は「～にもいろいろある」というほどの意味。　62）il n'y a pas d'apparence de + 不定詞「…しそうもない,…するはずはない」apparence はここでは「(古)(文)ありそうなこと, 蓋然性」d'apparence の d'(de) は部分冠詞 de la が変形したもの）《否定の de》）。　63）en user avec un prince comme avec un carrossier「公爵に対して車大工に対するように振舞う」《en user avec qn + 様態の副詞(句)》は「qn に対して～のように振舞う, 行動する」en はガリシスム（フランス語特有の用法）。comme は〈比較・類似〉「～のように」の接続詞。　64）en pure perte「無駄に, 無益に」。　65）Ma grand-mère ne savait que

— 102 —

注釈　フランス語

devenir「私の祖母には今後どうなるのか分からなかった」ne savoir
que devenir は「どうなるのか分からない」que は接続詞ではなく疑
問代名詞「何を」。例）：ne savoir que faire(dire)「どうしたらよいか
(何と言ったらよいか)分からない」。　66) **fort célèbre**「ひじょうに
有名な」fort は強意の副詞「大いに，ひじょうに」(文)。　67) **Vous**
avez entendu parler du comte de Saint-Germain「きみたちはサ
ン・ジェルマン伯爵の噂を聞いたことがある」avez entendu は現在ま
での〈経験〉「…したことがある」を表す直説法複合過去。entendre
parler de ~ は「~の話(噂)を聞く」comte de Saint-Germain はサ
ン・ジェルマン伯爵(1709?–1784)。生まれも名前も知られていない山
師で，推挙されて，1750 年にルイ十五世及びポンパドゥール夫人の寵
を得る。年齢が数百歳であるとも不老不死の霊薬を保持しているとも
称して，宮廷及びパリの社交界で名声を博する。後に政争に巻き込ま
れてフランスを離れ，ロシア，プロシア，イタリア等を渡り歩いたが，
行く先々で名声を得た。　68) **dont on débite tant de merveilles**「~
についてあれほど多くの不思議な話がいろいろ語られている」débiter
は「ぺらぺらしゃべる；詳しく話す［古］」《tant de＋無冠詞名詞》は
「多くの~；それほどたくさんの~」。　69) **il se donnait pour une**
manière de Juif errant「彼は自分はさまよえるユダヤ人のようなも
のだと称していた」se donner pour ~ は「自分を~だと思う，~を自
称する」une manière de ~ は「一種の~，~のようなもの」Juif
errant「さまよえるユダヤ人」は，十字架を背負ってゴルゴダの丘へ
向かうキリストをののしったために，永遠に放浪し続けなければなら
なくなった伝説上の人物。　70) **possesseur de l'élixir de vie**「不老
不死の霊薬の保持者」Juif errant の同格名詞。同格名詞は一般に無冠
詞。élixir de(longue)vie は「不老長寿の霊(秘)薬」。　71) **pierre phi-**
losophale「賢者の石；哲学者の石」練金能力や万能の薬効を持つとさ
れた物質。　72) **Quelques-uns se moquaient de lui**「ある人々は彼を
馬鹿にしていた」quelqu'un は単数形では「ある人，誰か」を，複数
形では単独で用いられると「幾人かの人たち，ある人々」を，既出の
ものを受けたり de＋［代］名詞を従えると「~のうちの何人か(いく
つか)」を意味する。se moquer de ~ は「~を馬鹿にする」。　73)
Casanova: カザノヴァ(1721–1798)。イタリアの冒険家・作家で，ヨ
ーロッパ各地を遍歴し，晩年，『回想録』Histoire de ma vie をフラン
ス語で書いた。これは一般にカザノヴァの情史として知られているが，
十八世紀の社会や風俗の貴重な資料である。　74) **Mémoires:** カザノ
ヴァの『回想録』のこと。　75) **Quoi qu'il en soit**「いずれにせよ，

— 103 —

注釈　フランス語

何はともあれ」II(非人称代名詞)en est …（文)は「事情は…である」
《quoi que＋接続法》は「たとえ…でも，…がどうであれ」（quoi は疑
問代名詞 que の強勢形)。本例のように il が非人称代名詞であれば
quoi que は意味上の主語で，他に主語がある場合は quoi que は直接目
5 的補語となる。例):quoi qu'il fasse は「彼が何をしようと」。 76)
malgré le mystère de sa vie「彼の身上の謎にもかかわらず」malgré
は〈対立〉「～の意に反して；～にもかかわらず」。 77)**bonne com-**
pagnie「立派な人々；上流社会」。 78)**elle se fâche tout rouge**「彼
女は真っ赤になって怒る」rouge は動作を行う際の主語の性質や様態
10 を説明する〈同格形容詞〉であるが，副詞扱いされ，これを強める副
詞 tout「まったく，すっかり」は無変化。 79)**quand on n'en parle**
pas avec respect「誰かが彼のことを敬意を払って話さないと」on は
〈不特定な人（々)〉「誰か」を表す不定代名詞。en は《de＋lui(comte
de Saint-Germain)》に代わる副詞的代名詞。en が《de＋人》に代わ
15 るのは，現代語法では部分的な意味を表す場合か人を表すのが明白で
ある場合だけであるが，かつては現在より頻繁に行われていた。 80)
Elle pensa qu'il pourrait lui avancer la somme「彼は自分にお金を
貸すことができるだろうと彼女は考えた」pourrait は主節の動詞
pensa の表す時(直説法単純過去)に対して〈過去における未来〉を表
20 す pouvoir の 条 件 法 現 在。 81)(**Le vieux thaumaturge …)la**
trouva plongée dans le désespoir「(老魔術師は…)彼女が絶望状態
に陥っているのを見出した」《trouver qn(qc)＋属詞》は「人(物)を
～と思う；人(物)が～の状態なのを見つける」本例は後者。 82)**En**
deux mots「二言で；簡潔に」en は〈方法・手段〉（～で，によって)
25 を表す前置詞。 83)**elle le mit au fait**「彼女は彼に事情を知らせた」
mettre qn au fait［de qc］「人に（～について）知らせる，情報を与え
る」。 84)**ajoutant qu'elle n'avait plus d'espoir que dans son ami-**
tié「そして自分にはもはや彼の友情にしか希望がないと付け加えて言
った」ajoutant は〈継起的動作〉を表す現在分詞で，主動詞の前後に
30 置かれて，その直前または直後の動作を表す。本例の場合は後者で，
次のように書き直すことができる：elle … mit, … raconta … et ajouta
…. なお，現在分詞が主動詞の前に置かれて，直前の動作を表すことも
ある。ne … plus que ～は「もはや～しか…ない」d'espoir の d' は
〈否定の de〉。 85)**je pourrais facilement vous avancer l'argent**
35「私はあなたに簡単にお金をお貸しできはしますが」pourrait は事実を
可能の形に移して，語気を和らげる〈語調緩和〉の条件法現在形。
86)**vous n'auriez de repos qu'après me l'avoir remboursé**「あな

— 104 —

たは私にこれを返済した後でしか安らぎを覚えないでしょう」auriez
は savoir, croire, dire, penser 等意見や知覚を表す動詞の補足節が〈仮
定的な事実〉（ここでは未来の想像的な事実）を述べるときに用いられ
る条件法現在形。avoir remboursé は不定法の過去形で，主動詞
auriez の表す時以前に完了している時制を表す。　87) **je ne veux pas**
que vous sortiez d'un embarras pour vous jeter dans un autre
「私はあなたが一つの苦況を脱してもう一つの苦況に飛び込むのを望ま
ない」sortiez は主節の動詞が意思(vouloir)を表すときに従属節(＝名
詞節)に現れる接続法(現在)。pour は〈結果・継起〉「(…して)そして
…」の前置詞。un autre の autre は既出の［代］名詞の代理として人
や物を示す不定代名詞。88) **je vous l'ai déjà dit**「すでにそう言った
通り」挿入節。l'⟨le⟩は後続の節(je n'ai plus une pistole)をあらかじめ
受ける中性の代名詞。　89) **pistole**「ピストール」スペイン・イタリ
アで鋳造された古金貨で，フランスのルイ金貨と同じ重量を持つ。旧
制度下のフランスでは十リーヴル貨幣と同等に扱われた。　90) **Vous**
n'en avez pas besoin「あなたにはそんなものは要りません」avoir
besoin de ～は「～が必要である」en は《de ＋名詞(＝pistole)》に代
わる副詞的代名詞。　91) **écoutez-moi seulement**「まあ，私の言うこ
とを聞いてください」seulement は命令文に添えられて語調を緩和す
る副詞で，「まあ；ともかく；ちょっと」。　92) **un secret que chacun**
de vous, j'en suis sûr, payerait fort cher「諸君の誰もが，私は確信
しているが，(それを得るためには)どんな高額でも買うと思われる秘
密」j'en suis sûr は挿入節。être sûr de ～は「～について確信する」
en は後続する節(... payerait fort cher)の内容を受けて，de cela に代
わる副詞的代名詞。payerait は〈仮定的な事実〉を述べるときに用い
られる条件法(現在)。　93) **de la sorte**「そんなふうに」。　94) **tenait**
la banque「(賭博・トランプ)親を務(つと)めていた」。　95) **histoire**
「作り話，うそ」。　96) **pour s'excuser de n'avoir pas encore ac-**
quitté sa dette「借金を未だ返済していないことを詫びるために」
《s'excuser de ＋不定詞》は「…することを詫びる」avoir acquitté は
不定法過去であるが，ここでは，すでに完了した動作の結果としての
現在の状態を表す〈現在完了的〉な複合過去に相当する。　97) **la**
première ... la seconde ... la troisième「最初のカード…二番目のカ
ード…三番目のカード」premier, second, troisième はそれぞれ「最
初の物(人)，二番目の物(人)，三番目の物(人)」を意味する名詞。
98) **un des jeunes officiers**「青年将校のうちの一人」un は不定代名
詞で，un des⟨de ＋ les⟩は「～のうちの一人(一つ)」。　99) **Quel conte!**

— 105 —

注釈　フランス語

「とんでもない作り話だ！」quel は〈感嘆〉「なんという」を示す形容詞。conte は「作り話，でたらめ」（＝histoire）。　100) **cartes préparées**「細工されたトランプ・カード」préparer はカードに目印を付けるなど細工すること。　101) **Je ne le crois pas**「ぼくはそうは思わない」le はまぐれであるとか，いかさまであるとか，前節で他の人々が言ったことを指す中性の代名詞。　102) **tu n'as pas encore su te les faire indiquer?**「きみは未だそれを教えてもらうことができないのか」a su は完了した行為とその結果としての現在の状態を表す〈現在完了的〉直説法複合過去。《savoir＋不定詞》は〈能力〉「…できる」を表す。《faire＋不定詞》の faire は〈使役〉動詞「…させる，してもらう」。　103) **c'est là le diable!**「まさにそこが難しい（面倒な）ところだ！」là は〈強意〉「まさに」の副詞。　104) **Elle avait quatre fils, dont mon père était un**「彼女は四人の息子を持っていた，父はそのうちの一人でしたがね」dont 以下は説明的関係詞節で，〈時の関係〉（同時性）を表す。したがって以下のように書き換えることができる …et mon père était un de ses fils. un は不定代名詞。　105) **déterminés**「決然たる；常習の，根っからの」。　106) **et pas un seul n'a pu lui tirer son secret**「しかし，ただひとりとして彼女から秘密を引き出せなかった」seul は不定冠詞とともに用いられて「ただ一人の人，ただ一つの物」を意味する名詞。pas un seul は「ただの一人〔何一つ〕として…ない」（否定の強調）。　107) **qui pourtant leur aurait fait grand bien**「それ（＝秘密）は彼らに大いに役立ったろうに」qui 以下は secret を先行詞とする説明的関係詞節で〈対立〉「…のだが，…のに」を表す。aurait fait は過去の事実に反する仮定のもとの帰結を表す条件法過去形で，条件は前節（pas un seul … son secret）に暗示されている（すなわち「その秘密が引き出されていれば」）。faire [de] bien à qn(qc) は「〜に利益（よい影響・効果）をもたらす，〜のためになる」なお，pourtant は語（qui＝secret）の後に添えてその語を際立たせる副詞。　108) **ce que m'a raconté mon oncle**「伯(叔)父が私に語ったこと」ce は物あるいは事柄を受ける関係代名詞の先行詞となっている中性の指示代名詞。したがって，ce que(qui, dont)は「…するもの(こと)」というほどの意味になる。なお，本例では，文章構成上補語と動詞を接近させる傾向から関係詞節においてしばしば見られる通り，主語名詞と動詞が倒置されている。　109) **le comte Ivan Ilitch**「かのイヴァン・イリッチ伯爵」mon oncle の同格。同格名詞は一般に無冠詞だが，周知のものであることを強調する場合は本例のように定冠詞が冠せられる。　110) **parole d'honneur**「約束；誓約」avoir sa parole

— 106 —

注釈　フランス語

d'honneur は「彼(女)が約束している(誓っている)」。 111) **vous savez**「ご存じの通り」挿入句。 112) **celui qui est mort dans la misère après avoir mangé des millions**「何百万も使い果たして困窮のうちに死んだ人」《celui(celle, ceux, celles)＋関係代名詞》において，指示代名詞の celui が本例のように既出の名詞を受けずにいきなり「…する人(人々)」の意味に用いられることがある。avoir mangé は〈完了〉を表す不定法過去。manger は「(話)費やす，消費する，失わせる」。 113)（**Tchaplitzki …**)**perdit contre Zoritch environ trois cent mille roubles**「(チャプリッキーは…)ゾリッチにおよそ三十万ルーブル負けた」contre は〈敵対・対抗〉「～に敵対(対抗)して，～を相手にして」を表す前置詞。Zoritch「ゾリッチ」はセルヴィア出身の軍人で，トランプの名手。エカテリーナ二世の寵臣。 114) **Il était au désespoir**「彼は絶望していた」。 115) **qui n'était guère indulgente**「(祖母は)あまり寛大ではないのに」grand-mère を先行詞とする説明的関係代名詞節で，〈対立〉「…のに」を表している。 116) **je ne sais pourquoi**「なぜだか分からないが」挿入句。《je ne sais(on ne sait, Dieu sait)＋疑問詞》は「なぜ(誰，何，いつ，どこ…)だか知らないが」。 117) **faisait exception à ses habitudes:** faire exception à qn(qc) は「(～を)例外とする，(～を)規則から外す」。 118) **en faveur de ～**「(～)の有利になるように，のために」。 119) **trois cartes à jouer l'une après l'autre**「次々に賭けるべき三枚のカード」《名詞＋à＋不定詞》中の前置詞 à は〈必要・義務・適応・予定〉「…すべき，…するはずの，…するのに適した」を表す。l'une après l'autre「相次いで，次々に」l'un(e)［＋前置詞＋］l'autre は相互関係を強調したり，さまざまな相対関係を表す(この場合の un と autre は不定代名詞)。例：l'un l'autre「互いに」l'un pour l'autre「お互いのために」l'un à coté de l'autre「(横に)並んで」l'un sur l'autre「次々に重ねて」等々。 120) **en exigeant sa parole de ne plus jouer ensuite de sa vie**「その後生涯二度と賭け事をしないという誓約を要求して」en exigeant は《同時性》「…ながら」を表すジェロンディフ。parole は parole d'honneur 同様「約束，誓約」のこと。de ne plus jouer の de は抽象名詞の補語として名詞を説明・限定する〈同格・内容〉「…という」の前置詞。de sa vie は「決して…ない」。 121) **en fin de compte**「結局，要するに，つまりは」。 122)（**il …**)**se trouva même en gain**「(彼は…)儲かってさえいた」《se trouver ＋en(dans)～》は「(ある状態や状況に)いる，ある，陥る」être en gain は「(賭け事に勝って)儲かっている」こと。 123) **Ma foi**「確か

— 107 —

注釈　フランス語

に」。　124）**il est temps de＋不定詞**「（今こそ）…すべき時である」。
125）**et l'on se sépara**「それから，みんなは別れた」et は《時間的推
移》「そして，それから」を表す接続詞。l'on の l' は et, où, que, si 等
の後あるいは文頭で，母音衝突 hiatus を避けて音調を整えるために用
5　いられる好音調の l'.　126）**assise devant une glace**「鏡の前に座っ
て」assise は動作を行う際の主語 comtesse の状態を説明する同格過去
分詞。　127）**femmes de chambre**「小間使」。　128）**l'une…une
autre…une troisième**「ひとりは…もうひとりは…三番目の者は」。
129）**rubans couleur de feu**「炎色のリボン」couleur de feu の場合
10　のように，無冠詞名詞は容易に形容詞化して人や物の属性を表す。その際，両名詞間で性数の一致が行われるが，男性名詞しか持たない職
業や本例のような色彩の場合は，不変化。　130）**La comtesse n'avait
plus la moindre prétention à la beauté**「伯爵夫人はもう美しさには
いささかのうぬぼれも持っていなかった」la moindre は否定的表現で，
15　「少しの，これっぽっちの（〜もない）」というほどの意味。　131）**à la
mode d'il y a cinquante ans**「50 年前の流行風に」à la mode de 〜は
「〜風の，〜風に」《il y a＋時間に関する語》において，il y a は前置
詞的に機能して「（今から）〜前（に）」というほどの意味を表す。
132）**(elle …)mettait à sa toilette tout le temps …**「（彼女は…）身
20　づくろいに全時間を注ぎ込んだ」mettre は「（手間暇を）かける，込める」。　133）**pompe**「華麗さ」　134）**demoiselle de compagnie**「（貴
婦人の）お付き，侍女」。　135）**métier**「刺繍台（枠）」。　136）**embra-
sure**「〔建〕（扉や窓をはめる）壁の開口部（くぼみ）」。　137）**bonjour,
mademoiselle Lise:** 原文もフランス語。革命前のロシアの上流家庭で
25　はしばしばフランス語が用いられた。Lise「リーズ」は Lisabeta「リ
ザベタ」のフランス語風の愛称。　138）**c'est une requête que je
viens vous porter**「私がここに持って来たのはお願いなのです」c'est
〜 que(qui)… は強調構文「…なのは〜である」。《venir＋不定詞》は
「…しに来る」。　139）**Paul:** Pavel「パーヴェル」のフランス風の名
30　前。　140）**pour lui**「彼に代わって」pour は〈代理〉「〜に代わって」
を表す前置詞。　141）**tu me le présenteras là**「そこで彼を私に紹介し
なさい」présenteras は〈穏やかな語調の命令〉を表す直説法単純未来
形。　142）**As-tu été hier chez la princesse***？**「お前は昨日＊＊＊
大公妃様の所へ行ったのかい？」être の過去形は，本例のように「（…
35　へ，…しに）行く」（＝aller）というほどの意味を表す。その場合，本例
のような複合形は主として日常語に，単純過去形は文章語に用いられ
る。　143）**On a dansé jusqu'à cinq heures**「五時まで踊りました」

— 108 —

注釈　フランス語

on は会話で nous に代わって用いられる不定代名詞。　144) **Mademoiselle Eletzki était à ravir**「エレッキー嬢はうっとりするほどすばらしかった」à ravir の à は〈程度〉「…するほど」を表す前置詞。
145) **difficile**「気難しい，（好み等が）うるさい」。　146) **En fait de beauté**「美しさという点では」en fait de ～は「～と言えば，～の点では」。　147) **il fallait voir!:** il faut voir は「見てみないと分からない；見物である，一見に価する」を意味するが，ここでは後者。
148) **dis donc:** dis(disez) は間投詞的に用いられて「（注意の喚起）ねえ，あのう；（驚きや非難）まさか」donc は命令（疑問）を〈強調〉する副詞。　149) **il y a＋時間＋que＋直説法**「～前から…している；…してから～たつ」。　150) **fit un signe**「（意思を伝えるための）合図をした」。　151) **la consigne était de cacher**「命（指）令は隠すことだった」consigne は「指示，命令」。《de＋不定詞》は，動詞が être である場合，〈主語の属詞〉となる。例：Le mieux est d'y aller tout seul.「一番いいのはひとりでそこに行くことだ」。　152) **Il se mordit la langue:** se mordre la langue は「自分の舌を嚙む；口にしたことを後悔する」。　153) **d'ailleurs**「もっとも」　154) **en apprenant que sa vieille amie n'était plus de ce monde**「旧友がもうこの世の者ではないと知りながらも」en apprenant は〈同時性〉「…ながら」を表すとも〈対立〉「…のに，…ながらも」を表すとも考えられるジェロンディフ。être de ～は〈所属〉「に属している」を表す。従属節中の était は時制の照応によって〈過去における現在〉を表す直説法半過去(en apprenant は主節の動詞 garda《単純過去》と同時性)。　155) **tiens**「（注意の喚起）ちょっと；（驚き・怒り）なんだって；おや，へえ」。
156) **je ne le savais pas**「私はそのことを知らなかった」le は前の節（旧友が亡くなったこと）を指す中性代名詞。　157) **demoiselles d'honneur**「（女王・王女の）侍女・女官」。　158) **pour la centième fois**「百回目に」。　159) **Lisanka**「リーザンカ」Lisabeta の愛称。
160) **suivie de ses trois femmes de chambre**「三人の小間使を従えて」suivie は動作を行う際の主語 elle の様態を表す同格過去分詞。
161) **en tête à tête(avec qn)**「（～と）差し向かいで；二人きりで」。
162) **à voix basse**「低い声で，小声で」。　163) **Pourquoi donc croyiez-vous qu'il était dans le génie?**「いったいどうして彼が工兵隊にいるなんて思っていたのですか？」意見や認知を表す主節の動詞が疑問形または否定形に置かれ，従属節（名詞節）の内容が不確実なときは接続法が用いられるが，従属節の内容が事実であることを表そうとするときは，本例のように直説法が用いられる。donc は〈疑問〉を

— 109 —

注釈　フランス語

強調する副詞。 164) **de derrière son paravent**「衝立の陰から」前置詞の支配語は一般に［代］名詞や不定詞がなることが多いが，本例や de chez elle「彼女の家から」，dès avant son arrivée「彼の到着前から」のように〈前置詞付き補語〉がなることがある。 165) **n'importe＋疑問詞**: 不定代名詞的用例には n'importe quoi「何でも」n'importe qui「誰でも」n'importe lequel「どれでも」が，不定形容詞的用例には n'importe quel「どんな～でも」が，副詞的用例には n'importe comment「どのようにでも」n'importe où(quand)「どこ(いつ)でもいいから」がある。 166) **vois-tu**「ね；いいかい」相手の注意を促すために用いられる挿入句で，他にも voyez-vous; tu vois, vous voyez 等がある。 167) **pas dans le goût d'aujourd'hui**「現代趣味はお断りだよ」。dans は〈合致・準拠〉「に合った，による」を表す前置詞。 168) **Comment vous le faut-il?**「お祖母さま，あなたにとってそれがどうであればいいですか？」comment は〈様態・形状〉「どのように」を表す副詞。vous は間接目的補語で「あなたに(とって)」le は roman を受ける直接補語人称代名詞。言うまでもなく，il は形式上の主語(非人称)で，《falloir＋qc(qn)＋属詞》は「物(人)が～であらねばならない」。 169) **Un roman où le héros n'étrangle ni père ni mère, et où il n'y ait pas de noyés**「主人公が父親を締め殺すことも母親を締め殺すこともなく，水死人が出て来ることもないような小説だよ」un roman はたとえば je veux の直接目的補語。したがって où 以下の〈希望〉を表す形容詞節(関係詞節)中には接続法(étrangle と ait)が現れる。《ne ... ni A ni B》は「A も B も…ない」de noyés の de は〈否定の de〉(複数不定冠詞の変形)。「親を締め殺す，水死人云々」は美と醜をごちゃまぜに描き出すユーゴーらフランスロマン派の作家に対する当てこすりと考えられる。 170) **Rien ne me fait plus de peur que les noyés**「何ものも水死人ほど私を怖がらせはしない」faire peur à qn は「人を怖がらせる」plus de ～ que ～ は「～よりもっと多くの～」。 171) **Où trouver ... un roman ...?**「…小説を…どこで見つけるべきか」不定詞は名詞的機能とともに動詞的機能を持ち，属詞・目的補語・状況補語をとるばかりではなく人称動詞に代わって不定法節を作る。本例は〈疑問詞＋不定詞〉による疑問文。 172) **En voudriez-vous un russe?**「ロシアのをお望みでしょうか？」en は形容詞を伴う名詞に代わる副詞的代名詞(＝un roman russe)。voudriez は〈語調緩和〉の条件法現在。 173) **Tu m'en enverras un**「私に一つ寄越しなさい」en は数量を表す語 un の補語 roman に代わる副詞的代名詞。enverras は envoyer の〈穏やかな命

— 110 —

注釈　フランス語

令〉を表す直説法単純未来形。　174) **n'est-ce pas, tu ne l'oublieras
pas?**「お前は忘れやしないよね」n'est-ce pas は相手の同意を求めるた
めに用いられる副詞句「ねえ，そうでしょう，違いますか」で，文頭，
文尾，あるいは文中に用いられる。l'(le) は節 que tu m'envoies un
roman を受ける中性の代名詞。　175) **Je n'y manquerai pas**「必ずそ
うします：承知しました」《ne pas manquer à qc》は「必ず…する」
y は《à cela (小説を届けること)》に代わる副詞的代名詞。　176)
Pourquoi donc vouliez-vous que Naroumof fût dans le génie?「い
ったいどうしてあなたはナルーモフが工兵隊にいて欲しかったのでし
ょうね？」donc は〈疑問〉を強調する副詞「いったい」。fût は être
の接続法半過去形。主節の動詞が意思を表す動詞 vouloir の直説法半
過去形なので，従節の動詞が，時の照応によって，接続法半過去形と
なったもの。　177) **tapisserie**「カンバス(布地)刺繍(ししゅう)」。
178) **Aussitôt, dans la rue, à l'angle d'une maison voisine, parut
un jeune officier:** aussitôt, dans la rue, à l'angle d'une maison
voisine のように，時や場所の副詞または状況補語や間接目的補語等が
文頭に来ると，主語名詞が倒置されやすい。　179) **Sa présence**「彼
の存在」。動作名詞に冠せられる所有形容詞はつねに〈主語関係〉を表
す。　180) **atteler**「(馬車に)馬をつなぐ」。　181) **nous allons faire
un tour de promenade**「ちょっと散歩をしましょう」《aller＋不定法》
は〈近い未来〉「これから…する」を表す。tour は「ちょっとした外
出・散歩」。　182) **Petite:** 若い娘に対して愛情・親しみ，ときに軽蔑
の意味をこめた呼びかけ。たいていの場合，ma petite と所有形容詞を
冠する。　183) **tout de suite**「直ぐに」。　184) **J'y vais**「そう致しま
す」y aller はここでは「始める，取りかかる」(話)というほどの意
味。y は，ガリシスムで虚辞的用法。　185) **apportant des livres de
la part du prince Paul Alexandrovitch**「ポール・アレクサンドロヴ
ィッチ伯爵から届いた本を持って」apportant は主語の同格として働く
現在分詞で，〈同時性〉「…ながら」を表す。de la part de qn は「～
(の側)からの」。　186) **Bien des＋複数名詞**「多くの」(＝beaucoup
de ～)。　187) **J'allais m'habiller**「服を着替えようとしていた」
《aller＋不定詞》はここでは〈近い未来〉「これから…する」を表して
いる。　188) **Qu'as-tu donc?**「いったいどうしたのだい？」avoir qc は
「(様子から判断して他人には分からない)悩みや不都合がある」。
189) **fais-lui bien mes remercîments**「彼にしっかりお礼を言いなさ
い」faire ses remercîments à qn は「人に感謝する，礼を言う」な
お，remercîment は古い綴りで，現在では remerciement。　190) **La**

— 111 —

注釈　フランス語

voici「ほら，来ましたよ」la は voiture を受ける直接補語人称代名詞。voici, voilà は前置詞や副詞に分類されているが，元々 voir の古い形の命令形に副詞 ci または là が加わったもので，人や物を提示する働きがある。そこで，本例のような《人称代名詞＋voici(voilà)［＋属詞・場
5 所］》のような構文が成立して，「〜が来る，近づく，始まる」等の意味になるのである。　191)**par la fenêtre**「窓から」par は〈経路〉「〜を通って，から」を表す前置詞。　192)**Elle y était depuis deux minutes à peine, que la comtesse sonnait**「彼女が2分ほどそこにいただけで直ぐに伯爵夫人がベルを鳴らした」y は《dans＋［代］名詞》
10 （ここでは dans la chambre）を受ける副詞的代名詞。《à peine ..., que ＋直説法》は「…するや否や…」(que は quand, lorsque 等〈時〉を表す接続詞に相当する)。　193)**de toute sa force**「全力で，力のかぎり」(＝de toutes ses forces)。　194)**le valet de chambre par une autre**「家令が別のドアから（入ってきた）」entrait が省略されている。
15 valet de chambre は「(王侯貴族の)侍従・家令」autre は porte に代わる不定代名詞。　195)**On ne m'entend donc pas**「私の声が聞こえないのだね」不定代名詞の on は感情的な理由(本例の場合は〈皮肉〉)から明示されてはいないが，elle(＝Lisabeta)を指している。donc は感嘆の念を強調する副詞。　196)**à ce qu'il paraît**「見たところ；うわ
20 さでは」à は〈準拠〉「〜によれば；〜では」を表す前置詞。関係代名詞の que は非人称構文 il paraît の意味上の主語。　197)**Qu'on aille dire à Lisabeta Ivanovna que je l'attends**「私がリザベタ・イヴァノヴナを待っていると彼女に言いに行きなさい」〈願望・命令・憤慨〉等の意味を表す《que＋接続法》(独立節)。　198)**quelle toilette est-**
25 **ce là!**「何と大層な身なりなのでしょう！」quel は〈感嘆〉の意を表す付加形容詞として機能。感嘆文は主語を倒置しないのが普通であるが，本例のように，倒置(常に単純倒置)することもある。　199)**A qui en veux-tu?**「お前は誰を探しているのだい？」en vouloir à qn は「人を恨む；人を攻撃しようと望む」という意味で用いられることが多い
30 が，ここでは「人に会いたがる，人を探す」というほどの意味。en はガリシスム。　200)**Non, Excellence**「いいえ，奥様」大文字の Excellence は大使，大臣，司教等に対する尊称「閣下，猊下(げいか)」等。ただし，ここでは伯爵夫人に対する尊称。　201)**Vous ne savez jamais ce que vous dites**「お前たちは自分の言ってることが決
35 して分かっていないのです」ne pas savoir ce qu'on dit は「自分の言っていることが分らない」→「わけの分からないことを言う；出まかせを言う」(ce que は直接疑問形における疑問詞 que または qu'est-ce

— 112 —

注釈　フランス語

que が間接疑問形で変化したもの)。 202) **Ouvrez-moi le vasistas**
「風窓を(私のために)開けておくれ」moi は話し手が自分の関心を示し
たり相手の関心を引くために用いる《心性的与格》datif éthique ある
いは《個人的関心の補語(虚辞性代名詞)》と呼ばれる冗辞に近い用法。
vasistas [vazistas] は戸や窓の上部にある小さい開閉式の「風窓」。
203) **Je le disais bien**「私がちゃんと言ったでしょ」le は先行する節
《Il fait du vent, je crois.》を受ける中性の代名詞。 204) **Qu'on dé-
telle!**「馬を車から離しなさい！」〈命令〉を表す接続法の独立節的用
法。dételer は atteler とは逆に「馬を車から離す」こと。 205) **ma
petite:** petite は若い娘に対する親しみを込めた呼びかけで，たいてい
の場合本例のように，所有形容詞の ma を冠する。 206) **Ce n'était
pas la peine de te faire si belle**「そんなにきれいにする必要はなかっ
た」《c'est la peine de + 不定詞》は「…する価値がある」《ce n'est pas
la peine de + 不定詞》は「…する必要はない」《faire qc(qn) + 属詞》
は「～を～にする」。 207) **se dit tout bas la demoiselle de compa-
gnie:** se dire tout bas は「小声でひとりごとを言う」tout は〈強意〉
の副詞。 208) **malheureuse créature**「哀れな女」créature は形容
詞とともに用いられて「女」を意味するが，ときに〈軽蔑〉のニュア
ンスを含む。形容詞の中には位置によって意味が異なるものがあるが，
malheureux もその一つで，本来の意味「不幸な」を表すときは名詞
を後ろから修飾し，比喩的な意味「哀れな；取るに足らない」を表す
ときは前から修飾する。 209) **Il est amer, le pain de l'étranger ...;
elle est haute à franchir, la pierre de son seuil**「他人のパンは苦
く，他人の家の(入口の)石段は超えるに難し」ダンテ『神曲』天堂篇
第 17 歌中の詩句。 210) **qui pourrait dire les ennuis d'une pauvre
demoiselle de compagnie ...?**「誰が哀れな侍女の悩みを語ることが
あろうか…？」pourrait は，疑問文や感嘆文に用いられて仮定的な事
実を憤慨して否定する感情的用法で，否定の意味が強められる。
pauvre「貧しい」は，名詞の前では「哀れな，みじめな」。 211)
auprès d'une vieille femme de qualité「高貴な老婦人のそばで」
auprès de ～は「～のそばに(で)」de は〈性質・特徴〉「～の」を表
す前置詞。したがって，《de + 無冠詞名詞》は品質形容詞化して，付
加形容詞または属詞として機能する。de qualité「良質の；身分の高
い，貴族の」は前者。 212) **une femme gâtée par le monde**「世間
に甘やかされた女」gâtée は関係詞節(qui était gâtée)相当の付加形容
詞として働く過去分詞。 213) **celle qui depuis longtemps avait
cessé de jouer un rôle actif**「積極的な役割を演ずることを久しく止

— 113 —

注釈　フランス語

めていた婦人」celle qui ... は「…する女」を意味する。depuis
longtemps は「久しい前から」《cesser de＋不定詞》は「…すること
を止める」。　214）**Jamais elle ne manquait au bal**「彼女は決して舞
踏会に欠席することはなかった」manquer à 〜は「〜にいない，〜に
欠席する」。　215）**à la mode antique**「古臭い（く），時代遅れの
（に）」。　216）**elle se tenait dans un coin**「彼女は隅っこに居続けた」
se tenir は「（ある場所に）身を置く，居続ける」。　217）**servir
d'épouvantail**「案山子（かかし）の役割を果たす」《servir de＋無冠詞
名詞》は「〜として役立つ，〜の役目を果たす」épouvantail「案山子」
は醜く目障りで，こけおどしでしかない存在。　218）**Chacun, en en-
trant, allait lui faire un profond salut**「誰もが，入って来るなり，
彼女に丁寧な挨拶をしに行ったものだった」chacun は単独でしかも男
性形でのみ用いられて「誰でも，各人」を意味する。en allant は〈同
時性〉「…ながら」を表すジェロンディフ。　219）**la cérémonie ter-
minée**「儀式が終わると」過去分詞がそれ自体の主語を持つ絶対分詞
節で，ここでは〈先立性〉を表す。　220）**personne ne lui adressait
plus la parole**「もう誰も彼女に話しかけはしなかった」personne ne
... plus は personne ne ...（＝ne ... personne）「誰も…ない」と ne ...
plus「もはや…ない」が合体したもので，「もはや誰も…ない」
adresser la（les）parole(s) à qn は「〜に話しかける」。　221）**toute la
ville**「町中の人」ville は集合名詞的に用いられて，「町（都市）の住民」
を意味する。　222）**dans sa rigueur**「厳密に」。　223）**mettre les
noms sur les figures**「名前を顔に重ね合わせる（名前と顔を一致させ
る）」。　224）**engraissés et blanchis**「豪勢な食事に洗濯付きで」動作
を行う際の主語の様態や性質を表す同格過去分詞。engraissés は「太
らされ」ること。なお，本例は pensionnaire logé, nourri et blanchi
「部屋，食事，洗濯付き下宿人」の nourri et blanchi をもじったもの。
225）（**Ses nombreux domestiques ...**）**ne faisaient que ce qu'ils
voulaient**「（彼女の数多い召使たちは…）自分たちの欲することしかし
なかった」ne ... que 〜は〈部分否定〉「〜しか…ない，〜だけ…する」
指示代名詞 ce は関係代名詞 que の先行詞で，ce que ... は「…するこ
と」。　226）**tout ... était au pillage**「何もかも…略奪されていた」
227）**comme si déjà la mort fût entrée dans sa maison**「あたかも
死がすでに家の中に入り込んでしまっているかのように」comme si
... は「あたかも…のように」主節が過去時制であれば，主節と〈同時
性〉を表すときは一般に《comme si＋直説法半過去》が用いられ，
〈過去における過去または完了〉を表すときは《comme si＋直説法大

— 114 —

注釈　フランス語

過去》または本例のように接続法大過去が用いられる。　228）（**la comtesse,）qui la rendait responsable de toutes les sottises des auteurs**「と（伯爵夫人は）作者たちのまずい点のすべてを彼女の責任にするのだった」qui は《同時性》を表す説明的関係詞節で，et celle-ci に相当する。《rendre qn（qc）＋属詞》は「人（何）を～にする」したがって，rendre qn responsable de qc は「人に～の責任を負わせる」。　229）**c'était à elle qu'on s'en prenait du mauvais pavé**「悪い敷石の責任を負わされるのは彼女なのだ」《c'est ～ que ...》による間接補語 à elle の強調。s'en prendre à qn de qc は「何を人の故だと責める」なお，en はガリシスム。on は elle（＝la comtesse）に代わる不定代名詞。　230）**plus que modestes**「きわめてわずかであるのに」《plus que＋形容詞（副詞）》は「～以上に；きわめて～，ひじょうに～」modestes は動作を行う際の主語の様態や性質を説明する同格形容詞で，〈譲歩〉「～であるのに」を表している。　231）**et l'on exigeait**「それなのに彼女は…を要求していた」et は〈対立〉「しかるに，それなのに」を表す接続詞。l' は si, où, que, et の後に on が続くときに母音衝突 hiatus を避けるために用いられる好音調の l'。　232）***comme tout le monde***「みんなと同じように，人並みに」。　233）**c'est-à-dire comme fort peu de gens**「すなわちきわめて小数の人々のように」伯爵夫人の言う「みんな」とは上流社会の人々を指しているのである。c'est-à-dire は「すなわち，言い換えると」fort は〈強意〉の副詞「おおいに，ひじょうに（文）」。《peu de＋無冠名詞》は「ほんの少しの～，ごくわずかの～」。　234）**Tous**「みんな；すべての人（物）」不定代名詞。発音［tus］に注意。　235）**vis-à-vis**「パートナー（ダンス・トランプなど）」。　236）**Les femmes venaient la prendre par la main**「女たちは彼女の手を取りにやってきた」《venir＋不定詞》は「…しに来る」。prendre qn par la main は「～の手を取る」身体の部位に関する表現では，その部位の所有者が明らかである場合，部位名には一般に所有形容詞ではなく定冠詞が冠せられる。所有者を明示する必要がある場合は，間接補語によって示されることが多いが，本例のように直接補語によって示されることもある。　237）**quelque chose**「困ったこと，悪いこと」（＝événement désagréable, quelque chose de grave, malheur）。　238）**Elle attendait avec impatience un libérateur:** attendre avec impatience「じりじりしながら（今か今かと）待つ，待ちかねる」。　239）**prudents au milieu de leur étourderie affectée**「見かけの軽率な言動の真っ只中においても慎重なので」prudents は〈原因・理由〉（…ので）を表す主語 les jeunes gens の同

— 115 —

注釈　フランス語

格形容詞。au milieu de qc(qn)は「〜の真ん中に(で)；〜の最中に(で)」。　240) **se gardaient bien de l'honorer de leurs attentions** 「彼女に注意を向けないように十分気をつけていた」《se garder＋不定詞》は「…しないように用心する(心掛ける)」honorer qn de qc は
5 「人に〜を授ける；(注意・関心等)を向ける」。　241) **cent fois plus jolie que 〜** 「〜より百倍もきれいな」《数詞＋〜 fois plus＋形容詞(副詞)＋que 〜》は「〜より〜倍も〜」。　242) **ces demoiselles ou effrontées ou stupides qu'ils entouraient de leurs hommages** 「彼らが賛辞で取り囲むあるいは厚かましかったり，あるいは愚かしかった
10 りするこれらの娘たち」ou(bien)〜 ou(bien)〜は〈二者択一の強調〉「(あるいは)〜か(あるいは)〜か」entourer qn(qc)de 〜は「人(何)を〜で囲む，取り巻く」。　243) **Plus d'une fois** 「一度ならず」plus d'un(e)〜は「一つ以上の」。　244) **en bois peint** 「色を塗った木でできた」en は〈材料・成分〉「〜の，〜でできた」を表す前置詞。
15 245) **tout à son aise** 「心ゆくまで」tout は〈強意〉「まったく，すっかり」の副詞。à son aise(＝à l'aise)は「くつろいで；裕福に；存分に」等の意味を持つが，ここでは三番目の意味。　246) **à la lueur de 〜** 「〜の光で」。　247) **c'était deux jours après la soirée chez Naroumof …** 「ナルーモフ家での夜の集いの二日後…のことだった」ce
20 は指示代名詞ではあるが，ここでは指示機能が弱まって形式的な主語となっている。　248) **la scène que nous venons d'esquisser** 「私たちがスケッチしたばかりの情景」《venir de＋不定詞》は近接過去「…したばかり(ところ)である」を表す。　249) **promenant un regard distrait dans la rue** 「ぼんやりした視線を通りにめぐらせていると」
25 promenant は主語 elle(Lisabeta)の同格形容詞で，「同時性」を表す。promener は「散歩させる；(視線などを)めぐらせる」こと。　250) **elle aperçut un officier du génie, immobile, les yeux fixés sur elle** 「彼女は一人の工兵士官が，動かずに，目を彼女に向けたままでいるのに気がついた」immobile は aperçut という動作が行われる際の直接目
30 的補語 officier の様態や性質を表す同格形容詞。les yeux fixés sur elle 「目を彼女に固定して」は immobile 同様，直接目的補語の様態を表す状況補語で，avec を補って考えると分かりやすい。前置詞を伴わない状況補語(名詞＋過去分詞，名詞＋前置詞＋名詞，名詞＋形容詞等)は身体の部位に関するものが多い。　251) **Au bout de cinq minutes** 「5
35 分後に」au bout de 〜は「(空間)〜の端に，果てに；(時間)〜の終わりに，の後に」。　252) **N'ayant pas l'habitude de …** 「…する習慣を持たないので」主語の同格として用いられている現在分詞節で，副詞

— 116 —

注釈　フランス語

的に機能して，〈原因〉「…ので」を表している。 253) **coqueter avec 〜**「〜に色目を使う；媚（こび）を売る（古風）」 254) **près de deux heures**「およそ二時間」près de 〜は「〜の近くに；およそ，約」。 255) **jusqu'à ce que l'on vînt l'avertir pour dîner**「昼食を取るように彼女の所に知らせが来るまで」《jusqu'à ce que ＋接続法》は「…するまで」l'on の l'は好音調の l'。dîner は「（昼の）正餐」（古）。 256) **elle s'approcha de la fenêtre:** s'approcher de 〜は「〜に近づく」。 257) **avec une certaine émotion**「かなり気持ちを高ぶらせて」 258) **y penser**「彼のことを考える」y は《à＋〔代〕名詞》に相当する副詞的代名詞で原則として物を受けるが，penser, songer, rêver, tenir, s'attacher, se fier 等いくつかの動詞とともに用いられる場合は，本例のように「人」を指すことができる。 259) **Deux jours après**「二日後に」「〜後に」という場合，ふつう dans が用いられるが，過去のある時点を起点にする場合は〜 après（副詞）や〜 plus tard が用いられる。また，しかじかの行為や状態が一定期間続いた後でという場合は，多く au bout de 〜が用いられる。 260) **sur le point de ＋不定詞**「まさに…しようとして」。 261) **elle le revit planté droit devant la porte**「彼女は彼が門の前に突っ立っているのをふたたび見た」planté は主語が動作（revit）を行う際の直接目的補語 le の様態や性質を表す同格過去分詞。droit は「まっすぐに」を意味する副詞 262) **la figure à demi cachée**「顔を半ば隠して」前注の planté 同様，直接目的語 le の様態を表す状況補語。前置詞を伴わない状況補語。à demi は「半ば；不完全に」。 263) **sans trop savoir pourquoi**「わけは余りよく分からないが」。 264) **De retour à [de] qc**「〜に〔から〕帰ると」〈時の関係〉を表す状況補語。」 265) **en proie à 〜:**（文）「〜のいけにえになっている；〜に襲われている，〜の虜となっている」主語 elle の〈様態〉を表す状況補語。 266) **il ne se passa pas de jour que le jeune ingénieur ne vînt rôder sous sa fenêtre**「例の青年技術者が彼女の窓の下にうろつきにやって来ない日はなかった」se passer de 〜「〜なしですます」の主語 il は非人称代名詞。de jour の de は〈否定の de〉。この規則は，直接目的補語ばかりではなく，本例のような非人称構文の補語（論理上の主語）にも適用される。また，否定の主節に従属する関係詞節の動詞はつねに接続法が用いられ，その否定（＝二重否定となる）は ne 単独で行われ，pas は省略される。 267) **entre elle et lui s'établit une connaissance muette**「彼女と彼の間に暗黙の交友関係が成立した」本例のように場所に関する状況補語が文頭に来ると主語と動詞（自動詞または代名動詞）が倒置されやすい。 268) **le**

— 117 —

注釈 フランス語

sentiment de sa présence「彼の存在の意識」sa présence（自動詞的動作名詞）の所有形容詞 sa は〈主語関係〉を表す。 269）**jeunesse**「若い女，若い娘」（やや古）。 270）**chaque fois que＋直説法**「…する度に」。 271）**elle se prit à lui sourire**「彼女は彼に微笑み始めた」《se prendre à＋不定詞》は「…し始める」（文）（＝se mettre à）。 272）**elle se repentit cruellement d'avoir compromis son secret**「彼女は自分の秘密を危うくしたことを大いに後悔した」《se repentir de qc（de＋不定詞》は「…（すること）を後悔する」。avoir compromis「危くした（こと）」は compromettre の不定法過去で，主動詞 se repentir に対して〈先行・完了〉を表す。 273）**en le livrant à un étourdi**「それを軽率な人に引き渡すことによって」en le livrant は〈手段〉「～することによって」を表すジェロンディフ。 274）**résolu à＋不定詞**「…する決心をしているので」〈原因〉「…ので」を表す同格過去分詞。 275）**il s'était fait une loi de ne pas toucher à ses revenus**「彼は自分の収入には手を付けないことを自分の義務としていた」《se faire une loi de＋不定詞》は「…する義務を自らに課す」《toucher à ～》は「～に手を付ける」。revenu はここでは資産から上がる収益を指す。 276）**vivait de sa solde**: vivre de ～は「～で暮らす；～で生きている」。solde は「（軍人の）俸給」） 277）**(il ...) ne se passait pas la moindre fantaisie**「（彼は…）どんな些細な気まぐれも自分に許さなかった」se passer qc は「自分に～を許す」。 278）**peu communicatif**「あまり開放的でない」《peu＋形容詞・副詞》は「あまり…でない」。 279）**s'amuser à ses dépens**「彼をからかう」s'amuser aux dépens de qn（古）は「人をからかう；面白がる」。 280）**Sous un calme d'emprunt**「借り物の静けさの下に」sous は〈条件〉「～のもとに；～の条件で」を表す前置詞。《de＋無冠詞名詞》は品質形容詞化して，付加形容詞または属詞となる。d'emprunt「借り物の，見せかけの」は付加形容詞。 281）**il était toujours maître de lui**「彼はいつでも自分を抑えることができた」être maître de soi [-même] は「自分を抑（おさ）える；自制する」。 282）**(il ...) avait su se préserver des égarements ordinaires de la jeunesse**「（彼は…）若者に普通見られる逆上から身を守る術を知っていた」avait su は savoir の直説法大過去で，cachait, était が示している時（直説法半過去）より古い時制を表している。《savoir＋不定法》は「…する適性がある；…する術を心得ている；（学習によって）…できる」というほどの意味。se préserver de（contre）～は「～から自分を守る」jeunesse は「（集合的）青少年，若者」。 283）**né joueur**「賭博好きに生まれな

— 118 —

注釈　フランス語

がら」né(naître)は主語 il の同格過去分詞で〈対立〉「…ながら，…の
に」を表す。また，joueur は主語の属詞。 284) **dans l'espérance
d'(de) + 不定詞**「…することを期待して」。 285) **tapis vert**「緑色の
クロス→賭博台」。 286) **suivant … les chances rapides du jeu**「賭
け事のはかない（変りやすい）つき（運）…を追いながら」 287) **toute la**
nuit「一晩中」toutes les nuits は「毎晩」。 288) **il ne fit qu'y pen-**
ser「彼はそのことを考えることしかしなかった」《ne faire que + 不定
詞》は「…しかしない；絶えず…し続ける」y は《à + 名詞》(à
l'anecdote des trois cartes)を受ける副詞的代名詞。penser à ～ は
「～のことを考える」。 289) **si la vieille comtesse me confiait son**
secret?「もしあの老伯爵夫人が私に彼女の秘密を打ち明けてくれた
ら？」主節を伴わない《si + 直説法半過去》は〈提案・誘い・願望〉
等を表すが，本例は〈願望〉。 290) **Il faut que je me fasse présen-**
ter「私は顔を出さなければならない」《il faut que + 接続法》は非人称
構文で「…しなければならない」《se faire + 不定法》は「(自分で)…
する；(自分を)…させる」。 291) **(il faut …)que je lui fasse la cour**
「私は彼女の御機嫌を取らなければならない」faire la cour à qn は「～
の御機嫌を取る；〔女性〕を口説く，に言い寄る」。 292) **un mot de**
vrai「真実なる一語」数量表現の後では《de + 形容詞・分詞》となる。
ただし，この de は省略可能。 293) **l'économie, la tempérance, le**
travail, voilà mes trois cartes gagnantes!「倹約，節制，勤労，以
上が私の三枚の勝札だ」voilà ～ は〈既述〉のことを指して「以上が～
である」を意味し，voici ～ は〈後述〉のことを指して「以下が～であ
る」ことを意味する。 294) **Ce sont elles qui m'assureront l'indé-**
pendance「私に自立を保証してくれるのはこれらなのだ」強調構文に
おいて強調する(代)名詞が複数形である場合も，c'est ～ qui(que)
… の使用は可能であるが，改まった口調のときは ce sont が，砕けた
口調のときは c'est が用いられることが多い。 295) **il se trouva dans**
une des grandes rues「彼は大きな通りの一つに出た」《se trouver +
場所》は「～にいる，ある；(道をたどって)～に出る，至る」un(e)
des ～「～のうちの一つ」の un(e) は不定代名詞。 296) **Péters-**
bourg「ペテルブルグ」フィンランド湾に臨むネヴァ河畔にあるロシア第二の
都市サンクトペテルブルクの旧称。ピョートル大帝によって 1703 年に
建設され，1715 年以降革命まで，ロシア帝国の首都であった。 297)
(voitures,)défilant une à une devant une façade「正面玄関の前
に次から次へと現れる(馬車)」現在分詞 défilant は関係詞節(qui
défilaient)相当の付加形容詞として機能。un(e) à(par) un(e):「一つず

— 119 —

注釈　フランス語

つ」à は〈連続・漸進〉「～ずつ」を表す前置詞。　298) **Il voyait sortir de chaque portière ouverte tantôt le petit pied d'une jeune femme, tantôt la botte à l'écuyère d'un général**「彼は開かれた昇降口の一つ一つから，あるときは若い婦人の小さな足が，あるときは将軍の乗馬靴が出て来るのを見た」pied 及び botte は感覚動詞 voir の直接目的補語で，不定詞 sortir の主語。de chaque portière の de は〈分離・起源〉「～から」を表す前置詞。tantôt ～ tantôt ～は「あるときは～あるときは～」bottes à l'écuyère は「折返しのある乗馬用長靴」。　299) **bas à jour**「透かし模様のあるストッキング」jour は「(光の通る)隙間；透かし模様」à は〈特徴・付属〉「～のある，を持った」を表す前置詞。　300) **Pelisses et manteaux**「毛皮付きコートやマント」名詞が〈対比〉されたり，〈列挙〉されたりする場合，本例のように冠詞が省略されることがある。Pelisse は「毛裏付きコート」。manteau は服の上から着る，袖のない，ゆったりした「マント」。

15　301) **en procession**「列をなして」en は〈状態・形状〉「～状態の(で)，～の形の(で)」を表す前置詞。　302) **suisse**「門衛，門番」(この呼名はかつてスイス人がしばしば門番として雇われていたことに由来する)。　303) **A qui est cette maison?**「どなたのお邸ですか？」être à qn は「～のものである」。　304) **autour de ～**「～の周りに」。

20　305) **pensant à la femme qui l'occupait**「邸を所有している女のことを考えながら」主語 il の同格として働く現在分詞で，主動詞tourner との〈同時性〉「…ながら」を表す。　306) **De retour enfin dans son taudis**「やっとみすぼらしい自分の家に帰ったが」de retour dans ～は〈対立〉を表す状況補語で「～に帰ったが」。taudis は「狭くてむさ苦しい家，陋屋」。　307) **il fut longtemps avant de s'endormir**「寝入る迄に時間がかかった」il y a ～に相当する il est ～で文章体。《avant de＋不定詞》は「…する前に，する迄に」。　308) **le sommeil s'empara de ses sens**「睡眠が彼の感覚を支配した」s'emparer de ～は「～を奪う；～を支配する」。　309) **des tas de ducats**「たくさんのドゥカート金貨」un (des) tas de ～は「たくさんの～」ducat は 13 世紀にヴェネチアで鋳造されたドゥカート金貨。

310) **Il se voyait faisant paroli sur paroli**「彼は自分が倍賭けに次ぐ倍賭けをしている姿を思い浮かべていた」《se voir＋属詞(不定詞)》は「自分が…だと知る；自分が…だと想像する(思い描く)」現在分詞

35　の faisant は直接目的補語 se の属詞で〈動作の継続〉を表している。paroli は倍賭け。sur は〈累加・反復〉を表す前置詞。例)：boire coup sur coup「続けざまに飲む」。　311) **des piles de ～**「～の山；

— 120 —

注釈　フランス語

山のような～」。　312) **A son réveil**「彼が目を覚ますと」。　313) **il soupira de ne plus trouver ses trésors fantastiques**「彼はもはや自分の途方もない財宝が見当たらないので，溜息をついた」de ne plus trouver(＝de＋不定詞)は〈意味上の従属節〉「…すると」を構成。314) **par la ville**「町中を」par は〈空間的広がり〉「～中を，～の方々を」を表す前置詞。　315) **en face de qc(qn)**「～の前(正面)に」。　316) **regarda aux fenêtres:** regarder à ～は「～に気を配る，に注意する」。　317) **une jeune tête**「若々しい顔」tête は身体の首から上を指す。したがって，ときに「頭」ときに「顔」と訳される。318)「**de beaux cheveux noirs**「黒く美しい髪」de は複数不定冠詞の des が《複数形容詞＋複数名詞》の前で変形したもの。　319) **Cet instant-là décida de son sort**「この瞬間が彼の運命を決定した」décider de ～は「～に決定を下す，～を左右する」。　320) **Lisabeta Ivanovna ôtait son châle**「リザベタ・イヴァノヴナは肩掛を脱ごうとしていた」直説法半過去の ôtait は肩掛を ôter「脱ぐ」という行為が未完了であること，すなわち〈継続〉中であることを示している。321) **quand la comtesse l'envoya chercher**「そのとき，伯爵夫人が彼女を迎えにやった」直説法半過去形からなる主節に《quand＋直説法単純(複合)過去》が続く場合，叙述の重点が従属節の方にかかることがある。その場合 quand は et alors に相当し「と，そのとき」というほどの意味を表す。envoyer chercher ～「～(人)を探しにやる」において，～が代名詞であるときは，その代名詞の語順は chercher の前にも，また本例の l'(＝la)のように envoyer の前にもなり得る。322) **Elle venait de faire remettre …:**《venir de＋不定詞》は〈近接過去〉「…したところである」を表す。この形はふつう直説法現在形及び半過去形で用いられる)。　323) **Tandis qu(e)**「…する間に」(＝pendant que)。　324) **à la porte de la rue**「道路のすぐ近くで」。à la porte de ～は「～のすぐそばに，間近かに」　325) **à grand-peine**「大変な苦労をして，やっとのことで」。　326) **elle sentit qu'il lui saisissait la main**「彼女は彼が自分の手をつかむのを感じた」saisissait は時制の照応によって「過去における現在」を表す直説法半過去形。lui saisir la main は「彼(女)の手をつかむ」身体の部位には一般に定冠詞が冠せられ，その所有者を明示する場合は，多くの場合本例のように間接補語が用いられる。　327) **la peur lui fit perdre la tête**「恐怖が彼女に正気を失わせた」fit は使役動詞 faire「…させる」の直説法単純過去で，間接補語の lui は不定法 perdre の動作主。perdre la tête は「逆上する，正気を失う」。　328) **Elle se hâta de le**

― 121 ―

注釈　フランス語

cacher:《se hâter de＋不定詞》は「急いで…する」。 329) **cet homme qui nous a saluées** 「私たちに挨拶したあの男」複合時制において直接目的補語が動詞に先行する場合，過去分詞はその直接目的補語の性数と一致する。本例の場合は，動詞に先行する直接目的補語
5　nous(伯爵夫人とリザベタ)に照応して，過去分詞 saluées は女性複数形となっている。 330) **Qu'est-ce qu'il y a écrit sur cette enseigne?** 「あの看板には書かれた何があるのか」形容詞，現在分詞，過去分詞等が quelque chose, rien 等の不定代名詞や qui, que, qu'est-ce que(qui) のような疑問代名詞を修飾する場合，前置詞 de を介在させて qu'est-
10　ce qu'il y a d'écrit ...? とするのが普通。ただし，過去分詞の場合，会話体においては，本例のようにしばしば de が削除される。 331) **tout de travers:** tout は〈強意〉「すっかり，ひじょうに」の副詞。de travers は「斜めに；間違って」。 332) (**Lisabeta ...**) **se fit gronder par la comtesse** 「(リザベタは…)伯爵夫人に叱られた」《se faire＋不
15　定詞》(se は不定詞が他動詞である場合の直接目的補語)は「…される；…してもらう」。 333) **Qu'as-tu donc aujourd'hui...?** 「いったい今日はどうしたの？」。donc は〈疑問〉を強める副詞)「いったい」。 334) **Je ne grasseye pourtant pas** 「私は下手な発音をしていないのに」grasseyer は「喉を震わせて話すこと；いくつかの子音，殊に r
20　を耳障りに発音する」こと。pourtant は〈対立〉「しかしながら，もっとも…のに」を表す副詞，mais よりも弱く，cependant より強い。 335) **je n'ai pas encore perdu la tête, hein?** 「私は未だぼけちゃいないだろう？」ai perdu は〈現在完了的〉な意味を表す直説法複合過去。hein は相手の同意を求めるのに用いられる間投詞「ね，そうでしょ
25　う？」。 336) **elle courut s'enfermer dans sa chambre** 「彼女は自分の部屋に閉じ込もろうと走り込んだ」《courir＋不定詞》は「急いで…しに行く，…しようと駆けつける」。 337) **par conséquent** 「したがって，それゆえ」。 338) **il était impossible de ne pas la lire** 「それを読まないことは不可能だった」《il est＋形容詞＋de＋不定法》「…
30　は〜である」の構文では，非人称代名詞の il は形式上の主語で，de 以下が意味上の主語。 339) **protestations d'amour** 「愛の誓い，愛の告白」protestation(s) は「誓い，表明」(文)。 340) **mot pour mot** 「一語一語，逐語的に」(＝mot à mot)。《〜 pour 〜》(同一無冠詞名詞の繰り返し)は〈正確な符合〉を表す。例): Œil pour œil, dent pour
35　dent 「目には目を，歯には歯を」) 341) (**Lisabeta ...**)**en fut fort contente** 「(リザベタは)それに大いに満足した」en は《de＋名詞(＝lettre)》に代わる副詞的代名詞。したがって contente de cette lettre

－122－

注釈　フランス語

と書き換えられる。 342) **elle se trouvait bien embarrassée**「彼女はひどい困惑を感じていた」《se trouver＋属詞》は「自分を～と思う，感じる」。 343) **Etre en correspondance avec qn**「人と連絡を取る，文通する」。 344)（**Elle …:**）**ne savait quel parti prendre**「(彼女は…)どんな態度を取るべきか分からなかった」savoir の否定は，不確実さを示すとき，間接疑問文(特に不定法節)の前では ne 単独で行われることが多い。《疑問代名詞(副詞・quel＋名詞)＋不定詞》は〈疑問〉の不定法節を作り，直接疑問文にも間接疑問文にも用いられる。parti は「立場・策」を意味する。 345) **à force de froideur**「うんと冷淡にして」《à force de＋無冠詞名詞(de＋不定詞)》は「～のおかげで；大いに～したので(すれば)」。 346) **dégoûter qn de qc**「人に～をきらいにさせる，いやにならせる」。 347) **d'une manière ＋形容詞**「～な仕方で，～なように」。 348) **A quoi se résoudre?**「何を決心すべきであるか？」不定法節による直接疑問文。《se résoudre à＋qc》は「～の決心をする」。 349) **elle se résolut à répondre:**《se résoudre à＋不定詞》は「…する決心をする」。 350) **billet**「短い手紙，メッセージ」。 351) **il manquait d'une juste réserve**「それはしかるべき慎みを欠いていた」《manquer de＋無冠詞名詞》は「…を欠く，…が不足している」juste は名詞の前で「適正な；しかるべき，相応の」。 352) **elle réussit à composer quelques lignes dont elle fut satisfaite**「彼女は満足の行く数行を書くことができた」《réussir à＋不定詞》は「…することに成功する，うまく…する」不定形容詞 quelque の複数は「いくつかの，少数の，僅かの」être satisfait de ～ は「…に満足する」。 353) **galant homme**「紳士；名誉や信義を重んじる人」。 354) **connaissance**「交際」。 355) **vous ne me donnerez pas lieu de regretter mon imprudence**「あなたは自分の軽挙を後悔する原因を私に与えない」《donner lieu à qn de ＋不定詞》は「～に…する理由(機会)となる」。 356) **aussitôt qu'elle aperçut Hermann**「彼女がエルマンに気がつくと直ぐに」《aussitôt que＋直説法》は「…すると直ぐに」。 357) **comptant bien que le jeune officier ne la laisserait pas s'égarer**「青年士官がそれがどこかへ行ってしまうのを見過ごさないことをちゃんと計算に入れながら」comptant は〈同時性〉(…ながら)を表す主語の同格現在分詞。laisserait は〈過去における未来〉を表す条件法現在。《laisser＋名詞＋不定詞》〈放任〉「～が…するがままにさせておく」。 358) **N'y trouvant rien de décourageant**「そこにはがっかりさせるようなものは何も見つからないので」trouvant は〈原因〉「…ので」を表す現在

— 123 —

注釈　フランス語

分詞。y は《dans ＋ ［代］名詞(cette lettre)》に相当する副詞的代名詞。de は不定代名詞と形容詞・分詞等を連結する前置詞。 359)
jeune personne aux yeux fort éveillés「ひどく利発そうな目を持った若い女」personne は，名詞としては「人；人格；個人；容姿；人5 称」等を，特定の形容詞と結びつくと「…な女(娘)」(古)を意味する。例)：belle personne(美人)，petite personne(少女)。à(aux＝à＋les)は〈特徴・付属〉「〜のある，〜を持った」を表す前置詞。fort は〈強意〉の副詞。 360) **de la part d'une marchande de modes**「流行婦人服飾店の代理で」de la part de qn は「〜の依頼(代理)で，〜の側10 から」。modes(複数)は「(古)流行婦人服飾；モード」。 361)
quelque mémoire arriéré「何か未払いの請求書」quelque は「(何か)ある」(＝un, certain)を意味する不定形容詞)。 362) **pour moi**「私宛て」pour は〈用途・宛先〉「〜のために；〜宛；〜向けの」を表す前置詞。 363) **modiste**「(古)モード店主；縫製工」。 364) **Pre-**15 **nez donc la peine de la lire**「どうかお読み下さい」《prendre la peine de＋不定詞》は「…する労を取る」donc は〈命令〉を強調する副詞「どうか…」。 365) **Lisabeta y jeta les yeux**：jeter les yeux sur(vers)〜は「〜に視線を向ける」y は《sur(vers)＋(代)名詞》に代わる副詞的代名詞。 366) **entretien**「話し合い」ここでは「逢い引20 き」を指す。 367) **effrayée et de la hardiesse de la demande et de la manière dont elle lui était transmise**「要求の大胆さやらそれが自分に伝えられた方法の大胆さやらに恐れをなして」effrayée「おびえて」は動作を行う際の主語の性質を表す同格過去分詞で，〈同時性〉を表す。接続詞 et はここでは同一の文法的要素(effrayée de の二つの de25 〜)を結合している。この場合，A et B(A, B et C ...)となるのが普通であるが，並列された各要素を強調するときは et を各要素に先行させて et A et B(et A et B et C)となる。《la manière dont＋直説法》は「…する仕方，やり方」。 368) **en mille morceaux**「千の破片に」en は〈変化の結果〉「〜に，〜の状態に」を表す前置詞。 369) **reprit la**30 **modiste**「と店員が続けて言った」reprendre は挿入節(そうにゅうせつ)に用いられて「言葉を継ぐ」を意味する。 370) **la personne à qui elle était destinée**「それ(手紙)の宛先になっている人」《être destiné(e) à〜は「当て(向け)られている」。 371) **Mon Dieu!** 〈喜び・賞賛・驚き・怒り〉等を表す間投詞「おお；ああ；おやまあ；け35 しからん」。 372) **bonne**「(奉公している)女，娘」(古)。 373)
toute déconcertée「ひどく狼狽(ろうばい)して」tout は〈強意〉「まったく，すっかり」の副詞で，子音または有音の h で始まる女性形容詞の前では

— 124 —

注釈　フランス語

性数変化をして，toute(s) となる。déconcerté は動作を行う際の主語
の様態や性質を表す同格形容詞で，主語との〈同時性〉を表す。
374) **ne m'apportez plus jamais de lettres**「もう二度と私に手紙を
持って来ないで下さい」ne ... plus jamais は ne ... plus「もはや…な
い」と ne ... jamais「決して…ない」との合体「もはや決して…な
い」。de は lettres に冠せられた不定冠詞の複数形の des が否定文で変
形した〈否定の de〉。　375) **je vous en prie**「（命令文とともに用いら
れて）すみませんが；お願いですから」（挿入句）。　376) **il devrait**
rougir de son procédé「彼は自分のやり口を恥ずかしく思わなければ
なるまい」devrait は〈語調緩和〉の条件法現在。rougir de qc(qn) は
「～を恥る」。　377) **homme à lâcher prise**「あきらめる男」《homme
à + 不定詞》は「…できる（…しかねない）男」lâcher prise は「（つか
まっているものから）手を放す；引き退がる，断念する」。　378) **arri-**
vant tantôt d'une manière, tantôt d'une autre「あるときはある方法
で，またあるときは別な方法でやって来る（手紙）」arrivant は lettre
を修飾する関係詞節に相当する現在分詞。　379) **ce n'était plus des**
traductions de l'allemand qu'on lui envoyait「彼が彼女に送る（彼女
に送られて来る）のは，もはやドイツ語の翻訳ではなかった」ce n'est
plus ～ que ... は「…なのはもはや～ではない」本文中の on は動作主
が示されていない受動態に代わる文の主語としてあらわれている。
380) **sous l'empire de(d')** ～「～の影響を受けて，～の勢いで」。
381) **Lisabeta ne put tenir contre ce torrent d'éloquence**「リザベ
タはこの奔流のような雄弁に耐えられなかった」《ne pas tenir contre
+qc》（古）は「～に我慢できない，耐えられない」pouvoir の否定は
多くの場合 ne 単独で行われるが，否定の意を強めるために pas を併
用することもある。このように単独の ne によって否定形を構成する
動詞は，他に savoir, cesser, oser 等がある。　382) **de bonne grâce**
「喜んで；自発的に」de mauvaise grâce は「いやいやながら」。
383) **il y a bal**「舞踏会がある」il y a に続く名詞には，多くの場合，
不定冠詞・部分冠詞・数詞等が付くが，本例のように成句的表現の場
合は，一般に無冠詞となる。　384) **Voici comment vous pourrez me**
voir sans témoins「以下のようにすればあなたは目撃者なしに私に会
うことができましょう」voici ～ は「以下が～である，～は次の通りで
ある」。　385) **Dès que la comtesse sera partie**「伯爵夫人がお出か
けになると直ぐ」《dès que + 直説法》は「…するや否や，…すると直
ぐに」sera partie は直説法前未来形で，単純未来で示される基準とな
る未来以前に終了する未来〈未来完了〉を表す。　386) **les gens ne**

— 125 —

注釈　フランス語

manquent pas de s'éloigner「人々は必ず離れて行きます」前注の前未来との関係で manquer は一般的には直説法単純未来形が用いられるところであるが，未来の動作を確実なものとして示すために現在形が用いられている。《ne pas manquer de＋不定詞》は「必ず…する」。

5　387）**Il ne restera que le suisse**「門衛しか残っていまい」il は非人称代名詞で文法上の主語。意味上の主語は suisse「門衛」。ne ... que は「～しか…ない，～だけ…する」。 388）**tonneau**「樽小屋」元来は樽であるが，ときに小商人等が店舗代わりに用いた大樽(小屋)を指した(古)。ここでは門衛が控える樽小屋のこと。 389）**vous demanderez**

10　**si la comtesse est chez elle**「伯爵夫人が在宅しているかどうかお訊ね下さい」demanderez は〈語気の緩やかな命令〉を表す単純未来）。si は疑問詞を伴わない疑問節を導く接続詞「…かどうか」。 390）**se résigner à＋不定詞**「諦めて…する」。 391）**Les femmes de la comtesse sont toutes ensemble**「伯爵夫人お付きの女たちはみんな一緒に

15　います」toutes は不定代名詞「みんな；すべての人，すべての物」。ensemble は副詞「一緒に；同時に」。 392）**Arrivé dans l'antichambre**「控えの間に着いたら」arrivé は〈条件・仮定〉「…なら，…たら」を表す主語の同格過去分詞。 393）**prenez à gauche:** prendre は「道を選ぶ」という意味の自動詞。prendre à droit(gauche) は「右(左)に

20　曲がる」。 394）**tout droit**「真っ直ぐに」。 395）**celle de droite ouvre dans un cabinet noir, celle de gauche donne dans un corridor**「右側のそれ(＝ドア)は納戸に通じており，左側のそれは廊下に通じている」ouvrir dans も donner dans も「に面している，通じている」というほどの意味。cabenet noir は「(窓のない)物置，納戸」

25　396）**au bout duquel est un petit escalier tournant**「そのどんづまりに小さな螺旋(らせん)階段がある」au bout de は「(空間的)～の端に，～の果てに」escalier tournant は「螺旋階段」。 397）**à l'affût**「待伏せしている；待ちかまえる」。 398）**il était en faction**「彼は見張っていた」。 399）**à larges flocons**「(雪が)綿をちぎったように」

30　(＝à gros flocons)。flocon は「(ふわふわした)雪のかけら」。 400）**De temps en temps passait un fiacre fouettant une rosse maigre**「ときどき，やせた駄馬に鞭を当てる辻馬車が通って行った」de temps en temps「ときどき」のような時に関する副詞や状況補語が文頭に来ると，主語が倒置されやすい。現在分詞 fouettant は fiacre を先行詞

35　とする関係詞節 qui fouettait 相当の付加形容詞として機能。 401）**cherchant à découvrir un passant attardé:**《chercher à＋不定詞》は「…しようと努める，…したがる」。 402）**Couvert d'une mince**

－126－

注釈　フランス語

redingote「薄いフロックコート一枚を身にまといながら」couvert は
動作を行う際の主語の様態を表す同格過去分詞で，〈対立〉「…のに，
…ながら」を表す。　403) **Il vit deux grands laquais prendre par-
dessous les bras ce spectre cassé**「彼は長身の二人の従僕があのよぼ
よぼの亡霊を両脇から抱え上げるのを見た」laquais は感覚動詞 voir の
直接目的補語で，不定詞 prendre の主語。spectre cassé「老いさらば
えた亡霊」とは老伯爵夫人のこと。　404) **le déposer sur les cous-
sins, bien empaqueté dans une énorme pelisse**「毛裏付き外套にし
っかりとくるんだまま，老伯爵夫人をクッションの上に下ろす」
empaqueté は主語が動作(déposer)を行うときの直接目的補語 le
(spectre cassé 前注参照)の様態を表す同格過去分詞。　405) **la tête
couronnée de fleurs naturelles**「天然の花の冠を頭にいただいて」前
置詞を伴わない状況補語で，動作を行う際の主語 Lisabeta の様態を表
す。　406) **trait**「矢」(古風)　407) **de long en large**「行ったり来
たりして；あちこち；縦横に」。　408) **Appuyé contre le réverbère**
「街灯にもたれて」appuyé は様態(同時性)を表す同格過去分詞。
contre は〈近接・接触〉「～によりかかって」を表す前置詞。　409)
les yeux fixés sur l'aiguille「針に目を注いで」前置詞を伴わない状況
補語。　410) **degrés**「(階段の)段」(文)　411) **point de suisse**「門衛
がいなかった」il n'y avait が省略された形。de は〈否定の de〉で，
不定冠詞の un が変形したもの。　412) **D'un pas ferme et rapide**
「しっかりとした早い足どりで」de は〈様態〉「～で，～に」を表す前
置詞。　413) **en un clin d'œil**「瞬く間に」en は〈期間〉「～かかっ
て，～の間に」を表す前置詞。　414) **(il …)se trouva dans
l'antichambre**「(彼は…)控えの間に出た」se trouver は「(ある場所
に)いる，ある；(道をたどって)～に至る，出る」。　415) **valet de
pied**「貴人の側近くに仕えるお仕着せを着た従僕」。　416) **une vieille
bergère toute crasseuse**「古くてひどく汚らしい安楽椅子」bergère
は「クッション付き安楽椅子」toutes は〈強意〉の副詞 tout「まった
く，すっかり」の女性複数形。　417) **où il n'y avait pas de lumière**
「そこには明かりはなかった」où は la salle à manger et le salon を先
行詞とする説明的関係代名詞で，〈時の関係〉(同時性)を表す(＝et
dans ceux-ci)。　418) **la lampe de l'antichambre lui servait à se
guider**「控えの間のランプが彼が進むのに役立っていた」《servir à qn
à＋不定詞》は「(物が)～にとって…するのに役立つ」se guider は
「自分を導く；道をたどる」。　419) **Le voilà enfin dans la chambre
à coucher**「ほら，とうとう彼が寝室に来たよ」《人称代名詞＋voici

— 127 —

注釈　フランス語

（voilà）＋場所》は「～が来る，近づく」。 420) **armoire sainte**「聖
龕（せいがん）」（古）聖像や聖なる品々を収納するために壁などに彫っ
て作った戸棚（とだな） 421) **le long des murailles:** le long de ～は
「～に沿って」。 422) **madame Lebrun:** フランスの著名な肖像画家
Louise Elisabeth Vigée（1755-1842）。Jean-Baptiste Pierre Lebrun と
結婚後は Mme Vigée-Lebrun と呼ばれた。代表作に『マリ・アントワ
ネットとその子供たち』，『ユベール・ロベール』，『芸術家とその娘』
等がある。 423) **L'un:** un は不定代名詞とされるが，定冠詞を伴って
「一方の人（物）」を意味する。 424) **haut en couleur**「血色のよい，
あから顔の」。 425) **en habit vert clair**「薄緑の服を着た」en は
〈服装〉「～を着た，身につけた」を表す前置詞。 426) **plaque:** ここ
では「勲章」を指す。 427) **le nez aquilin, les cheveux relevés sur
les tempes**「鷲鼻で，髪はこめかみの上まで束ね上げ」いずれも une
jeune élégante の〈様態〉を表す状況補語。 428) **porcelaine de
Saxe**「ザクセン地方の陶器」Saxe はドイツのザクセン地方。そのド
レスデン県のマイセンの磁器が有名で，マイセン焼，ザクセン焼と称
せられている。 429) **pendules de Leroy**「ルロワの置時計」ルロワ
は Julien Le Roy（1686-1759），息子の Pierre Le Roy（1717-1785）ら
18 世紀の著名な時計製造業者で，時計の進歩に重要な貢献をしている。
例えばピエールは現代のストップウォッチの創案者とされている。
430) **mille joujoux à l'usage des dames**「婦人向きの数多くの玩具」
mille は「千の；多数の」を意味する形容詞で，性・数変化をしない。
â l'usage de ～は「～の使用を目的とした，～向きの」。 431) **ballons
de Montgolfier**「モンゴルフィエの気球」モンゴルフィエはフランス
の実業家兼発明家兄弟，Joseph（1740-1810）と Etienne（1745-1799）。
彼らの業績のなかでは，1783 年にアノネーやヴェルサイユで
montgolfière と呼ばれる気球の実験飛行をしたことが特に知られてい
る。 432) **magnétisme de Mesmer**「メスメルの磁気」メスメルはド
イツの医者（1734-1815）で，『動物磁気』を発見したと称して，これを
あらゆる病気の治療に利用した。この治療法は一時期パリで大成功を
博し，熱心な信奉者を集めた。 433) **lit en fer**「鉄製のベット」en は
〈材料・成分〉「～の，～でできた；～から成る」を表す前置詞。
434) **poêle:** ここでは男性名詞で「ストーヴ」。女性名詞であれば「フ
ライパン」。 435) **par pulsations bien égales**「（心臓の）ひじょうに
規則正しい拍動で」par（＋無冠詞名詞）は〈配分・反復〉「～につき；
～ずつ，～ごとに」を表す前置詞。 436) **celui d'un homme déter-
miné à braver tous les dangers qui s'offriront à lui**「自分の前に立

－ 128 －

注釈　フランス語

ち現れるいっさいの危険に立ち向かう決心をした人のそれのように」celui はつねに前置詞句 de や関係詞節等の限定句や限定節を伴って用いられる指示代名詞で，本例の場合は cœur を指す。《déterminé à + 不定詞》は「…する決心をした」s'offrir(à 〜)は「(〜に)立ち現われる，示される」。　437) **il les sait inévitables**「彼はそれらが避けられないことを知っている」《savoir qn(qc) + 属詞》は「人(物)が〜であることを知っている」。　438) **il se sentit ému**「彼は自分が動搖しているのを感じた」《se sentir + 属詞》は「自分が〜だと(…するのを)感じる」。　439) **malgré lui**「自分の意に反して，いやいや；思わず，心ならずも」。440) **Grand bruit aussitôt de domestiques courant dans les escaliers, des voix confuses**「直ぐに，階段を走り回る召使いの大きな足音，不明瞭な声」名詞文。動詞がなく，名詞または名詞を中心とした語群からなる文で，動詞を伴った動詞文より，情意的な(感情のこもった)統辞法。courant は関係詞節(= qui courent)相当の付加形容詞的に機能している現在分詞。　441) **tous les appartements s'illuminent …:**　本文から Voltaire に至る文中の全動詞 s'illuminent, entrent, paraît, se laisse が直説法現在形に置かれている。これは〈歴史的(物語的)現在〉と称されるもので，過去の出来事をあたかも目の前で行われているかのように描いて，物語に生彩を与える手法である。前注の名詞文も同じ効果を発揮している。appartements は複数で用いられて「(城館・大邸宅等の)続き部屋，広間(古)」。　442) **momie ambulante**「移動するミイラ」momie ambulante は先行する名詞 comtesse の同格名詞。　443) **qui se laisse tomber**「…そして(彼女は)倒れるがままになる」comtesse を先行詞とする限定的関係詞節で，〈時の関係〉(後続性)を表し，et celle-ci se laisse tomber と書き改めることができる。《se laisser + 自動詞の不定法》は〈放任〉「…するがままになる」(再帰代名詞 se は不定法の主語)。　444) **fauteuil à la Voltaire**「ヴォルテール型肘掛け椅子」(王政復古期の肘掛け椅子で，座席が低く背もたれが高く，少し後ろに反っている)。Voltaire は 18 世紀フランス最大の文学者兼啓蒙思想家(1694–1778)。　445) **passer tout contre lui**「彼の直ぐそばを通る」contre は〈近接・接触〉「〜のそばに：〜によりかかって」を表す前置詞。　446) **Au fond du cœur**「心 の 底 で は」。　447) **cela passa**「そ れ は な く な っ た」cela は quelque chose comme un remords を指す中性の指示代名詞。passer はここでは「(病気や不幸などが)過ぎ去る，消える，なくなる」こと。448) **Son cœur redevint de pierre**「彼の心はふたたび石のようになった」de pierre は品質形容詞化して属詞として機能する〈de + 無冠詞

— 129 —

注釈　フランス語

名詞〉。　449) **on sépara sa perruque poudrée de ses cheveux à elle, tout ras et tout blancs**「ひじょうに短くて真白な彼女自身の髪から振り粉をしたかつらを外した」séparer A de(d'avec) B は「B から A を切り離す，分離する」à elle の à は〈所有・所属〉「～の，～に属する」を表す前置詞で，所有形容詞 ses の強調。　450) **en pluie**「雨となって」en は〈状態・形状〉「～状態の(で)，～の形の(で)」を表す前置詞。　451) **vieilles gens**「老人たち」gens は女性名詞 gent(国民・種族)(古)の複数形であるが，時を経るに従って，男性複数名詞として扱われるようになった。が，その名残で，本例あるいは petites gens(しがない底辺の人々)のように，gens の直前の付加形容詞は女性形になる。　452) **Après s'être déshabillée**「着替えてしまってから」s'être déshabillée は代名動詞 se déshabiller の不定法過去形で，主動詞の表す時制以前に〈完了〉した動作を表す。　453) **la chambre ne fut plus éclairée que par la lampe**「部屋はもはやそのランプによってしか照らされていなかった」受身形の直説法単純過去。ne ... plus que ～は「もはや～しか…ない」。　454) **les lèvres pendantes**「唇が垂れ下がって」〈様態〉を表す状況補語。　455) **à droite et à gauche**「右に左に」。　456) **Dans ses yeux ternes on lisait l'absence de la pensée**「どんよりとした目から人は思考力の不在を読み取った」lire A dans B は「B から A を読み取る」on は不特定の「人々」を指す不定代名詞。　457) **en la regardant se brandiller ainsi**「彼女がこんなふうに体をゆすっているのを見れば」en la regardant は〈条件・仮定〉「…なら」を表すジェロンディフ。la は感覚動詞 regarder の直接目的補語で，不定詞 se brandiller(体をゆする)の主語。　458) **on eût dit qu'elle ne se mouvait pas par l'action de la volonté, mais par quelque mécanisme secret**「まるで彼女は意志の作用ではなく何か秘密の仕掛けで動いているかのようであった」《on dirait(on aurait dit；[文] on eût dit)que＋直説法》は「まるで…のようだ，…のように思える」(＝il semble [semblat] que ...)。ne ... pas ... mais ... は「…ではなくて，…である」quelque は「(何か)ある」を意味する不定形容詞。　459) **Tout à coup**「突然」。　460) **ce visage de mort changea d'expression**「この死のような顔付きが表情を変えた」de mort は品質形容詞化して付加形容詞として働く《de＋無冠詞名詞》。《changer de＋無冠詞名詞》は「(ある物を同種の別の物)と変える」。

461) **un inconnu venait de paraître**「見知らない人が現れたところだった」《venir de＋不定詞》は主として直説法の現在と半過去で用いられて〈近接過去〉「…したところである」を表す。　462) **N'ayez pas**

— 130 —

注釈　フランス語

peur「怖がらないでください」avoir peur「恐れる，怖がる」の否定
命令形。　463) **Pour l'amour de Dieu**「お願いだから」(＝pour
Dieu)。pour は〈原因・理由〉「～のために，～ゆえに」を表す前置
詞。pour l'amour de ～は「～のことを考えて，～のためを思って」
《動作名詞＋de＋名詞》において，動作名詞が他動詞系であれば de は
〈主語関係〉または〈直接目的補語関係〉を表す。本例は後者，したが
って「～を愛すること」。　464) **vous faire le moindre mal**「あなた
を少しでも苦しめる」faire(du)mal à qn は「～を苦しめる，～に害を
与える」。　465) **c'est une grâce que je viens implorer de vous**「私
があなたにお願いしたいのはご好意なのです」c'est ～ que ... は主語以
外のものを強調する構文「…するのは～である」。《venir＋不定詞》は
「…しに来る」implorer qc de qn は「人に～を懇請(願)する」。
466) **comme si elle ne comprenait pas**「まるで彼女は理解すること
ができないかのように」《comme si＋直説法半過去(大過去)》は「ま
るで…のように」。他動詞が本例のように目的補語なしに用いられるこ
とがあり，これを他動詞の絶対的用法という。目的補語が省略される
のは，目的補語が明白な場合，または目的補語が一般的で特定するに
は及ばない場合である。本例は後者。　467) **La comtesse continua à**
garder le silence「伯爵夫人は沈黙を守り続けた」《continuer à(de)**
＋不定詞》(à の方が多く用いられる傾向にあるが，意味の差はない)
は「…し続ける」garder le silence は「沈黙を守る，押し黙る」。
468) **et sans qu'il vous en coûte rien**「しかも，あなたはそのために
何も失うものはないのです」et は〈付加的説明〉「しかも，おまけに」
を表す前置詞。〈sans que＋接続法〉は「…することなしに」。il en
coûte à qn qc(qn)は「それが原因で qn が qc(qn)を失う」(非人称構
文)。en は〈原因〉「そのために」(＝pour cela, à cause de cela)を表
す副詞的代名詞で，ここでは前節(三枚の勝札の秘密を漏らすこと)を
受ける。　469) **ce qu'on voulait d'elle**「人が彼女に何を求めている
か」ce que ... は直接疑問文における Que ...?(Qu'est-ce que ...?)に対
応する間接疑問節。on は特定の人 il に代わって用いられた不定代名
詞。vouloir qc de qn は「qn(人)に qc(もの)を期待する」。　470)
peut-être cherchait-elle une réponse「おそらく彼女は返事を探して
いたのであろう」副詞 peut-être が文頭に来ると，多くの場合主語と
動詞が倒置される。　471) **Je vous le jure**「断言するが；本当に」挿
入句。le は前節(c'était une plaisanterie)を受ける中性代名詞。　472)
d'un ton colère「怒った口調で」de は〈様態〉「～で，～に」を表す
前置詞。colère は「怒りのこもった」(＝coléreux)を意味する形容詞

— 131 —

注釈　フランス語

(古・文)。　473) **que vous fîtes gagner**「あなたが儲けさせた人です
よ」Tchaplitzki を先行詞とする説明的関係代名詞節で〈時の関係〉を
表す。fîtes は使役動詞 faire「…させる」の直説法単純過去。現在で
は，一部の方言を除いて，会話に単純過去形が用いられることはなく
なった。　474) **traits**(複)「顔だち，表情」　475) **mais bientôt ils
reprirent une immobilité stupide**「しかしすぐさまそれは放心したよ
うな不動の表情を取りもどした。」bientôt は「(文)すぐに，ただちに」
stupide は「愚かな；(文)茫然自失した」。　476) **Pourquoi garder
pour vous ce secret?**「どうしてご自分にその秘密を取っておくので
すか？」直接疑問文を形成する不定法節。garder は「(秘密などを)守
る，漏らさない」pour は〈用途・宛先〉「～のために，～用に」を表
す前置詞。　477) **A quoi leur serviraient vos trois cartes?**「あなた
の三枚の札が彼らに何の役に立ちましょうか？」反語的疑問文で，否
定の平叙文「役に立たない」に相当する。その語調は条件法
serviraient のために緩和されている。servir à qc は「～に役立つ」。
478) **Celui qui ne sait pas garder son patrimoine**「自分の資産を守
ることができない者」celui qui ... は「…する人」。《savoir＋不定詞》
は学習または訓練によって「…することができる」あるいは経験や生
来または後天的な才能によって「…することができる；…する才能(適
性)がある」こと。ここでは後者。　479) **eût-il la science des dé-
mons à ses ordres**「たとえ彼が自分の意のままになる魔神の術を持っ
ていようとも」接続法の半過去及び大過去は，特に三人称単数形で，
本例のように代名詞が主語である場合は，単純倒置によって(名詞が主
語である場合は devoir を除いては複合倒置)〈譲歩節〉「たとえ…で
も」を構成する。science は「(文)知識，教養；技術，手腕」という
ほどの意味。être aux ordres de qn は「～の意のままになる，～に仕
える」。　480) **homme rangé**「きまじめな男」。　481) **Vos trois
cartes ne seront pas perdues**「あなたの三枚のカードは無駄にはなら
ないでしょう」受動態ではなく普通の単純未来。perdu は「無駄な，
駄目になった」。　482) **Allons**「さあ」aller の命令形で，間投詞的に
用いられて〈激励・勧誘・不信・いらだち〉「ほら，さあさあ」等を表
す。　483) **attendant une réponse en tremblant**「(そして彼は)震え
ながら返事を待った」attendant は主動詞 s'arrêta の後ろに置かれてそ
の直後の動作を表す〈継起的動作〉の現在分詞〔＝... et qui attendit
...〕。en tremblant は attendant との〈同時性〉を表すジェロンディ
フ。　484) **La comtesse ne disait mot:** ne dire mot は「ひと言も口
をきかない」mot にはほかに否定詞を伴って sans mot dire「ひと言も

— 132 —

注釈　フランス語

発せずに」ne répondre mot「ひと言も答えない」等の熟語的用法がある。　485) **Hermann se mit à genoux**「エルマンはひざまづいた」se mettre à qc は「(ある状態・姿勢に)なる」。　486) **Si votre cœur a jamais connu l'amour**「もしあなたの心がこれまでに恋を知っているならば」《si＋直説法現在(複合過去)形》は〈単なる仮定〉「もし…ならば」を表す。jamais はここでは肯定的な意味「かつて，これまでに」。　487) **je vous en supplie**「あなたにお願いします；どうか」挿入句。《supplier qn de＋不定詞》は「人に…するようにと懇願する」en は《de＋不定詞》に代わる副詞的代名詞で，後続の文の内容(de ne pas rejeter ma prière)をあらかじめ受けている。　488) **par l'amour d'un époux**「夫に対する愛にかけて」par は〈誓い〉「～にかけて」を表す前置詞。　489) **par tout ce qn'il y a de saint**「存在するいっさいの聖なるものにかけて」ce que ... は「…であるもの(こと)」。ce は関係代名詞 que の先行詞として機能する中性の指示代名詞で，形容詞(分詞)は de を介して修飾する。　490) **Voyons:** 間投詞的に用いられ〈たしなめ・激励〉「さあさあ，まあまあ」を表す。　491) **Peut-être se lie-t-il à quelque péché terrible …?**「たぶんそれは何か恐ろしい罪と関係しているのでしょうか？」se lier à qc(qn)は「～に自分を結びつける；関係する」quelque は不定形容詞で「何かある～」というほどの意味。　492) **N'auriez-vous pas fait quelque pacte diabolique?**「あなたは悪魔の契約を結びはしなかったでしょうか？」auriez は〈語調緩和〉の条件法現在。　493) **Pensez-y**「次のことを考えなさい；次のことを忘れないで下さい；いいですか」penser à qn(qc)は「～のことを考える」。y は次に続く文(vous êtes bien âgée)の内容をあらかじめ受けて「そのことを(に)」(＝à cela)を意味する副詞的代名詞。　494) **vous n'avez plus longtemps à vivre**「あなたはもう長くは生きられません」《avoir longtemps à＋不定詞》は「…するには長い時間がある」à は〈限定〉「…するのに(には)」を表す前置詞。　495) **prêt à＋不定詞**「…する覚悟ができた」。　496) **prendre sur mon âme tous vos péchés**「あなたのすべての罪を私の魂に引き受ける」prendre sur soi qc は「～の責任を負う，引き受ける」。　497) **à en répondre seul devant Dieu**「神を前にしてただ一人でその責任を取る」en は《de＋名詞(tous vos pechés)》に代わる副詞的代名詞。répondre de qc は「～について責任を持つ」seul は動作を行うときの主語の〈様態〉を表す同格形容詞。　498) **le bonheur d'un homme se trouve entre vos mains**「一人の男の幸福があなたの掌中にある」《se trouver＋場所》は「～にある」。entre les mains de qn は「～の手

― 133 ―

注釈　フランス語

に，～の掌中に」（mains は所有者・権力・責任等の象徴）。　499）
non seulement ... mais(encore)...「…だけではなく…も」。　500）
nous bénirons tous votre mémoire「私たち全員があなたの遺徳を称
える」tous「みんな」は不定代名詞。mémoire は「（故人の残した）評
5　判，遺徳」。　501）**La vieille comtesse ne répondit pas un mot**「老
伯爵夫人はひと言も答えなかった」〈否定の de〉の規則が適用されず
に，本例のように pas un(e)～となることがある。この形は aucun よ
り意味が強く「ただの一つの～も…ない」というほどの意味である。
502）**Maudite vieille**「いまいましい婆（ばばあ）め！」maudit(e)は名
10　詞の後では「呪（のろ）われた」，名詞の前では「いまいましい，いや
な」という意味。　503）**je saurais bien te faire parler!**「私がお前に
しゃべらせることができるか，だって！」saurais は可能「できる」の
意味を表す savoir の条件法現在形。疑問文や感嘆文に用いられて，仮
定的な事実を憤慨していっそう強める条件法の〈感情的用法〉。　504）
15　**A la vue du pistolet**「ピストルを見ると」à は〈原因・同時性〉「～
で，によって；～すると」を表す前置詞。　505）**tout d'un coup**「突
然；一挙に」。　506）**se renversant en arrière, elle demeura immo-
bile**「身を後ろにそらすと，彼女は動かなくなった」se renversant は
主動詞 demeura の前に置かれてその直前の動作を示す〈継起的動作〉
20　の 現 在 分 詞（＝elle se renversa ... et demeura ...)。　507）**faire
l'enfant**「子供っぽく振舞う」《faire le(la)＋人に関する名詞》は「～
の役をつとめる；～として振舞う，～のふりをする」。　508）**en lui
saisissant la main**「彼女の手を取りながら」en saisissant は〈同時
性〉「…ながら」を表す現在分詞。lui saisir la main は「彼女の手をに
25　ぎる」身体の部位の所有者を間接目的補語によって示した例。　509）
Hermann s'apperçut qu'elle était morte「エルマンは彼女が死んで
いることに気がついた」《s'appercevoir que＋直説法》は「…に気づ
く」était は〈過去における現在〉を表す直説法半過去。　510）**en
toilette de bal**「舞踏会の衣装で」en は服装「～を着た」を表す前置
30　詞。　511）**qu'elle n'avait besoin de personne**「彼女は誰も必要では
ない」avait は〈過去における現在〉を表す直説法半過去。avoir
besoin de ～は「～を必要とする」。　512）**tremblant d'y trouver
Hermann**「そこにエルマンを見つけるのではと身を震わせながら」
tremblant は〈同時性〉「ながら」を表す現在分詞。《trembler de＋不
35　定詞》は「…することを心配する，…しやしないかとびくびくする」
を意味することが多いが，ここでは「（喜びや期待で）身を震わせる」
こと。y は《dans＋名詞（＝appartement)》に代わる副詞的代名詞。

— 134 —

注釈　フランス語

513) **de même**「同様に」。　514) **Du premier coup d'œil**「最初の一
瞥(べつ)で」。　515) **elle s'assura de son absence**「彼女は彼の不在
を確認した」s'assurer de 〜は「(事実などを)確認する；(古)確信す
る」。　516) **sans songer à changer de toilette**「衣装を替えることに
思い至らずに」《songer à＋不定詞》は「…することに注意を払う；…
することを考える」《changer de＋無冠詞名詞》は「(同種の他のもの
と)変える」。toilette は「(女性の)衣装；装い」。　517) **repasser
dans sa mémoire toutes les circonstances ...**「あらゆる状況を記憶
のなかでなぞる」repasser は「思い返す；回想する」。　518) **depuis
si peu de temps**「ほんの少し前から」si は〈強意〉「これほど，とて
も，たいへん」の副詞。《peu de＋無冠詞名詞》は「ほんの少しの〜，
ごくわずかの〜」。　519) **(liaison ...)qui pourtant l'avait déjà me-
née si loin**「しかしながら彼女をひじょうに遠くまで連れて行ってし
まった(…関係)」mener loin は「遠くへ連れて行く」。　520) **à peine**
「(程度)かろうじて…する；(時間的)…したばかり」。　521) **depuis
que de sa fenêtre elle avait aperçu le jeune officier**「彼女が窓から
あの青年士官を見かけて以来」《depuis que＋直説法》は「…してか
ら，…して以来」de は〈分離・起源〉「〜から」を表す前置詞。
522) **il avait réussi à obtenir d'elle un rendez-vous**「彼は彼女から
逢い引きの約束をもらうのに成功していた」《réussir à＋不定詞》は
「…するのに成功する，うまく…する」。　523) **Elle en avait reçu
quantité de lettres**「彼女は彼から大量の手紙を受け取っていた」en
は《de Hermann》に代わる副詞的代名詞。en はふつう物を受けるが，
本例のように人を指すのが明かな場合には《de＋人物》に代わり得る。
なお，かつては en は現代よりはるかに自由に人物を受けていた。
《quantité de＋無冠詞名詞》は「多数(量)の〜」。　524) **le son de sa
voix**「彼の声音(声の音色)」son は「音，音色」　525) **Jusqu'à ce
soir-là même**「まさしくその晩まで」《jusqu'à＋[代]名詞》は「(場
所・時間・程度)〜まで」même は場所や時を示す副詞の後に用いられ
て「(古)まさに，ほかならぬ」を意味する副詞。　526) **chose
étrange**「ふしぎなことに」《chose＋形容詞》は文頭に置かれて「…
であること(には)」。　527) **elle n'avait jamais entendu parler de lui**
「彼女はこれまで彼のことを聞いたことがなかった」entendre parler
de 〜「〜の話を聞く(耳にする)」　528) **croyant s'apercevoir que
...**「…(の)を見たと思ったので」croyant は〈原因〉「…ので」を表す
現在分詞節。《s'apercevoir que＋直説法》は「…に気づく」。　529)
(la jeune princesse Pauline ***,)auprès de laquelle il était fort

— 135 —

注釈　フランス語

assidu「(ポリーヌ＊＊＊公爵令嬢には)いつも彼が付きっきりだったのに」auprès de laquelle 以下は〈対立〉「…のに，…だが」を表す説明的関係詞節。être assidu auprès de qn は「〜のところに足繁く通う，〜に付きまとう」。　530)**(la jeune princesse ...)coquetait, contre**
5 **son habitude, avec un autre que lui**「(公爵令嬢は…)彼女の習慣に反して，彼以外の別な男に媚(こび)を売っていた(る)」coqueter avec qn は「媚を売る，色目を使う(比喩的・古)」contre は〈対立〉「に反して，逆らって」を表す前置詞。　531)**s'en venger:** se venger de qn「人に対する恨みを晴らす；人に復讐する」副詞的代名詞の en は
10 d'elle(＝Pauline)。　532)**en faisant parade d'indifférence**「無関心を誇示することによって」en faisant は〈手段〉「…によって」を表すジェロンディフ。faire parade de 〜は「〜を誇示する，ひけらかす」。533)**Dans ce beau dessein**「このような結構な意図のもとに」dans は〈目的・意図〉「〜で，〜でもって」を表す前置詞。beau はここで
15 は皮肉をこめて「結構な，みごとな，申し分ない」(醜い，ひどい，くだらない，つまらない)というほどの意味。　534)**Il lui fit force plai-santeries sur sa partialité pour les officiers ...**「彼は…士官への肩入れについて彼女に多くの冗談を言った」faire une plaisanterie à qn は「人に冗談を言う；人をからかう」force は性数変化をしないやや古
20 い語法の不定形容詞で「多くの」(＝beaucoup de)というほどの意味を表す。なお，force はつねに名詞の直前に置かれる副詞(＝beaucoup)とも考えられる。　535)**tout en feignant d'(de)＋不定詞**「…するふりをしながらも」tout はジェロンディフの同時性ときに対立性を強調する〈強意〉の副詞。《feindre de＋不定法》は「…するふ
25 りをする」なお，ジェロンディフの主語は原則として主動詞の主語と一致するが，本例の場合は il arrive の il(非人称代名詞)ではなく，il n'en disait の il(Tomski)である。このようなジェロンディフの主語の自由な構成は古典時代に頻繁に見られる。ただし例外的には現代語にも見られる。　536)**en savoir beaucoup plus qu'il n'en disait**「彼が
30 言ったことよりずっと多くのことを知っている」en savoir(qc)は「そのことについて(〜を)知っている」この言い回しでは，直接目的補語は一般に不定代名詞か疑問代名詞。なお，plus は不定代名詞に準ずる。ここに見られる二つの en はいずれも《de＋先行する節》(工兵士官びいきをからかったこと)に代わる副詞的代名詞で，〈主題〉(〜につい
35 て)を表している。ne は不平等比較の第2項に現れる〈虚辞の ne〉で，「言った以上のこと」，つまり「言わなかったこと」という潜在的な否定の観念が投影されたもの。**beaucoup** は plus を強調する副詞

— 136 —

注釈　フランス語

「ずっと，はるかに」。　537）**il arrive que＋直説法**「（文）たまたま…ということが起きる（ある）」この構文は，多くの場合，半過去形または単純過去形が用いられる。　538）**quelques-unes de ses plaisanteries tombèrent si juste, que …**「彼の冗談のいくつかがぴったり合ったので…だ。」quelques-un(e)s（複数形）は一般に《de＋名詞》または en とともに用いられて「（～の中の）ある人たち；いくつか」を意味する不定代名詞。補語なしで用いられるときは「ある人々，ある種の人々」の意味。tomber juste は「（計算などが）ぴたり合う，正確である」。si … que は「とても…なので…だ」。　539）**Mais enfin**「結局；とにかく；それにしても」副詞 enfin は接続詞 mais の〈対立〉の度合を強めている。　540）**de qui tenez-vous tout cela?**「あなたはこういったことのいっさいを誰から聞いたのか？」tenir qc de qn は「人から～を手に入れる；聞く」。　541）**elle sentit ses mains et ses pieds se glacer:**《sentir＋qc(qn)＋不定詞》は「～が…するのを感じる」qc(qn) は感覚動詞 sentir の直接目的補語で不定詞の主語。　542）**Méphistophélès**「メフィストフェレス」ドイツのファウスト Faust 伝説に登場する悪魔。マーローの詩劇（1588）ではファウストが魂を売ろうとした相手であるが，ゲーテの詩劇では世界を破壊せんがために世界を支配せんと望む知識の権化である。　543）**il a au moins trois crimes sur la conscience**「彼は良心を責めさいなむ少なくとも三つの罪を持っている」au moins は「少なくとも」。　544）**Comme vous êtes pâle!**「あなたはなんと青い顔をしているのでしょう！」comme は文頭に置かれて〈感嘆文〉を作る副詞。　545）**Eh bien!**「ところで，へえ」（疑問を切り出す言葉）。　546）**N'est-ce pas ainsi que vous l'appelez?**「あなたは彼をこう呼ぶのではありませんか？」c'est ～ que による強調構文の否定疑問形。この疑問文は単なる問いではなくて反語的用法で，肯定平叙文 c'est ainsi que vous l'appelez に相当する。　547）**à sa place**「彼の立場だったら」à la place de qn は「～の立場だったら」本例の場合〈現在の事実に反する仮定〉を表す。　548）**il en userait autrement**「彼は別様に振舞うのだが…」userait は〈現在の事実に反する仮定〉のもとの帰結を示す条件法現在形。《en user avec qn＋様態の副詞（句）》は「qn(人)に対して～のように振舞う」。　549）**je parierais que Hermann a ses projets sur vous**「私はエルマンがあなたをねらっていると確信してますね」parierais は〈語調緩和〉の条件法。avoir des projets sur ～は「～を得ようとしている，～をねらっている」。　550）**Du moins**「少なくとも」。　551）**Dieu sait où**「どこだか分からないが」Dieu sait … は肯定を強めて「神様がご存じ

― 137 ―

注釈　フランス語

だ，絶対確実だ」または不確実さを示して「神のみぞ知る，誰にも分からない」を意味する，ここでは後者。　552) **Il est capable de tout**「彼は何でもできる」《capable de qc》は「〜ができる，〜の能力（適性）がある」。　553) **trois dames s'avançant ...**「…近づいて来た三人の婦人」s'avançant は関係詞節（＝qui s'avançaient）に相当する付加形容詞として働く現在分詞。　554) **selon les us de la mazurka**「マズルカの習わしに従って」us は男性複数名詞で，「慣習，慣例」を意味する。発音は［ys］。mazurka はポーランドの民俗舞踏で，テンポの速い三拍子が特徴。　555) **pour l'inviter à choisir entre *oubli* ou *regret***「oubli（お忘れ？）か regret（未練？）を選ぶように彼を誘った」《inviter qn à＋不定詞》は「qn に…するように誘う，勧める」oubli ou regret には次のような原注がある。「この言葉のそれぞれが一人の婦人を指している。パートナーは出まかせにそのうちの一つを繰り返し，選ばれた言葉が属している婦人とワン・フィギュア踊ることになっているのである」。　556) **en vertu de ces infidélités**「このような浮気沙汰の結果」en vertu de 〜は「〜によって，〜の結果」抽象名詞の複数形は具体的な言葉や動作，ときに人や物を指す具象名詞となる。557) **les évolutions répétées que la figure les obligeait à faire**「フィギュアが彼らに強いる繰り返し運動」évolutions は「一連の動き；展（旋）回運動」《obliger qn à＋不定詞》は「人に…することを強いる」。　558) **Tomski ne pensait plus ni à Hermann ni à Lisabeta Ivanovena:** ne ... plus ni 〜 ni 〜は「もはや〜も〜も…ない」。559) **Elle essaya vainement de continuer la conversation**「彼女は会話を続けようと無駄に試みた」《essayer de＋不定法》は「…しようと試みる（努める）」。vainement は「空しく（…する）；（…するが）無駄である」。　560) **la vieille comtesse se leva pour sortir**「老伯爵夫人は立ち上がって出て行った」pour は《継起・結果》「（…して）そして…」を表す前置詞。　561) **Les phrases mystérieuses de Tomski n'étaient autre chose que des platitudes à l'usage de la mazurka**「トムスキーの謎めいた言葉はマズルカ向きの与太話にほかならなかった」autre chose は中性の不定代名詞「別のもの（こと）」n'être autre chose que 〜は「〜以外の別のものではない；〜にほかならない」platitude は「平凡さ；(古)低俗さ」等を意味するが，その複数形は「具体的な平凡な行為や言葉」を指す。à l'usage de 〜は「〜用の，〜向きの」。　562) **Le portrait ... lui parut d'une ressemblance frappante**「肖像…は彼女には直ぐ目につくほど類似しているように見えた」《d'un(e)＋名詞＋形容詞（形容詞＋名詞）》は〈属詞〉または〈付

— 138 —

注釈　フランス語

加形容詞〉として機能する。本例は前者。なお，de は〈特徴・性質〉
「〜の」を表す前置詞。　563) **grâce à son érudition romanesque**
「彼女の小説に関する深い知識のおかげで」。　564) **de quoi la char-
mer**「彼女を魅了するのに必要なもの」《de quoi＋不定詞》は「…す
るのに必要なもの；…する理由」。　565) **tout à la fois**「まったく同
時に」。　566) **les mains dégantés, les épaules nues**「両手の手袋を
脱ぎ，両肩をむき出しにして」〈様態〉を表す状況補語。　567) **sa tête
... tombait sur sa poitrine**「顔が胸の方に落ちようとしていた」。
568) **quand tout à coup la porte s'ouvrit**「そのとき突然ドアが開い
た」主節ではなく，quand 以下の従属節に叙述の重点がかかっている。
569) **Je la quitte à l'instant**「私は今し方彼女と別れて来たところで
す」日常会話では，直説法現在形の動詞が，多くの場合過去を表す副
詞を伴って，〈近い過去〉を表すことがある。quitter は他動詞である
が，arriver, rentrer, revenir, sortir 等場所の移動を表す自動詞にこの
ような例が多い。à l'instant は「たった今，今し方」（過去）または
「今直ぐに」（未来）を意味する。　570) **Bon Dieu!**「ええっ！」〈喜
び・賞賛・驚き・怒り・ためらい〉等を示す間投詞で「おやまあ，や
れやれ，ええっ，ちくしょう，ええと」というほどの意味。　571)
que dites-vous!「何をおっしゃるのです！」感嘆文。狭義の感嘆文は
《感嘆詞 combien, comme, que, quel, ce que＋主語＋動詞》の形を取
り，文尾に感嘆符(!)がつく。しかし，感情の激しい動きを表白する文
という広い意味では，感嘆文の形式は必ずしも一定しない。殊に，疑
問は多少とも感情の動きを伴うし，感嘆詞の多くは疑問詞を転用した
ものであるから，感嘆文と疑問文の差はごくわずかで，ときに文尾の
(!)と(?)の差に過ぎないことがある。本例もそうで，Gide 訳では que
dites-vous? と疑問文として訳されている。　572) **je crains ... d'être
cause de sa mort**「私が彼女の死の原因ではないか…と思います」
《craindre de＋不定詞》は「〜するのを恐れる，心配する」être cause
de qc は「〜の原因である，〜をもたらす」。　573) **la phrase de
Tomski lui revint à la mémoire**「トムスキーの言葉が彼女の記憶に
もどって来た」revenir à qn à la mémoire (l'esprit) は「〜の記憶(頭)
に浮かぶ」身体の部位(mémoire もこれに準ずる)の所有者が間接補語
で示されている例。　574) **Ainsi, ces lettres si passionnées, ces ex-
pressions brûlantes..., tout cela, l'amour ne l'avait pas inspiré**
「こんなわけで，あれほど情熱的な手紙だとか，燃えるような表現だと
か…，こういったものすべては，愛が生み出したのではなかった」
ainsi は副詞で，文頭に置かれると，「こんなわけで；したがって」を

— 139 —

注釈　フランス語

意味する。tout cela はそれまでに列挙されたもの，すなわち lettres, expressions 等を総括的に受け，それをまた直接目的補語の l'(le) が改めて受け直している。inspirer qc は「(芸術作品等を)生み出す」というほどの意味。 575) **L'argent seul, voilà ce qui enflammait son âme**「金銭のみ，これこそが彼の魂を燃え上がらせていたものなのだ」付加形容詞としての seul は名詞の後では「単独の；〜だけの」を意味する。ce qui ... は関係代名詞が主語として働き「…するもの(こと)」というほどの意味。 576) **son cœur à lui offrir**「彼に捧げるべき彼女の心」《名詞＋à＋不定法》において，前置詞 à は〈義務・適応〉「…すべき，…するのに適当な」を表す。 577) **dans l'agonie de son repentir**「後悔の念に苦しみながら」dans l'agonie de 〜は「〜の苦しみのなかで」なお，agonie は「苦悶，苦悩(古・文)」。 578) **sa beauté rendue plus touchante par la douleur**「苦悩によりいっそう感動的になった彼女の美しさ」rendue ... は関係詞節 qui avait été rendue plus touchante par la douleur(la douleur avait rendu sa beauté plus touchante par la douleur の受身形)相当の付加形容詞として機能する過去分詞。 579) **cette âme de fer**「この鉄のような魂」de feu「鉄の(ような)」は付加形容詞として機能する〈de＋無冠詞名詞〉。 580) **Une seule pensée**「ただ一つの考え」付加形容詞としての seul は名詞の前では「ただ一つ(一人)の」を意味する。 581) **secret dont il avait attendu sa fortune**「彼が財産を得ることをそれに期待していた秘密」attendre qc de qn(qc) は「人(物)に〜を期待する」。 582) **Mais vous êtes un monstre!**「まったくあなたは人でなしですね！」mais は驚きやいらだちを表す「強意」の副詞。 583) **Ils demeurèrent longtemps sans se parler, sans se regarder**「彼らは長い間ずっと言葉を交わさず，互いに顔を見合わせもしなかった」《demeurer＋属詞》は「〜のままである，〜であり続ける」。 584) **Le jour venait**「日の光がやって来つつあった」jour はここでは「日光，日差し」直説法半過去の venait は「(日の光が)到来する，すなわち(夜が)明ける」という過去の行為の未完了，すなわち〈継続〉を示している。 585) **La chambre s'éclaira d'une lumière blafarde**「部屋は青白い光で明るくなった」d'(de) は〈理由・原因〉「〜による；〜のために；〜で」を表す前置詞。 586) **les bras croisés, fronçant le sourcil**「腕を組み，眉をひそめて」前者は前置詞を伴わない状況補語，後者は〈同時性〉を表す現在分詞で，ともに動作を行う際の主語の〈様態〉を説明している。 587) **Dans cette attitude, il lui rappela involontairement le portrait de Napoléon**「こんな態度をしていると，彼は彼

— 140 —

注釈　フランス語

女に無意識のうちにナポレオンの肖像を思い起こさせた」dans cette
attitude は動作を行う際の主語 il の〈様態〉を表す状況補語。dans は
〈状況・状態〉「～の状態で」を表す前置詞。lui は à Lisabeta。　588)
Comment vous faire sortir d'ici?「どうやってあなたをここから出す
べきか？」直接疑問節を構成する不定法節。vous faire sortir は「あな 5
たを脱出させる；あなたに出てもらう」。　589) **escalier dérobé**「隠
し階段」。　590) **il faudrait passer par la chambre de la comtesse**
「（それには）伯爵夫人の部屋を通らなければならない」。faudrait は,
条件文の帰結節（主節）に用いられて〈未来の可能な事柄〉を表す条件
法現在形。条件は先行する節(Je pensait à vous faire partir par 10
l'escalier dérobé)に暗示されている。　591) **quelque temps**「いくら
かの間」(un certain temps)。　592) **porte qui ouvrait sur un esca-
lier**「階段に通じている扉」ouvrir sur ～は「～に通じて（面して）い
る」。　593) **d'étranges idées lui vinrent en tête**「奇妙な考えが彼の
頭に浮かんだ」《複数形容詞＋複数名詞》の前に冠せられる複数不定冠 15
詞の des は原則として de(d')となる。venir à qn en tête:「～の頭に
浮かぶ（生ずる）」。　594) **il y a quelque soixante ans**「約60年前に」
《il y a＋時間》は「～（年・月・時間・分・秒…）前に」。quelque は数
詞の前に用いられて〈概数〉「およそ，約」を表す副詞。　595) **sor-
tant de cette chambre à coucher ...**「(galant 色男が)…寝室から出 20
て行く」sortant は surprendre の直接目的補語 galant の同格現在分詞
で，〈様態〉を説明する状況補語。以下に続く en habit ..., coiffé ...,
serrant ... も状況補語。　596) **à l'oiseau royal**「王鳥風に」《à la＋名
詞》は「～風(流，式)に(の)」で，《à la manière de＋名詞》の省略。
à は〈様態・様式〉「～で(の)」を表す前置詞。oiseau royal は鶴の一 25
種，ただしここでは昔の髪型。　597) **serrant son chapeau à trois
cornes contre sa poitrine**「三角帽を胸に押し当てながら」serrer qc
contre soi は「～を自分に押し当てる，押し付ける」chapeau à trois
cornes は「三角帽」à は〈特徴・付属〉(～のある)前置詞。　598) **on
aurait pu surprendre quelque galant**「誰か色男に出くわしたことだ 30
ろうに…」aurait pu ... は〈過去の非現実的な仮定の下の帰結〉を表す
条件法過去。条件は先行する節 il y a quelque soixante ans, à pareille
heure に暗示されている。on は漠然と前述の条件に叶う人を指す。
quelque は「誰かある」を意味する不定形容詞。galant は「色男，女
たらし」(やや古)。　599) **Au bout de l'escalier**「階段の先に」bout 35
はここでは空間的な「果て」　600) **il trouva une autre porte que sa
clé ouvrit**「彼は別の扉を見付けた，そして彼の鍵がそれを開けた」

— 141 —

注釈　フランス語

que 以下は〈時の関係〉(後続性)を示す説明的関係詞節で，次のよう
に書き改めることができる：et sa clé ouvrit celle-ci.　601) **bientôt**
「すばやく，ただちに」(古)(文)　602) **rendre les derniers devoirs
à qn**「〜の葬儀に参列する(〜に最後の挨拶をする)」devoirs(複数)は
「敬意」。　603) **il ne pouvait se dissimuler qu'il était l'assassin**「彼
は自分が殺害者であることを認めないわけにはゆかなかった」《ne pas
se dissimuler que＋直説法》は「…を認めないわけではない，…は十
分承知している」pouvoir の否定は多くの場合単独の ne で行われる。
était は〈過去における現在〉。　604) **N'ayant pas de foi**「信仰心は
持たないが」〈対立〉「…が，…けれども」を表す現在分詞節。de は部
分冠詞 de la の変形(否定の de:)。　605) **selon l'ordinaire**(古)「通例
そうであるように」(＝à l'ordinaire)。　606) **Persuadé que＋直説法**
「…であることを確信していたので」〈原因〉「…ので」の意味を帯びた
主語の同格過去分詞。　607) **il s'était imaginé qu'il apaiserait ses
mânes**「彼は自分が彼女の霊を鎮められると思い込んでいたのだった」
《s'imaginer que＋直説法》は「…と考える；…と勝手に思い込む」
apaiserait は《過去における未来》を表す条件法現在。mânes(男・
複)は「死者の霊」)(古ローマ)　608) **en assistant à ses funérailles**
「彼女の葬儀に参列することによって」assister à〜は「〜に出席する」
en assistant は〈手段〉「…することによって」を表すジェロンディフ。
609) **L'église était pleine de monde**「教会は人でいっぱいだった」
plein(e) de〜は「〜でいっぱいな」monde は「人，人々」。　610) **il
eut beaucoup de peine à trouver place**「彼は席を見つけるのに大い
に苦労した」《avoir de la peine à＋不定詞》は「…するのに苦労す
る；…しがたい」。《trouver＋無冠詞名詞》は「〜を得る」　611) **les
mains jointes sur la poitrine**「両手を胸の上に組んで」前置詞を伴わ
ない状況補語。　612) **un cierge à la main**「手にろうそくを持って」。
613) **les parents en grand deuil, enfants, petis-enfants, arrière-pe-
tits-enfants**「子供，孫，曾孫ら，正(式)喪服を着ている親族たち」
parent は「親戚，親類，親族」en は〈服装〉「〜を着た」の前置詞。
grand deuil は「正式喪服」enfants, petits-enfants, arrière-petits-
enfants は先行の名詞 parents の同格。　614) **les larmes eussent
passé pour *une affectation***「その涙はわざとらしいと思われたこと
であろう」eussent passé は一般に条件法第二過去形と呼ばれる接続法
大過去形で，文語では広く用いられ，過去の非現実的な事柄を表す。
条件は，前節 personne ne pleurait に暗示されている。《passer pour
＋属詞》は「〜とみなされる」affectation は「わざとらしいこと；見

— 142 —

注釈　フランス語

せかけ」。　615）**La comtesse était si vieille, que sa mort ne pou-
vait surprendre personne**「伯爵夫人はひじょうに年を取っていたの
で，彼女の死は誰をも驚かすことはできなかった」《si＋形容詞（副詞）
＋que ...》は「ひじょうに～なので…である，…なほど～である」。
616）**et l'on s'etait accoutumé depuis longtemps à la regarder
comme déjà hors de ce monde**「それに人々は大分前から彼女がすで
にこの世にいないかのようにみなすことに慣れてしまっていた」
《s'accoutumer à＋不定詞》は「…することに慣れる」regarder A
comme B は「A を B とみなす」hors de ～ は「～ の外に（の）」。
617）**oraison funèbre**「追悼演説」。　618）**le départ final du juste**
「義人の最後の出発」départ final は「死出の旅」juste は名詞で「正義
の人；篤信の人」。　619）**dans l'attente du FIANCÉ DE MINUIT**
「真夜中の許婚者を待ち望んでいる」dans l'attente de ～「～を待っ
て，期待して」FIANCÉ DE MINUIT は新訳聖書マタイ伝福音書 25
（1 ～ 13）「十人の処女の譬（たと）え」に想を得たものと思われる。つ
まり，故伯爵夫人は，十人の処女のうちの燈火と油を用意して婚筵（こ
んえん）に入ることができた五人の慧（さと）き処女のように，日頃信仰
篤（あつ）くキリスト者としての最後を迎える準備を怠らなかったので，
無事天国に招き入れられたということであろうか。　620）**derniers
adieux**「（死の床にある人への）最後の別れ」。　621）**celle qui, depuis
tant d'années, avait été un épouvantail pour leurs amusements**
「彼らの楽しみにとって，もう何年も前から，案山子（かかし）のような
存在だった女」伯爵夫人が，上流社会の人々の快楽の舞台である舞踏
会に欠かさず出席しながら，もはやその楽しみにも加われずにただ老
醜をさらすばかりで，目ざわりな案山子のようになって久しいという
ことであろうか。　622）**La maison de la comtesse s'avança la der-
nière**「伯爵夫人の家の者全員が最後に進んだ」maison はここでは
「家の者全員，一家」le（la）dernier（ère）「最後に（最後の者として）」
は主語の様態を表す状況補語。　623）**du même âge que la défunte**
「故人と同年配の」。　624）**A son tour**「彼の順番が来て」tour は多く
の場合所有形容詞とともに用いられて順番を表す。　625）**pâle comme
la mort**「真青な；死のように蒼白な」。　626）**il lui sembla que la
morte le regardait**「彼には死人が自分を見ているように思われた」《il
semble à qn que＋直説法》は「人には…であるように思われる」。
627）**d'un œil moqueur**「からかうような目付きで」de は〈様態〉
「～で，～に」を表す前置詞。　628）**en clignant un œil**「目配せ（ウ
インク）をしながら」cligner un œil は「片目を細める；まばたく」。

— 143 —

注釈　フランス語

629）**d'un brusque mouvement**「突然の動きで；唐突に」。 630）**se rejeta en arrière**「のけぞった」。 631）**tomba à la renverse**「仰向けに倒れた；びっくり仰天した」。 632）**On s'empressa de le relever**「人々はあわてて彼を起こした」《s'empresser de＋不定法》は「急いで（あわてて）…する」。 633）**sans connaissance**「意識を失って」。 634）**proche parent**「近親（者）」。 635）**de la main gauche**「左手の」mariage de la main gauche に由来する。これは，貴族が平民の娘と結婚するとき，その地位を妻子に継がせることに同意しないしるしに右手ではなく左手を与えたことから，「身分違いの不均合いな結婚」さらには「内縁関係，同棲」を指すこととなった。 636）**s'entend**「分かりきったことだ；もちろん」（話）（＝Cela s'entend［文］）。 637）**A quoi l'Anglais répondit: «Oh!»**「これに対してイギリス人は『おやおや！』と答えた」。quoi はつねに前置詞に後続する関係代名詞で，この場合は先行詞は前節，すなわち，侍従（chambellant）がイギリス人に向かってしゃべった台詞《Ce jeune officier…, s'entend》を指す。 638）**Toute la journée**「一日中」。 639）**Hermann fut en proie à un malaise extraordinaire**「エルマンは激しい不快感に襲われた」en proie à qc（文章）は「～のとりこになる，（激しい感情など）に襲われる」 640）**dans l'espoir de＋不定詞**「…することを期待して」。 641）**le vin ne fit qu'allumer son imagination**「ワインは彼の想像力をたきつけるばかりだった」《ne faire que＋不定詞》は「…しかしない，…するばかりである」。 642）**de bonne heure**「朝早く；早い時間から（に）」de は〈時間・期間〉を表す前置詞。 643）**(Il …) se jeta tout habillé sur son lit**「（彼は…）服を着たままベッドに身を投げ出した」se jeter sur ～は「～（の上）に身を投げ出す」tout habillé は（主語の同格形容詞）「すっかり服を着たまま」。 644）**s'endormit d'un sommeil de plomb**「死んだように（泥のように）眠り込んだ」。 645）**Il n'avait plus envie de dormir**「彼はもう眠りたくはなかった」《avoir envie de＋不定詞》は「…したがる」。 646）**Hermann y fit à peine attention**「エルマンはそれにほとんど注意を払わなかった」y は先行する節（誰かが彼の部屋をのぞきこんでから遠去かったこと）の内容を受ける副詞的代名詞（＝à cela）。faire attention à qc は「～に注意する，気づく」à peine は〈程度〉「かろうじて…，ほとんど…ない」を表す副詞。 647）**denschik(ロシア語)**「従卒」仏訳原注に将校の世話をする兵卒，とある。 648）**Quelqu'un:** 不定代名詞で，「（不特定の）誰か，ある人」または「（名前を伏して特定の）ある人」を指す。ここでは前者。 649）**une**

— 144 —

注釈　フランス語

femme vêtue de blanc「白い服を着た女」vêtu(e) は vêtir「～に服を着せる」の過去分詞から転じた形容詞で《vêtu(e) de＋色彩》は「～色の服を着た」。　650)**il se demanda ce qui pouvait l'amener**「彼は何が彼女を連れて来ることができたのか自問した」se demander は「自問する，不審に思う」ce qui ... は直接疑問形の qu'est-ce qui ...? に対応する間接疑問形。　651)**en un moment**「一瞬のうちに；たちまち」en は〈期間〉「～かかって，～の間に」を表す前置詞」。　652)**au pied de ～**「～の足(根)元に(で)；～のふもとに(で)」。　653)**Hermann reconnut la comtesse**「エルマンは伯爵夫人を認めた」reconnaître は「(以前の見聞等によって)～と認める，識別する」こと。　654)**contre ma volonté**「私の意志に反して」contre は〈対立〉「～に反して，逆らって」を表す前置詞。655)**d'une voix ferme**「しっかりした(力強い)声で」de は〈様態〉「～で」を表す前置詞。656)**Je suis contrainte d'exaucer ta prière**「私はあなたの願いをかなえざるを得ない」受動態。contraint(e) は contraindre の過去分詞。《contraindre qn à(文：de)＋不定詞》は「～に…するよう強制する」。657)**tu ne joueras pas plus d'une carte en vingt-quatre heures**「お前は24時間に一枚以上賭けてはなりません」joueras は〈穏やかな語調の命令〉を表す直説法単純未来形。plus d'un(e) は「一つ以上の～」en は〈期間〉を表す前置詞。　658)**Je te pardonne ma mort**「私はあなたが私を殺した罪を許します」pardonner qc(à qn)は「(人の)～を許す」。　659)**pourvu que＋接続法**「…しさえすれば，…であれば」。　660)**A ces mots**「これらの言葉を言う(聞く)と，」à は〈原因・同時性〉「～で；～すると」を表す前置詞)。　661)**elle se dirigea vers la porte**「彼女はドアの方に進んだ」se diriger vers(sur)qc (qn)は「～の方向に進む」。　662)**comme à l'ordinaire**「いつものように；例によって」(＝à l'ordinaire, comme d'ordinaire)。　663) **(Il …)n'en put obtenir la moindre explication**「(彼は…)彼(従卒)からほんのわずかの説明も得られなかった」en は人，すなわち de lui(＝denschik)に代わる副詞的代名詞。obtenir qc de qn は「人から～を得る」。　664) **La porte de l'antichambre était fermée à clé**「控え室のドアには鍵がかかっていた」à clé：「鍵で」fermer la porte à clé は「ドアに鍵をかける」。　665)**de même que ... deux corps ne peuvent occuper à la fois la même place**「…ちょうど二つの物体が同時に同一の場所を占めることはできないように」《de même que＋直説法》は「…するのと同様に，ちょうど…するように」ne の単独使用による pouvoir の否定。　666)**Trois—sept—as effacèrent bientôt dans**

— 145 —

注釈　フランス語

l'imagination de Hermann le souvenir des derniers moments de la comtesse「『3』『7』『エース』はやがてエルマンの記憶から伯爵夫人の臨終の記憶を消し去った」imagination は「想像(力，記憶)」derniers moments は「末期，臨終」　667)（**Trois—sept—as ...**）**venaient à chaque instant sur ses lèvres**「(『3』『7』『エース』…が)しょっちゅう彼の唇に上った」venir aux lèvres de qn は「〜の口をついて出る」à chaque instant は「絶えず，しょっちゅう」。668)　**Rencontrait-il une jeune personne dans la rue**「彼が通りで若い娘に出会うと」条件節が主語の倒置によって構成されたもの。この形式によって純然たる条件を表すことは稀で，「…する度に」と言うニュアンスを含むことが多い。したがって動詞は，多くの場合，反復動作を表す直説法の半過去形または現在形が現れる。personne(女性名詞)は男女を問わず「人，人間」を指すが，本例や belle personne「美人」，petite personne「少女」のような特定の表現では女性を指す。669)　**Tout gros homme qu'il voyait**「彼が出会うどんな太った男でも」《tout＋無冠詞名詞》は「どんな〜でも，あらゆる〜」un gros homme＝un homme gros「太った男」ただし，une grosse femme は「太った女」であるが，une femme grosse は「妊婦」。670)（**Trois—sept —as ...**）**lui apparaissaient sous maintes formes étranges**「(『3』『7』『エース』…は)彼には多くの奇妙な形をとって現れるのだった」apparaître は主語と属詞を結ぶ繋合(けいごう)動詞 verbe copule で，《apparaître＋属詞(à qn)》は「(人に)〜のように見える，〜と思われる」属詞となり得るものに(代)名詞，形容詞(相当語句)，不定法，節等があるが，本例の場合は，形容詞的な働きをする前置詞句 sous maintes formes étranges が属詞となっている。なお，sous は〈外観・体裁〉「〜の形をとって，〜の陰に隠れて」を表す前置詞。671)　*magnolia grandiflora*「泰山木，タイサンボク」。672)　**en portes gothiques**「ゴシック様式の門となって」en は〈状態・形状〉「〜の状態の(で)，〜の形の(で)」を表す前置詞。673)　**des as se montraient suspendus**「エースはぶら下がっているように見えた」《se montrer＋属詞》は「〜であることを示す」。674)　**Toutes ses pensées se concentraient vers un seul but**「彼のあらゆる想念が唯一の目的に凝集(ぎょうしゅう)しようとしていた」se concentrer vers 〜は「〜に集中(結)する」。675)　**comment mettre à profit ce secret si chèrement acheté?**「かくも高く買ったこの秘密をどんなふうに役立てるべきか？」不定法節からなる直接疑問文。mettre qc à profit は「〜を有効に利用する」si は chèrement を強調する副詞「とても，ひ

－146－

注釈　フランス語

じょうに」。　676）**A Paris …, il découvrirait quelque maison de
jeu où il ferait en trois coups sa fortune**「パリで…，彼は何らかの
賭博場を見つけて，そこで三回の勝負で財を成してやろう」自由間接
話法。この話法は，作中人物の言葉や考えを表すのに，間接話法の人
称・法・時制を用いながら，間接話法に必要な接続詞（多くの場合　　5
que）を省略し，さらに，多くの場合導入動詞も省略して（ただし，本
例の場合 se disait が残っている）独立節の体裁を有する文体で，直接
話法と間接話法の中間的性質を帯びる。découvrirait, ferait はともに
〈過去における未来〉を表す条件法現在。coup はここでは一回一回の
勝負を指す。faire sa fortune は，faire fortune 同様，「財を成す，金　　10
持になる」こと。ロシア語原文及びジード訳（dompter la fortune
ensorcelée）では「運の女神をたらし込む」云々となっているし，faire
には「（古・俗）（人を）たらし込む，（女を）物にする」（＝lever,
séduire），fortune には「（古・文）運の女神」という意味がないでもな
いが，ここでは採らない。つまり，ここはメリメの意図的な翻案であ　　15
ろう。　677）**Le hasard le tira bientôt d'embarras:** tirer qn
d'embarras は「〜を窮地（苦況）から救い出す」。　678）**sous la prési-
dence de qn**「〜の主宰（司会，議長）の下で，〜政権下で」。　679）**qui
avait passé toute sa vie à jouer**「全生涯を賭けることに費やしたの
だったが」Tchekalinski を先行詞とする説明的関係詞節で，〈時の関　　20
係〉（同時性）を表している。《passer＋期間＋à＋不定詞》は「…して
〜（時）を過ごす；…するのに〜を費やす」。　680）（**il …）ne perdait
que de l'argent blanc**「（彼は）銀貨しか失わなかった」ne ... que 〜
（部分否定）「〜しか…ない」には〈否定の de〉の法則は適用されず，
冠詞の本来の形（ここでは de l'）が保持される。argent blanc は「銀　　25
貨」。　681）**considération générale**「みんなの尊敬」considération
は「尊敬，敬意」（文）　682）**Il y avait foule partout**「至る所に人が
大勢いた」il y a に続く名詞にはふつう不定冠詞，部分冠詞，数詞等が
付くが，成句的表現の場合は一般に無冠詞。　683）**whist**「ホイスト」
イギリス発祥のトランプ・ゲームで，ブリッジの前身，フランスでは　　30
19 世紀に流行した。　684）**Des jeunes gens**「青年たち」《複数形容詞
＋複数名詞》に冠せられる複数不定冠詞の des はふつう de に変化す
るが，本例のように形容詞と名詞が一体化して一種の複合語を形成し
ているときは，des のまま。　685）**devant une longue table autour
de laquelle se serraient une vingtaine de joueurs**「およそ二十人ほ　　35
どの賭博者が周（まわ）りに詰めかけている長いテーブルの前に」補語
と動詞を接近させる傾向から，関係詞節中では主語名詞は倒置されや

— 147 —

注釈　フランス語

すい。vingtaine のように数詞に -aine が付くと「概数，数のまとま
り」を表す女性名詞となる。　686）**un homme ... d'une physionomie
douce et noble**「穏和で上品な顔をした…一人の男」《d'un(e)＋名詞＋
形容詞（形容詞＋名詞）》は品質形容詞化して，属詞または付加形容詞
として機能する。本例の場合は後者で un homme を修飾している。な
お，この場合 de は〈特徴・性質〉「～の」を表す前置詞。　687）**Ses
yeux brillaient d'un sourire perpétuel:** briller de qc は「～で輝
く」。　688）**qu'on ne faisait pas de cérémonies dans sa maison**
「この家では遠慮すべきではないと」on は命令の〈語調緩和〉のため
に vous に代わる不定代名詞。faisait は〈命令〉を表す現在形(on ne
fait pas＝on ne doit pas faire)が時制の照応によって〈過去に於ける現
在〉を表す半過去になったもの。cérémonies は「仰々しい礼儀，他人
行儀」。　689）**il se remit à tailler**「彼はふたたびカードを配り始め
た」《se remettre à＋不定詞》は「ふたたび…し始める」tailler
は「(古)(ゲームで)胴元(親)になる，カードを配る」。　690）**taille**
「(一つの過程としての)勝負(古)」ファラオン等のトランプ・ゲー
ムで，親がカードを配ってから手持ちのカード全部を使い切るまで
の手数。　691）**civilement**「礼儀正しく，丁重に」(古風)。　692）
**(Tchekalinski ...)faisait abattre les cornes qn'une main distraite
s'était permise**「(チェカリンスキーは…)張り手がうっかり折り曲げ
てしまったカードの角を元にもどさせるのだった」abattre les cornes
は「折り曲げたカードの角を伸ばす」(corne はカードの角の折返し)
ファラオンでは，配られたカードの角を折ると，倍賭けを意味する。
そこで，その気もなくうっかり曲げてしまった角を直させるのである。
693）**(Tchekalinski ...)se prépara à en faire une nouvelle**「(チェ
カリンスキーは…)次の勝負に取りかかろうとした」《se préparer à＋
不定詞》は「…する準備をする；…し始めようとする」en は形容詞を
伴う名詞に代わる副詞的代名詞(＝une nouvelle taille)。　694）**Per-
mettez-vous que je prenne une carte?**「カードを一枚取ってもかまい
ませんか？」《permettre que＋接続法》は「…することを許す」本例
のように許可を表す動詞の目的語節は接続法となる。　695）**en signe
d'acceptation**「承諾のしるしとして」。　696）**toute sorte de ～**「あ
らゆる種類の～」。　697）**Va!**「よし；大丈夫だ」aller の命令形。間投
詞的用法で，本例の場合は「大丈夫だ，安心しろ」というほどの意味。
698）**Il a perdu l'esprit**「彼は気が狂ったな」。　699）**Permettez-moi
de vous faire observer...que...**「失礼ですが…と御注意申し上げま
す」《se permettre de＋不定詞》は「自分に…を許す；あえて(失礼に

— 148 —

注釈　フランス語

も）…する」《faire observer à qn que＋直説法》は「～に…と指摘する」。　700) **sur le simple**「一回に」simple は simple coup「一回の勝負」の意味。　701) **faites-vous ma carte, oui ou non?**「私にカードを配りますか，それとも配りませんか」faire la carte de qn は「～にカードを配る」。　702) **bien que je sois parfaitement sûr de mes amis**「私は完全に友人たちを御信頼申し上げてはいますが」《bien que＋接続法》は〈譲歩〉「…ではあるが，…にもかかわらず」を表す。être sûr de qn は「（人を）信頼している」。　703) **argent comptant**「現金」。　704) **Je suis parfaitement convaincu que votre parole vaut de l'or**「私はあなたの言葉は黄金にも等しいと十分に確信しています」《être convaincu que＋直説法》は「…ということを確信している」valoir はここでは「～と同じ価値（効用）がある；～に相当する」。705) **pour l'ordre du jeu**「賭け事の取り決め上」。　706) **je vous serai obligé de mettre de l'argent sur votre carte**「あなたのカードの上にお金を置いて下さるとありがたいのですが…」serai は断定を避けて語調を緩和する直説法単純未来。《être obligé à qn de＋不定詞》は「…して下さることに対して～に感謝する」。　707) **billet:** ここでは「手形」　708) **d'un clin d'œil**「一瞬のうちに；瞬く間に」（＝en [dans] un clin d'œil）。　709) **à droite vint un dix, à gauche un trois**「右手には『10』が，左手には『3』が出た」状況補語が文頭にきたために主語と動詞が倒置。à gauche の後の動詞 vint は反復を避けるために省略されている。dix, trois は普通名詞で，それぞれトランプの「10のカード」「3のカード」を指す。なお，ロシア語原文は10ではなく9になっている。　710) **Naroumof n'en revenait pas**「ナルーモフは驚きが覚めてはいなかった」ne pas en revenir は「まだ驚きから立直っていない」en はガリシスム。　711) **qui était encore à tailler**「彼は相変わらず親を務めているところだった」Tchekalinski を先行詞とする説明的関係詞節。《être à＋不定詞（à qc）》は〈従事・継続〉「…している（ところである），…するのに専心している」。712) **les pontes s'empressèrent de lui faire une place**「張り手たちは急いで彼に席を空（あ）けた」《s'empresser de＋不定詞》は「急いで（あわてて）…する」。faire place à qn は「～に場所を空ける，～に道（地位）を譲る」。　713) **d'un air caressant**「へつらうような（古）態度で」de は〈様態〉「～で」を表す前置詞。　714) **en outre**「その上に」。　715) **Il y eut un ah! général**「みんなの『ああ！』という斎唱（せいしょう）があった」ah はここでは普通名詞で『ああ』という叫び声を指す。　716) **Tchekalinski était évidemment mal à son aise:**

— 149 —

注釈　フランス語

être mal à son aise(à l'aise) は「気詰まりだ；落ち着かない」。
évidemment はここでは「明らかに」（古文）　717) **à l'heure accou-**
tumée「いつもの（習慣となった）時間に」。　718) **assister à un jeu si**
extraordinaire「途方もない勝負を見物する」assister à ～は「～に出
席する，見物する，立ち会う」si は〈強調〉の副詞「ひじょうに，と
ても」。　719) **tous les gens de la maison se pressaient dans la**
salle: se presser dans ～は「～でひしめき合う，～に詰めかける」。
720) **Tous entouraient Hermann**「みんながエルマンを取り巻いてい
た」tous は不定代名詞。発音は〔tus〕。語末の s を発音する。　721)
A son entrée「彼が入って来ると」à は〈同時性・原因〉「…すると」
を表す前置詞。　722) **dans leur impatience de le voir aux prises**
avec le banquier「彼らは彼（エルマン）が親と闘うのを見ようとうず
うずして」《dans l'impatience de + 不定詞》は「…したくてがまんで
きず」《voir qn(qc) + 属詞》は「人（何）が～なのを見る」aux prises
avec ～「～と戦う（争う）」は voir の直接目的補語の属詞。　723) **se**
disposer à + 不定詞「…する気になる，…する覚悟（準備）をする」。
724) **(il …)la couvrit d'un monceau de billets de banque**「（彼は
…）それを紙幣の山で覆った」couvrir qc(qn)de(avec)qc は「～を～
で覆う」《un monceau de ～》は「山のような～」。　725) **On eût dit**
les apprêts d'un duel「まるで決闘の準備のようだった」on eût dit qc
(qn)［文］は「まるで～のようだった，～のように思われた」（＝on
aurait dit ...)。apprêts(複数)(文)は「支度，準備」。　726) **d'un ton**
de voix mielleux「さも優しげな口調で」mielleux(男性形容詞)は直前
の女性名詞 voix ではなく，ton de voix(口調)の ton(男性名詞)を修飾
している」　727) **Au lieu d'(de) ～**「～の代わりに」。　728) **il n'en**
pouvait croire ses yeux「彼は自分の目が信じられなかった」ne pas
en croire ses yeux は「自分の目が信じられない；自分の目を疑う」
en はガリシスム。pouvoir の否定は，多くの場合，単独の ne。　729)
Les yeux attachés sur cette carte funeste「この不吉なカードをじっ
と見つめていると」後続する意味上の主語 lui の〈様態〉を表す状況
補語で，身体の部位に関する他の多くの状況補語同様，前置詞を伴わ
ない。　730) **la dame de pique clignait de l'œil**「スペードの女王（ク
イーン）はウィンクをしている（ように見えた）」cligner de l'œil は「目
配せ（ウィンク）をする。clignait(直説法半過去)は「過去に於ける現
在」を表している。　731) **d'un coup de râteau**「熊手の一掻きで」
râteau は「（ルーレット等で）チップを掻き集める熊手様の道具」。
732) **fameux**「[話]（名詞の前で）とてつもない；すばらしい。」

— 150 —

注釈　フランス語

733) **garçon fort rangé** 「品行方正な青年」fort は〈強調〉の副詞。
rangé は「(生活態度が)まじめな」。　734) **Lisabeta a pris chez elle**
une pauvre parente dont elle fait l'éducation 「リザベタは気の毒な
親戚の娘を家に引き取って，彼女を教育している」prendre qn chez
soi は「〜を家に引き取る」pauvre は位置によって意味が異なる形容
詞で，名詞の後に置かれると「貧しい」という本来の意味になり，名
詞の前に置かれると「哀れな，みじめな」という比喩的な意味になる。
dont 以下は parente を先行詞とする説明的関係詞節で，〈時の関係〉
(後続性)を表す。faire l'éducation de qn は「〜を教育する，しつけ
る」。　735) **Tomski a passé chef d'escadron** 「トムスキーは騎兵中
隊長になった」《passer＋属詞》は「〜となる」chef d'escadron は
「騎兵中隊長」。

— 151 —

注釈　ロシア語

1)*гада́тельная кни́га*「占いの本」。　2) **гну́ли**「賭金を倍にした」гнуть は本来「曲げる」の意。トランプではカードの角を折って倍賭けすることを示した。　3) **бог их прости́!**：字義通りには「神様（読み方は бох），（罪深い）彼らをゆるしたまえ」だが，「何と驚いたことに」ぐらいの意。　4) **отпи́сывали ме́лом**「チョークで点数を記した」。
5) **конногварде́йца**＜конногварде́ец「近衛騎兵」。　6) **в пя́том часу́ утра́**「朝の4時過ぎに」пя́тый час は4時から4時半頃までを指す。
7) **оста́лись в вы́игрыше**「勝って終わった，勝ち越した」。　8) **в рассе́янности**「放心した状態で」。　9) **прибо́рами**＜прибо́р「食器一式」。
10) **по обыкнове́нию**＝как всегда́, как обы́чно。　11) **На́добно**＝（現代語では）надо。　12) **игра́ю мирандо́лем**：мирандо́ль はトランプで賭金をふやさないこと，同額の賭金で張ること。　13) **горячу́сь**＜горячи́ться「興奮する」。　14) **ниче́м меня́ с то́лку не собьёшь**「何があっても，ぼくはまどわされない」＜сбить с то́лку「混乱させる」толк は「本質・分別」の意。　15) **всё прои́грываюсь**「いつも（賭で）有り金をはたく」。　16) *руте́*：1回目の勝負の後，賭金を倍にし，2回目が終わると4倍にして3回目の勝負をすること，この場合，1，2回目に負けても，3回目に勝てばすっかり負けを取り戻すことができるが，一方，勝ち負けの額が巨大になることもある。　17) **о́троду**「生まれてこの方」。　18) **паро́ли**(不変)：賭金を倍にすること。　19) **занима́ет**：ここでは「～の関心をひく」の意。　20) **Я не в состоя́нии … изли́шнее**「余分なものを手に入れんがために，必要不可欠なものを犠牲にできるような状態ではない」。необходи́мым は～мое（形）の造格形。
21) **А е́сли кто … э́то**「ぼくにとって理解しがたい人と言えば，それは」。　22) **пости́гнуть**＝поня́ть。　23) **каки́м о́бразом**「どうしたわけで」。　24) **понти́рует**＜понти́ровать「金を賭ける」。　25) **чуть бы́ло не**＝чуть не「あやうく～するところだった」。　26) **на́ слово**＝на че́стное сло́во「口約束で，付けで」。　27) **что́-то о́чень мно́го**「かなりの大金」。　28) **ско́лько я по́мню**「ぼくの記憶する限り」。　29) **род ба́бушкина дворе́цкого**「祖母の執事に類するもの」ба́бушкина は ба́бушка の物主形容詞・男性単数生格形。　30) **её боя́лся, как огня́**「彼女を火のように恐れた」боя́ться は生格を要求

— 152 —

注釈　ロシア語

(огня＜огóнь)。　31) **вы́шел из себя́**「かんかんになった」。　32)
принёс счёты「請求書を持ってきた」счётыは古い複数形。現代語で
は счета́。　33) **под Пари́жем**「パリ近郊に」。　34) **подмоско́вной**＜
-ная(廃)「モスクワ近郊の地主屋敷」。　35) **дома́шнее наказа́ние …**
подéйствовало「家庭内のおしおきが彼に効き目を及ぼした」。　36)
нашла́ егó непоколеби́мым「彼はてこでも動かな(いことがわ)かっ
た」。　37) **дошла́ с ним … объясне́ний**「彼に対して説得や弁明を行な
うということまでした」。　38) **усо́вестить**：良心(со́весть)に訴えて恥
じ入らせる。　39) **снисходи́тельно**「やさしく丁寧に」。　40) **розь**(古)
＝рознь「異なっている」。А(主格)＋рознь＋А(与格)で「Аにもいろ
いろある」の意となる。　41) **Куда́!**「とんでもない，まるでだめだっ
た」。　42) **да и то́лько**：〜ばかり，〜の一点張り。　43) **ко́ротко**＝
бли́зко「親しく」。　44) **выдава́л**＜выдава́ть［不完]（вы́дать［完]）＋А
(対格)＋за＋В(対格)「АをВと見せかける」。　45) **и про́чая**(古)＝и
про́чее「等々」。　46) **имéл … нару́жность**「大変立派な風采をしてい
た」。　47) **в о́бществе**「社交上，交際する上では」。　48) **без па́мяти**
「我を忘れるほど」。　49) **об нём**＝о нём。現代語では，前置詞 о が
об となるのは後続の語が母音で始まる場合のみ。　50) **располага́ть**(＋
造格)「〜を思い通りにする」。　51) **реши́лась … прибéгнуть**「思い
きって彼に頼ることにした」。　52) **заста́л в ужáсном гóре**：заста́ть は
人が主語の場合「(〜を)〜(の状態)で見出す」の意。　53) **Онá**
описáла … мýжа「どす黒い絵具を塗りたくって(あくどく口をきわめ
て)夫の暴虐ぶりを描き出してみせた」。　54) **сýммою**＜сýмма の造格。
現代では -ой。　55) **покá … не …**：〜しないうちは，〜するまでは。
56) **отыгрáться**：ゲームで負けた分を取り返すこと。　57) **изво́льте**
(＜изво́лить(古)「お望みになる」)＋不定形「〜して下さいませ」丁寧
なお願いの表現。　58) **затянýлся**「煙草の煙を深く吸い込んだ」。
59) **метáл**「親をつとめていた」метáть は賭トランプで左右に一枚ず
つ札をめくって出していくこと。親の役割だった。　60) **сплелá**(＜
сплести́)**мáленькую исто́рию**「適当な話をでっちあげた」история はこ
こでは「物語，事件」の意。　61) **постáвила их однý за другóю**「次々
に張っていった」。　62) **со́ника**：最初の札で，最初の賭金で。　63)
Мóжет стáться(口)＝мóжет быть。　64) **порошкóвые кáрты**：特別な
粉で印づけられた札，インチキ札。порошкóвый＜порошóк 粉。　65)
подхвати́л「(相手の)話をひきとって言った」。　66) **пéренял**＜перенять
まねる，盗みとる。　67) **у ней**(詩・口)＝у неё。　68) **кабали́стики**：
кабали́стика「カバラ学，秘密」の否定生格。　69) **чёрта(с)два !**

— 153 —

注釈　ロシア語

「とんでもない，それどころか」。　70）**отча́янные игроки́**「トラ
ンプ狂い」。　71）**хоть э́то … ху́до**「それは悪いことではなかったろう
に」。　72）**в чём … че́стью**「これは確かなことだと自分の名誉にかけ
て私に誓った」。　73）**по́мнится Зо́ричу**「私の覚えている限りではゾ
ーリッチに」。　74）**сжа́лилась над Чапли́цким**＜сжа́литься над＋造格
（人）「～に慈悲をかける」。　75）**с тем, чтоб**「～するように」（接続詞
句）。　76）**загну́л паро́ли, паро́ли-пе**「賭金を 2 倍，4 倍にした」。
77）**рассвета́ло**（無人称動詞・不完）「夜が明けかかっていた」。　78）
румя́н＜румя́на（複数名詞）頬紅。　79）**не име́ла … увя́дшую**「とっく
に色あせてしまった美しさを追い求めようという気はさらさらなかっ
た」увя́дший（能動形動詞・過去）＜увя́нуть「枯れる」。　80）
семидеся́тых годо́в＜семидеся́тые го́ды（17）70 年代。　81）**пя́льцами**
＜пя́льцы（複数名詞）丸い刺繍枠。　82）**ба́рышня, её воспи́танница**
「彼女の養女である令嬢（貴族の未婚の娘）」。　83）**воше́дши**（完了体副
動詞）「入ってきて」＜войти́。　84）**Позво́льте**（＜позво́лить）＋不定形
「～させて下さい」。　85）**вчера́сь**（古・俗）＝вчера́。　86）**Как же！**「も
ちろん」。　87）**И**「とんでもない」少し長めに発音し，相手の言葉に
対する不同意を表わす。　88）**чай**：я と共に用いる挿入語で，「私の思
うところ，たぶん」の意。　89）**она́ лет семь как умерла́**＝прошло́
о́коло семи́ лет, как она́ умерла́「彼女は七年ほど前に亡くなった」。　90）
пожа́лованы во фре́йлины「女官に取り立てられる」фре́йлины のよう
な複数形は，職業・職務を表わす用法で，単数の人についても用い，
対格は主格と等しい。　91）**туале́т**「身支度」。　92）**ста́тский**「文
官」。　93）**пришли́**：присла́ть の命令形。　94）**ба́тюшка**：親愛の情
をこめた呼びかけの言葉（本来はお父さんの意）。　95）**она́ оста́вила
… окно́**「彼女は仕事を置いて，窓の外を見始めた」。　96）**над са́мой
канво́ю**「カンバスのすぐ上に」。　97）**закла́дывать**＝запряга́ть「（馬
を）馬車につける，馬車の用章をする」。　98）**Благодари́ть**「礼を言う
ように」（命令の意）。　99）**Раскро́й-ка**：-ка は命令法などの後につけ，
意味をやわらげたり，気軽さを表わしたりする。　100）**прочла́**＜про-
че́сть（完）「朗読した」。　101）**с го́лосу спа́ла**（＜спасть）（古・俗）「声
が出なくなった」。　102）**изо всей мо́чи**＝изо всех сил「全力で」。
103）**Что это вас не докли́чешься**「一体こんなに呼んでるのに聞こえ
ないのかい」докли́каться は呼んで返事を得ること（普通否定詞と共
に）。　104）**прельща́ть**「誘惑する」。　105）**нет-с**：-с は丁重・へり下
りを表わす助詞。су́дарь, су́дарыня（上流社会の男女への敬称）の短縮
形。　106）**сия́тельство**：公爵・伯爵・その妻子に対する尊称で，ваше

— 154 —

注釈　ロシア語

（話し相手の時），его，её，их と共に用いる。　107）**наобу́м**「あてず
っぽうに」。　108）**Так и есть**「やっぱりそうだ，思ったとおりだ」。
109）**не́чего бы́ло наряжа́ться**「おめかししても無駄だったわね」。
110）**а кому́ и знать ... стару́хи**「しかし名流の老夫人の哀れな養女ほ
どに，身にしみて隷属の苦しみを知る者が他にあろうか」。　111）
погружена́ ＜ погружённый в ＋ 対格「～にひたっている」。　112）
отлюби́вшие ... настоя́щему「華やかなりし頃に愛情を使い果たし，今
の世と疎遠になった」。　113）**во всех су́етностях больш́ого све́та**「貴
族社会のありとあらゆる空虚な出来事（催し）に」。　114）**как
уро́дливое ... за́лы**「舞踏会のホールの醜い欠かせない飾りものとし
て」за́ла（廃）＝зал。　115）**не узнава́я никого́ в лицо́**「誰の顔も見分
けられずに」。　116）**разжире́в ... пере́дней**（＜пере́дняя）**и де́вичьей**
（＜де́вичья）「玄関や女中部屋で肥え太り，白髪になりはて」。　117）
обкра́дывая ... стару́ху「死にかかった老婆からかすめ取りながら」。
118）**была́ дома́шней му́ченицею**「家の中の受難者だった」。　119）
винова́та ＜ винова́тый в ＋ 前置格「～について責めを負う」。　120）
отвеча́ла ＜ отвеча́ть за ＋ 対格「～に対して責任をとる」。　121）**бра́ли
её под руку**「彼女の腕をとった」。　122）**жи́во** ＝ си́льно。　123）
круго́м（古）＝ вокру́г ＋ 生格「～の回りを」。　124）**расчётливые ...
тщесла́вии**「そのうわついた虚栄心を満たすことにかけては計算高
く」。　125）**не удосто́ивали её внима́ния**「彼女には目もくれなかっ
た」удосто́ивать（古）＋ 対格（A）＋ 生格（B）「A に B をたまわる」＝ удо-
ста́ивать［不完］（удосто́ить［完］）。　126）**неве́ст ... увива́лись**「青年た
ちがまとわりついている花嫁候補たち」неве́ст ＜ неве́ста：花嫁，婚約
者，結婚適齢期の娘。　127）**оста́вя**（完了体副動詞 ＝ оста́вив）「～をそ
のままにして離れ」。　128）**ши́рмы，окле́енные обо́ями**「壁紙を貼っ
た衝立」。　129）**останови́лись**「立ち止まった，子細に描いた」。
130）**нечая́нно взгляну́ла на у́лицу**「ふと（何気なく）通りの方に目を
やった」。　131）**не приподнима́я головы́**「頭を少しも持ち上げること
なく」。　132）**По́дали обе́дать**「昼食が出された，昼食の仕度ができ
た」不定人称文。　133）**с чу́вством не́которого беспоко́йства**「何と
はなし胸騒ぎを覚えながら」。　134）**у са́мого подъе́зда**「玄関（車寄せ）
のすぐそばに」。　135）**испуга́лась，сама́ не зна́я чего́**「わけもわから
ずおびえた」испуга́ться ＋ 生格「～におびえる」。　136）**с тре́петом
неизъясни́мым**「名状しがたい戦慄を覚えながら」。　137）**Возвратя́сь**
（＝ Возврати́вшись）「帰ってから」。　138）**му́чась** ＜ му́читься ＋ 造格
「～（病など）にとりつかれる」。　139）**не проходи́ло ... их до́ма**：не про-

— 155 —

注釈　ロシア語

хо́дит ～（без того），чтобы не …「…せずには～も過ぎない」。　140）учреди́лись неусло́вленные сноше́ния「申し合わせたわけでもないのにある関係ができあがった」。　141）Си́дя на своём … до́лее「いつもの場所にすわり仕事にかかっている時彼が近づいてくるのを感じると，彼女は顔を上げ彼を見た。そして見つめる時間は日ごとに長くなっていった」подыма́ть（古・文）＝подня́ть。　142）нескро́мным вопро́сом … та́йну「慎みのない質問をして自分の秘密をもらしてしまった」。143）ве́треному「（風のように）軽薄な」。　144）обрусе́вшего＜（об-）русе́ть「ロシア化する」。　145）Бу́дучи … незави́симость「その自立の基盤を固める必要性を固く信じていたので」бу́дучи（不完了体副動詞）＜быть。146）проце́нтов＜проце́нты「利子」。　147）ре́дко име́ли … бережли́востью「彼の過ぎた倹約ぶりを嘲笑するチャンスはめったになかった」。148）твёрдость … мо́лодости「意志の固さ故に彼はよくある若気の過ちをおかさずにすんでいた」спасти́ ＋対格（人）от＋生格「～（人）を～から救う，守る」。149）и́бо（古・文）＝потому́ что。150）ска́зывал＞ска́зывать（古・俗）＝говори́ть。　151）прожива́л「（ある時間）すわり続けた」。　152）с лихора́дочным тре́петом「熱病にかかったようにふるえおののきながら」лихора́дка「熱病」。　153）оборо́тами＜оборо́т「回転，展開」。　154）Почему́ ж … сча́стия「自分の運をためしてみない手はないぞ」сча́стие（詩・廃）＝сча́стье。155）подби́ться в её ми́лость「彼女の気に入られる，取り入る」。156）пожа́луй＝лу́чше「それともいっそ」。　157）утро́ит，усемери́т「3倍，7倍にする」。158）очути́лся「気がつくと～にいた」。　159）заста́влена＜заста́вить＋A（対格）＋B（造格）「A を B でいっぱいにする，ふさぐ」。　160）греми́ча[ママ]я ботфо́рта「（拍車が）ガチャガチャと音をたてる乗馬靴」ботфо́рты は昔の騎兵がはいていたひざ上まであるブーツ。　161）полоса́тый чуло́к「縞模様の長靴下」靴・靴下は普通複数だが（чулки́，башмаки́），ここでは片足ずつ馬車から出てくる様を描いているので単数。　162）мелька́ли … швейца́ра「いかめしい門衛の傍にひるがえっては消えていった」。163）у углово́го бу́дочника「街角の交番の巡査に」。　164）смире́нный（＝скро́мный）свой уголо́к「つつましいすみか」уголо́к（指小）＜у́гол「隅，居場所」。165）когда́ сон им овладе́л「彼が眠りに落ちた時」овладе́ть＋造格「～を支配する，おそう」。166）ему́ пригре́зились：（при）гре́зиться＋与格「～の夢に現 わ れ る」＝（при）сни́ться。　167）ки́пы ассигна́ций и гру́ды черво́нцев「紙幣の束や金貨の山」ассигна́ция も черво́нец も当時の通貨。168）ста́вил ка́рту … реши́тельно「次から次に札を張り，決然

— 156 —

注釈　ロシア語

と角を折り」。　169）**загреба́л к себе́ зо́лото**「金貨をかき寄せた」。
170）**Неве́домая си́ла**「目に見えない力」**неве́домый**「未知の，神秘
の」。　171）**ли́чико**（指小表愛形）＜**лицо́**。　172）**капо́т**（廃）「婦人用
ガウン」。　173）**То́лько Лизаве́та ... как**：**то́лько**（что）〜，**как** ...「〜
するやいなや…」。　174）**посла́ла за не́ю**「彼女を迎えに（人を）行かせ
た」。　175）**просу́нули в две́рцы**（＜**две́рца**）「馬車の扉の中に押しこん
だ」。　176）**у са́мого колеса́**（＜**колесо́**）「車輪のすぐそばに」。　177）
она́ не могла́ ... исчéз（＜**изчéзнуть**）「彼女がびっくりして口もきけず
にいる間に，青年は姿を消した」**опо́мниться от**＋生格「〜から我に返
る」。　178）**не слыха́ла и не вида́ла**：**слыха́ть**「耳にする」＝**слы́шать**，
вида́ть「何回も見る，経験する」。　179）**на сей раз**＝на э́тот раз「今度
は，その時ばかりは」。　180）**невпопа́д**「見当はずれに」。　181）
Столбня́к ... чтó ли？「魂が抜けでもしたのかい」**столбня́к** には
「破傷風，茫然自失」の意がある。　182）**не карта́влю**＜**карта́вить**
「р や л の音をはっきり発音しない」。　183）**из ума́ ещё не вы́жила**
「まだもうろくしていない」。　184）**призна́ние в любви́**「愛の告白」
призна́ться＋与格＋**в любви́**「〜に愛を打ち明ける」。　185）**сло́во в
сло́во**＝**буква́льно**「文字どおり，一言一句」。　186）**входи́ла она́ ...
мужчи́ною**「若い男とひそやかで密接な関係をもった」。　187）
невнима́нием ... пресле́дованиям「無関心によって若い将校の中のさ
らなる追跡（つきまとい）への欲求を冷ます」。　188）**Ей не́ с кем было
посове́товаться**「彼女には誰も相談相手がいなかった」**не́кого**（**не́чего**）
＋不定形：〜する人（もの）がない（無人称文）。動作の主体は与格で表
わされ，前置詞を伴う時は не- が分離して前置詞の前におかれる。
189）**наста́вницы** ＜（**дома́шняя**）**наста́вница**「家 庭 教 師」。　190）
реши́лась＜**реши́ться**「悩んだ末に決意する」。　191）**то выраже́ния ...
жесто́кими**「ある時はあまりに表現が寛大すぎるように，ある時は冷
酷すぎるように思われた」。　192）**наде́юсь, что ... неуваже́ние**「こ
れより先，いわれなく軽んじられることを嘆かねばならぬようなこと
のないよう願っております」。　193）**уви́дя**（＝уви́дев）**иду́щего Ге́рманна**
「歩いてくるゲルマンを見ると」。　194）**Он того́ и ожида́л**「それこそ
彼の予期していたことだった，狙いどおりだった」。　195）**о́чень
за́нятый свое́й интри́гою**「自分の計略を夢中になって考えながら」。
196）**мамзе́ль**：ここでは「女店員」の意。＜ mademoiselle（仏語）。
197）**из мо́дной ла́вки**「洋裁店から」。　198）**предви́дя**＜**предви́деть**（不
完）「予見する」。　199）**ру́ку Ге́рманна**：рука́ はここでは筆跡の意（＝
по́черк）。　200）**ду́шенька**（口）：主に女性に対するやさしい呼びかけ

— 157 —

注釈　ロシア語

の言葉。本来 душа́「心」の指小表爱形。　201) пробежа́ла（口）「走り読みした」。　202) испуга́вшись ... употреблённому「要求の性急さにも，彼の使った手管にも恐れおののいて」。　203) Ко́ли（古・俗）= е́сли。　204) я́ бы возврати́ла ... посла́л「手紙を送られた（託された）方にお返ししましたのに」。　205) вспы́хнув＜вспы́хнуть［完］от ＋生格「～のせいでパッと赤くなる」。　206) не уня́лся「くじけなかった」。　207) переведены́（＜перевести́）с неме́цкого「ドイツ語から訳されて」。　208) языко́м, ему́ сво́йственным「彼自身の言葉で」сво́йственный ＋ 与格「～に固有の」。　209) и непрекло́нность ...воображе́ния「彼の一途にとどめがたき望みも，ほとばしる混とんたる空想も」。　210) упива́лась и́ми「その手紙に酔い痴れた」。　211) час о́т часу「刻一刻と」。　212) часо́в до дву́х「二時頃まで」数詞と名詞の倒置は概数を表わす。前置詞がある時はその前に名詞を出す。213) наедине́「二人きりで」。　214) её лю́ди「彼女の召使いたち（廃）」。　215) в сеня́х＜се́ни（複）「玄関」。　216) найдёте кого́：кто（口）＝кто́-нибудь。　217) вороти́ться（俗）＝верну́ться。　218) Де́вушки сидя́т у себя́「小間使いたちは自分の部屋にいます」。　219) вита́я ле́стница「らせん階段」。　220) мо́крый ... хло́пьями「しめった綿雪が降っていた」。　221) тяну́лся Ва́нька ... свое́й「やせ馬にひかせた辻馬車がのろのろ通っていった」Ва́нька（古）：粗末な辻馬車のくだけた呼び名。　222) высма́тривая ... седока́「遅れてきた乗客を逃がすまいと探しながら」。　223) в одно́м сертуке́「フロックコート一枚で（オーバーも着ずに）」。　224) графи́нину＜графи́нин（物主形）＜графи́ня。　225) по́д руки「両腕を支えて」。　226) собо́лью＜собо́лий（物主形）＜со́боль クロテン。　227) вослед за（古）＝вслед за。228) поме́ркли＜поме́ркнуть「暗くなった」。　229) бы́ло два́дцать мину́т двена́дцатого「11 時 20 分だった」。　230) Ро́вно ... двена́дцатого「きっかり 11 時半に」。　231) в стари́нных ... кре́слах：単数（кре́сло）の意味で複数形を使うのは古い用法。＝в кре́сле。　232) Ла́мпа сла́бо... пере́дней「控えの間の明かりがぼんやりと広間と客間を照らし出していた」。　233) киво́том＜киво́т（廃）＝кио́т「扉つきの聖像入れ」。234) образа́ми＜о́браз「聖像，イコン」。　235) те́плилась「かすかに灯っていた」。　236) што́фные「ダマスク織の」。　237) с соше́дшей（＜сойти́）позоло́тою「金箔のはげた」。　238) в печа́льной симме́трии「もの悲しげに対称形をなして」。　239) с зачёсанными виска́ми「こめかみの髪を後ろになでつけた」。　240) в пу́дренных волоса́х「髪粉（пу́дра）をふった髪に」。　241) торча́ли「ゴタゴタと（目ざわりに）置

— 158 —

注釈　ロシア語

いてあった」。 242) **коробочки, рулётки**「小箱やヨーヨー」。 243)
пробило двенадцать(無人称文)「(時計が)12 時を打った」。 244) **по
всем комнатам … двенадцать**「全ての部屋で次から次に時計が 12 時
を打った」одни за другими と複数なのは часы を受けるから。 245)
стук опускаемой подножки「(馬車の)ステップのおろされる音」。 5
246) **В доме засуетились**(不定人称文)「家中の者がせわしなく動
き出した」。 247) **чуть живая**「かろうじて生きている」。 248)
вольтеровы кресла = вольтеровское кресло 深くて背もたれの高い安楽
椅子。 249) **отозвалось**＜отозваться「(ある感情が心に)響く，現われ
る」。 250) **Отркололи с неё чепец**(不定人称文)「彼女は頭巾を脱がさ 10
れた」отколоть はここではピンなどで留めてあったものを取りはずす
こと。 251) **плотно остриженной**(＜остричь)「すっかり刈りこまれ
た」。 252) **распухлым**(古)「はれた」。 253) **более … старости**「彼
女の老齢によりふさわしい」。 254) **Свечи вынесли**「ろうそくは持ち
去られた」。 255) **лампадою**(造格)＜лампада「聖像の前の灯明」。 15
256) **шевеля отвислыми губами**「たるんだ唇をもぞもぞ動かしなが
ら」。 257) **по действию скрытого гальванизма**「隠れた電流の働き
によって」。 258) **изменилось неизъяснимо**「言わく言いがたい変化
を表わした」。 259) **пришёл умолять … милости**「あることでお情け
をたまわりたく，お願いにあがりました」умолять[不完](умолить[完])
+А(生格)＋о＋В(前置格)「А に В を乞い願う」。 260) **наклонясь** 20
(完了体副動詞)＜наклониться「かがむ」。 261) **оно ничего … стоить**
「あなたにとって何も損はないでしょう」стоить＋生格「～の労力・犠
牲が必要である」。 262) **угадать три карты сряду**「続けて 3 枚の札
を当てる」。 263) **чего от неё требовали**(不定人称文)「彼女が何を要 25
求されているか」。 264) **клянусь**＜клясться「誓う」。 265) **Этим
нечего шутить**「これは冗談ごとではありません」нечего はここでは
無人称文の述語で不定形を伴い「～するべきではない」の意。 266)
назначить(古)「言う，示す」。 267) **верные**：ここでは「間違いな
く勝つ，必勝の」の意。 268) **Для кого … тайну**「あなたは誰のため 30
に秘密を守る必要があるのですか」義務・必要を表わす不定形の用法
で主体は与格になる。 269) **и без того**「それでなくても，ただでさ
え」。 270) **не знают … деньгам**＜знать цену＋与格「～の価値を知っ
ている」цены は否定生格。 271) **демонские**(古)＝демонические「悪
魔的な，超人的な」。 272) **мот**「浪費家」。 273) **для меня не пропадут** 35
(＜пропасть)「私なら無駄にしない」。 274) **умоляю вас … просьбе**
「妻の，恋人の，母の気持ち，つまりこの世で神聖なるあらゆるものを

— 159 —

注釈　ロシア語

思い出して，私の願いを拒まれないようお頼みします」。　275）**что вам в ней？**「あなたにとってそれ（秘密）が何の役に立つでしょう」。 276）**сопряжена** ＜**сопряжённый**（＜**сопря́чь**）＝**свя́занный**。　277）**с па́губою**（古・雅）「喪失と（結びついている）」。　278）**благословя́т**
5 **ва́шу па́мять**「あなたをしのんで感謝の念を捧げるでしょう」。　279）**святы́ню**（対格）「聖物」。　280）**так я ж … отвеча́ть**「よし，それなら いやでも答えさせてやる」。　281）**закива́ла голово́ю**「頭を（たてに）振り始めた」。　282）**покати́лась на́взничь**「（気絶して）仰向けに倒れ た」。　283）**Переста́ньте ребя́читься**「ふざけるのはおよしなさい」
10 **переста́ньте** は **перестáть** の命令法。**ребя́читься**「子供っぽいまねをす る」。　284）**спеши́ла отосла́ть … услу́гу**「いやいやながらお手伝いし ましょうかと申し出てきた寝ぼけ眼の小間使いを急いで引き下がらせ た」。　285）**разде́нется**（＜**разде́ться**[完]）**сама́**「自分で服を脱ぐ」。 286）**удостове́рилась**＜**удостове́риться**＋**в**＋前置格「～を確信する」。
15 287）**препя́тствие, помеша́вшее их свида́нию**「彼らの逢引を妨げた 障害」。　288）**все обстоя́тельства … завлёкшие**（＜**завле́чь**）「彼女を こんなに短い間にこんなに遠くまで引っぱってきた（ここまで道を踏み はずさせた）事情の全て」。　289）**с ним в перепи́ске**「彼と文通してい る」この場合 **в** ＋ 前置格で，ある状態にあることを示す。　290）
20 **потому́ то́лько, … подпи́саны**「それは単に，彼が手紙のうち何通かに 署名をしていたからにすぎない」。　291）**ду́ясь**＜**ду́ться**＋**на**＋対格 （口）「～に腹を立てる」。　292）**не с ни́м**「彼とではなく（彼以外の男 と）」。　293）**шути́л**＜**шути́ть над**＋造格「～をからかう」。　294） **пристра́стием**＜**пристра́стие к**＋与格「～に対する強い執着」。　295）
25 **уверя́л**[不完]「何度も断言した，信じさせようとした」。　296） **не́жели мо́жно бы́ло ей предполога́ть**「彼女が予測できたより」**не́же-ли**（文）＝чем。　297）**так уда́чно напра́влены, что …**「あまり見事に 当たっていたので…」。　298）**осо́бы**＜**осо́ба**（皮肉に）「御仁」。　299） **челове́ка о́чень замеча́тельного**「大変並はずれた人物」**прия́теля** と同
30 格で共に **от** の要求に従い，生格となっている。　300）**Его́ зову́т Ге́рманном**：普通は **звать**＋A（対格）＋B（主格）で「A を B と呼ぶ」の 意だが，B が造格になるのは文語的。　301）**лицо́ и́стинно ромáни́ческое**（＝**романти́ческое**）「真にロマン主義的な人物」。　302） **на его́ со́вести**「彼の良心にのしかかっている」。　303）**и́ли как бишь**
35 **его́？**「それとも何という名でしたっけ」**зову́т** が省略されている。 **бишь**（古・口）は「ええと～だっけ」と忘れたことを思い出そうとする 時発する言葉。　304）**име́ет на ва́с ви́ды**：**име́ть ви́ды на**＋対格「～に

— 160 —

注釈　ロシア語

目をつけている，気がある」。　305) **влюблённые восклица́ния**「恋慕
の叫び」。　306) **гуля́нье**：祝日に町の広場や通り，郊外の森などで催
された縁日。　307) **от него́ ста́нет**「彼ならやりかねない」。　308)
станови́лся мучи́тельно любопы́тен「いたく好奇心を刺激するように
なった」。　309) **успе́ла с ним изъясни́ться**「何とか彼に釈明をしおお
せた」。　310) **обежа́в ли́шний ... сту́лом**「一回り余分に踊り，自分の
椅子の前でもう一度ひらひら舞い踊って」。　311) **непреме́нно хоте́ла
... разгово́р**「何としても中断した会話をまた続けたかった」。　312)
не что ино́е, как ...「〜に他ならない」。　313) **глубоко́ зарони́лись ...
мечта́тельницы**「夢見る若き娘の心に深く刻みこまれた」。　314)
набро́санный＜**наброса́ть**［完］「ざっと書く」。　315) **схо́дствовал с
... само́ю**「彼女自身の思い描いていた姿と似かよっていた」。　316)
э́то уже́ по́шлое ... воображе́ние「このもはや通俗的な相貌は彼女の夢
想する心をおびやかし，また魅了した」。　317) **сложа́ кресто́м го́лые
ру́ки**「素手を十字に組んで」。　318) **на откры́тую грудь**「はだけた胸
の方へ」。　319) **испу́ганным шёпотом**「驚愕のあまりささやくよう
に」。　320) **я причи́ною её сме́рти** (古) ＝ я причи́на её сме́рти。　321)
раздали́сь「鳴りひびいた」。　322) **э́то де́рзкое, упо́рное пресле́дование**
「あんなに大胆にしつこくつけ回したこと」。　323) **вот чего́ алка́ла
его́ душа́**「それこそ彼の心が渇望していたものだったのだ」алка́ть は
хоте́ть，тре́бовать などと同様，欲求の対象を示す生格補語をとる。
324) **Не она́ могла́ ... осчастли́вить его́ !**「彼の望みをかなえ，彼を
幸せにできるのは彼女ではなかったのだ」。　325) **терза́лось**「千々に
乱れていた」。　326) **ужаса́ло**＜**ужаса́ть**[不完] (ужасну́ть[完])「ぞっ
とさせる」。　327) **заря́жен**＜**заряди́ть**「弾丸をこめる」。　328)
догара́ющую＜**догара́ющий**「燃え尽きかかっている」。　329) **отёрла**
＜**отере́ть**「ぬぐう」。　330) **гро́зно**「恐ろしい形相で」。　331) **В э́том
положе́нии ... Наполео́на**「そんな格好をしていると彼は驚くほどナポ
レオンの肖像を思い起こさせた(に似ていた)」。　332) **Это схо́дство ...
Лизаве́ту**「その似ている様はリザヴェータでさえ驚がくする程だった」。
333) **подро́бное наставле́ние**「詳しい指示」。　334) **безотве́тную ру́ку**
「反応のない(握手に答えない)手を」。　335) **ощу́пал за обо́ями дверь**
「壁紙の裏に(隠された)扉を探りあてた」。　336) **чу́вствованиями**＜
чу́вствование (古) ＝ чу́вство。　337) **в э́ту са́мую спа́льню ...
прокра́дывался**「まさにこの寝室に ... 忍び込んだ」。　338)
истле́вший＜**истле́ть**「朽ち果てる」。　339) **о́тпер** (過去)＜**отпере́ть**
「開ける」。　340) **в сквозно́м коридо́ре**「通路(通り抜けのための廊下)」

— 161 —

注釈　ロシア語

に」。　341) **вы́ведшем**＜**вы́вести**「連れ出す」。　342) **отпева́ть**「(教会葬で)とむらう」。　343) **усо́пшей**＜**усо́пший**(古)＝покойный「故…」。　344) **испроси́ть у ней проще́ния**「彼女の赦しを得る」испроси́ть(古)「願い出て～を得る」。　345) **наси́лу мог … наро́да**「やっとのことで人混みをかきわけて通ることができた」。　346) **дома́шние：** ここでは一緒に住む家内の者，つまり召使いたちを指す。　347) **слёзы бы́ли бы**「涙があったなら(仮定法)」。　348) **как на отжи́вшую**「過去の人として」＜отжи́ть「生涯を終える」。　349) **Молодо́й архиере́й … сло́во**「若い主教が弔辞を述べた」。　350) **ми́рное … пра́ведницы**「信仰深き人の安らかな昇天」。　351) **кото́рой до́лгие го́ды**「その(故人の生きた)長い年月は」кото́рой は до́лгие го́ды にかかる所有生格で，先行詞は пра́ведница。　352) **бы́ли ти́хим … кончи́не**「キリスト者としての永眠にそなえる，静かで感動的な支度だった」。　353) **обрёл**＜обрести́(文)「見出す」。　354) **бо́дрствующую**＜**бо́дрствовать**「眠らずにいる」。　355) **в промышле́ниях благи́х**「善き営みの中で」。　356) **полуно́щного**(廃)＝полуно́чного。　357) **с печа́льным прили́чием**「悲愴かつ厳粛に」。　358) **так давно́ … увеселе́ниях**「はるかな昔から自分たちの空騒ぎの参加者だった(空しい享楽の日々を共にしてきた)」。　359) **ба́рская ба́рыня**(古)：地主の奥様づきの女中頭。　360) **в си́лах**＋不定形「～をすることができる」。　361) **и одна́**「だが，一人彼女だけが」。　362) **поклони́лся в зе́млю**「頭が地面に着くほど深くおじぎをした」。　363) **е́льником**「エゾマツの小枝で」。　364) **бле́ден**＜бле́дный。　365) **как сама́ поко́йница**「故人その人と同じ様に」。　366) **прищу́ривая одни́м гла́зом**「片方の目を細めて(薄くあけて)」。　367) **пода́вшись наза́д**「後ずさりして」пода́ться はここでは「動く，後退する」の意。　368) **оступи́лся**「足を踏みはずした」接頭辞 о と接尾辞 ся の付加は，元の動詞の意味の否定を表わす。　369) **на́взничь гря́нулся об земь**「仰向けにドタンと地面に倒れた」земь(古・俗)＝земля́。　370) **Лизаве́ту … па́перть**「リザヴェータ・イヴァーノヴナが気絶して入口前の階段に運び出された」。　371) **мра́чного обря́да**「陰うつな儀式の」。　372) **глухо́й**「聞きとりにくい，低い」。　373) **худоща́вый камерге́р**「やせぎすの侍従」。　374) **побо́чный**「副次的な，私生児の」。　375) **в уединённом тракти́ре**「ぽつんと立っている(場末の)居酒屋で」。　376) **заглуши́ть**「鎮める」。　377) **Чрез**(廃)＝че́рез。　378) **ша́ркая ту́флями**「スリッパをひきずりながら」。　379) **при́нял её … корми́лицу：** приня́ть ＋А(対 格) ＋за ＋В(対 格)「А を В と勘違いする」。　380) **скользну́в**「すっと(すべるように)動

注釈　ロシア語

いて」。　381) **мне ве́лено**(＜**веле́ть**)「私は命じられた」(被動形動詞
短語尾による無人称文)。　382) **вы́играют тебе́ сря́ду**「続けざまにあ
なたを勝たせるでしょう」。　383) **с тем, чтоб**「ただし～するならば」
通常は目的を表す接続詞句。　384) **опо́мниться**「我にかえる」。
385) **добуди́лся**「たたきおこした」接頭辞 **до** と接尾辞 **ся** の付加は，
一定の結果に達するまで行なわれる動作を表わす。　386)
доби́ться(…)**то́лку**「納得のゆく説明を得る」。　387) **заперта́** ＜**за́пер**-
тый ＜**запере́ть**「鍵をかける」。　388) **виде́ние**「幻，夢」。　389)
Атанде́ !(＜仏語 attendez)：トランプの用語で「ストップ，待った」。
390) **неподви́жные иде́и**「固定観念」。　391) **в нра́вственной приро́де**
「内的自然界(精神界)において」**физи́ческая приро́да**(＝**физи́ческий мир**)
に相対する概念。　392) **шевели́лись … губа́х**「口をついて出てきた」
шевели́ться「うごめく」。　393) **без пяти́ мину́т семёрка** : **семь**「七時」
の代わりに **семёрка**「七点(札)」と答えたもの。　394) **пуза́стый** ＝
пуза́тый(俗)「太鼓腹の」。　395) **в о́бразе пы́шного грандифло́ра**「華
麗な大輪花として」。　396) **об отста́вке**「退役について」。　397) **в**
откры́тых игре́цких дома́х「公開の賭博場で」**откры́тый** はここでは
「誰でも出入りの自由な」の意。　398) **вы́нудить клад у очаро́ванной**
форту́ны「呪縛された運命の女神から財宝を取りたてる」。　399)
Слу́чай … хлопо́т「ある偶然が彼の手間を省いてくれた」。　400)
прове́дшего ＜**провести́**。　401) **за ка́ртами** : **за** + 造格はここでは従事
する対象を表わす。　402) **вы́игрывая векселя́ … де́ньги**「勝った時
は(高利の)手形で受け取り，負けた時は現金で払ううち」。　403)
Долговре́менная … това́рищей「長い間積んだ豊かな経験によって彼
は友人たちの信頼をかち得た」**заслужи́ть**「自分の行ないによってふさ
わしい地位・評価をかち得る」(普通は人が主語)。　404) **нахлы́нула**
「押し寄せた」。　405) **предпочита́я собла́зны … волоки́тства**「女を追
い回す楽しみよりファラオンの誘惑に気移りがして」。　406) **та́йных**
сове́тников「三等官たち」。　407) **развали́сь** ＜**развали́ться**「長々と寝
そべる(口)」。　408) **челове́к два́дцать игроко́в** : 「～名の(兵士・観光
客…)」と員数を表わす時，数詞の後に **челове́к** を伴うことが多い。こ
こでは倒置されているので「約二十名のギャンブラー」の意。　409)
са́мой … нару́жности「きわめて堂々たる外貌の」。　410) **пожа́л ему́**
ру́ку「彼と握手した」。　411) **церемо́ниться**「儀式ばる，かしこまる」
普通否定詞を伴う。**Прошу́ не церемо́ниться.**「どうぞお楽に」と客に
言う言葉。　412) **Талья́** ＝ **Та́лия** 親の札(賭金)が尽きるまでの一巡。
413) **проки́дки** ＜**проки́дка**「(トランプの)一勝負」。　414) **отгиба́л**

— 163 —

注釈　ロシア語

ли́шний у́гол「余分に折られた角を元にもどした」参加者が倍賭けの数を示すのに誤って札の角を折り過ぎることがあった。　415)**мета́ть другу́ю**「次の回の札を配る」та́лью が省略されている。　416)**поста́вить ка́рту**「賭け札をおく」。　417)**ту́т же понти́ровавшего**「そこで賭勝負をしていた(紳士)」。　418)**с разреше́нием долговре́менного поста́**「長きにわたる精進の終結を」пост はここでは自制してトランプに手を出さなかったことを指す。419)**Идёт！**「よし」。　420)**куш**「賭金」。　421)**я не разгляжу́**「判別できません」。　422)**с ума́ сошёл**「気が狂った」。　423)**игра́ ва́ша сильна́**「あなたの賭け方は額が大きすぎる」この場合の形容詞短語尾形は，ある状況・基準に照らして「～すぎる」の意を表わす。　424)**се́мпелем … ста́вил**「一つの札だけに賭けた者はここにはまだいない」。　425)**бьёте вы мою́ ка́рту：**бить ка́рту とは，申し出された賭金での勝負を承諾すること。　426)**бу́дучи удосто́ен**(＜удосто́ить)**дове́ренности това́рищей**「仲間の信用を得ております上は」。　427)**дово́льно ва́шего сло́ва**「あなたのお言葉だけで充分(信頼に足る)」。　428)**ба́нковый биле́т**＝банкно́т「銀行券，紙幣」。　429)**Ге́рманнову：**Ге́рманн の物主形容詞の女性・対格形。430)**Сде́лайте одолже́ние**(古)「どうかお願いします」одолже́ние「貸与(古)，親切」。　431)**расчёлся**＜расче́сться＝рассчита́ться「精算する」。　432)**стака́н лимона́ду**(部分生格)「一杯のレモネード」。433)**Вале́т**「ジャック」。　434)**столь**(文)「かくも」。　435)**чем он ко́нчит**「彼が結局どうなるか，どういう結末になるか」。　436)**про́тиву**(古)＝про́тив。437)**распеча́тал коло́ду карт**「一組のトランプの封を切った」一枚の札に大金の賭けられる勝負の時は，工場であらかじめ切って封をした新品のトランプを使う習わしだった。438)**трясли́сь**＜трясти́сь「ふるえる」。　439)**обдёрнуться**「間違った札を引く」ゲルマンは自分の賭け札として「1」を選んだつもりだったが，実際には自分のトランプの中から間違って「スペードの女王」を引き，机の上に置いていたのである。　440)**го́вор**「話し声」。　441)**пошла́ свои́м чередо́м**＜идти́ свои́м чередо́м「順調に(これまでどおり，何事もなかったように)いく」。　442)**в Обу́ховской больни́це**「オブーホフ病院に」。ペテルブルグの繁華街をはずれた所にある大病院で，主に下層階級の人々の治療にあたった。　443)**ну́мере**(廃)＝но́мере。　444)**поря́дочное состоя́ние**「かなりの財産」。　445)**произведён в ро́тмистры**「騎兵大尉に昇進した」произвести́ ＋A(対格)＋B(複数主格と同形の対格)「A を B に任官させる」。

— 164 —

スペードの女王

プーシキン作（メリメ訳）

I

　近衛騎兵中尉ナルーモフの家で，トランプの勝負が行われていた。長い冬の一夜がいつしか更けてゆき，夜食が出たときには朝の5時になっていた。勝った者は食い気満々食卓についた。が，そうでない者はみんな，空っぽの皿を眺めていた。しかしながら徐々に，シャンペンに助けられて，話がはずみ，全員がそれに加わった。

　「スウリーヌ，今日はどうだった？」と，この家の主人が僚友の一人に尋ねた。

　「いつもの通り，負けたよ。確かに，ぼくにはつきがない。ぼくがやるのは単賭け〔ミランドル〕なんだ。ぼくがどんなに冷静であるかは知っての通りさ。ぼくは沈着冷静な張り手で，賭け金の額を変えることも決してしない。それなのに，いつだって負けるのだから！」

　「何だって！　一晩中やってて，きみは一度も赤に賭けようとはしなかったのかい？　実際，きみの手堅さときたら，もうどうしようもないよ」

　「諸君はエルマンをどう思う？」と客の一人が若い工兵士官を指さしながら言った。「この男は，これまでただの一度も倍賭け〔パロリ〕をしたことがないし，カードに触れたこともないのだよ。それでいて，われわれが勝負をしているのを朝の5時まで見ているのだから」

— 165 —

スペードの女王

「勝負事は好きなんだ」と，エルマンが言った。「でも，無くてもすむ余計な金を得ようとして必要な金を危険にさらす気にはなれないのだよ」

「エルマンはドイツ人だ。だから，締まり屋なんだ。それだけのことさ」と，トムスキーが声を大にして言った。「だがね，もっとも驚くべきことは祖母のアンナ・フェドトヴナ伯爵夫人だよ」

「それはどういうわけだい？」と友人たちが彼に尋ねた。

「きみたちは彼女が決して賭け事をしないってことに気がつかなかったかい？」とトムスキーが言った。

「なるほど」と，ナルーモフが言った。「賭け事をしない八十歳の婦人というのは珍しいな」

「きみたちは理由は知らないよね？」

「知らないよ。何か理由があるのかい？」

「そりゃそうさ！　まあ，聞いてくれよ。まず，きみたちに知って欲しいのは，祖母が六十年ほど前にパリに行って，かの地で大変な人気者になったということだ。『モスクワのヴィーナス』を見ようてんで，みんなが彼女を追い回したものさ。リシュリューも言い寄ったのだ。だが，祖母の言うところでは，彼女が余りにもつれなかったので，彼はもう少しで自分の頭にピストルの弾丸を一発撃ち込むところだったとか。当時は，ご婦人方はファラオンをやったものだ。ある晩，彼女は，宮中の勝負で，オルレアン公を相手に後払いの約束で勝負をして大負けに負け，大変な額の借りを作ってしまったのさ。帰宅すると，祖母は付けぼくろを取り，腰枠の付いたペチコートを脱いだ。そしてそのひどい服装のまま，祖父のもとに行き今回の不運を打ち明けて，返済するお金を要求した。亡くなった祖父は妻の執事のようなものだった。彼は彼女を火のように恐れていたが，

— 166 —

スペードの女王

　金額が告げられると，跳び上がって驚いた。彼はかっとなって，収支計算を始めた。そして，祖母に，彼女が六カ月で五十万使ったことを明らかにした。彼は，彼女にはっきりとパリにはモスクワ県やサラトフ県にあるような自分の村というものがないと言って，お金をくれという彼女の訴えをしりぞけたのだよ。祖母がどんなに怒ったか想像してくれ給え。彼女は彼に一発平手打ちを食らわせ，憤激の証しとしてその晩はベッドを別にしたもんだ。翌日，彼女は同じ要求を繰り返した。生まれて初めて，彼女はあれこれ言いわけやら釈明やらをする気になった。借金にもいろいろあること，公爵と車大工を同列に扱っていいはずがないことを夫に分からせようと躍起になったが，無駄だった。このような雄弁のいっさいがまったくの骨折り損だった。祖父が頑として譲らなかったのだ。祖母にはこの先どうなるのか分からなかった。幸い，彼女は当時極めて有名だったある人物を知っていた。きみたちはサン・ジェルマン伯のことを耳にしたことがあるよね。その人については途徹もないことがいろいろ噂されているからね。きみたちは，彼が不老長寿の霊薬や賢者の石の所有者とされるさまよえるユダヤ人を気取っていたことは知ってるよね。彼をペテン師として馬鹿にしている人たちもいたよ。カザノヴァは，『回想録』のなかで，彼はスパイだったと言ってる。それはそうと，謎めいた彼の身上にもかかわらず，サン・ジェルマンは上流社会の人々からもてはやされていたし，実際，感じの好い人物だった。祖母は今日でもなお彼に対して強い好意を抱き続けていて，誰かが彼のことを話す際に敬意を欠くようなことがあると，真っ赤になって怒るのだよ。彼女は彼なら必要な金を自分に用立てることができると考えたのだった。そこで，彼に短い手紙を書いてご来駕頂きたいと頼んだ。老魔術師は直ちに駆けつけて来て，彼女が失意のどん底

にあるのを知った。彼女は彼に手短に事情を知らせ，自分の不運と夫のつれなさとを語り，自分にはもう彼の友情と好意にしか希望はないと付け加えた。サン・ジェルマンはしばらく考えてから言った。『奥様，御入用の金子をご用立てするのはお安いご用です。でも，それを私に返済するまであなた様の気が休まらないことが私には分かっています。私は，あなた様が一つの苦況を抜け出してもう一つの苦況に陥ることなど望みません。あなた様が債務を免れる一つの方法があります。つまり，負けたお金を取り返せばよろしいのです』『でも，伯爵様』と，祖母が答えた。『先ほど申し上げました通り，私にはもうピストール金貨一枚ないのです…』『そんなものはいりませんよ』と，サン・ジェルマンは答えた。『まあ，お聞きなさい』そして彼は，きみたちの誰もが間違いなくどんな大金でも払うと思われる秘密を彼女に教えたのだよ」

　若い将校たちの誰もが耳をそばだてていた。トムスキーは話を中断し，パイプに火を付け，一服吸ってから，こんなふうに話を続けた。

　「その晩のうちに，祖母はヴェルサイユで開かれた王妃のトランプ会に行った。オルレアン公が親をやっていた。彼女は，公にちょっとした作り話をして，未だ借りを払っていないことを詫びた。それから席に着き，親を相手に張り始めた。彼女はカードを三枚選んだ。一枚目は勝った。彼女は二枚目には賭け金を倍にした，ふたたび勝った。三枚目も倍にした。結局，彼女はみごとに借りを返したのだよ」

　「まったくの偶然さ！」と，将校の一人が言った。

　「とんでもない作り話さ！」と，エルマンが言った。

　「まさか札に仕掛けがあったのでは？」と，三人目の将校が言った。

スペードの女王

「ぼくはそうは思わないな」と，トムスキーが真剣な顔で言った。

「何ということだ！」と，ナルーモフが大きな声で言った。「きみには，三枚の必勝札を知っているお祖母さんがいる。それなのに，未だその札を教えてもらってはいないのかい？」

「ああ！　問題はそこなんだ！」と，トムスキーが言った。「彼女には息子が四人いた。親父はそのうちの一人だったのだがね。三人は根っからの博打好きだった。だが，誰ひとりとして，彼女からその秘密を聞き出すことができなかったのだよ。それができりゃ，大いにみんなのためになったろうに。もちろんぼくのためにもね。まあ，伯父の，あのイヴァン・イリイチ伯爵がぼくに話してくれたことを聞いてよ。伯父は正真正銘の話だと言ってるよ。チャプリツキー──ご存じの通り，何百万も食いつぶした挙句窮乏のうちに死んだ人物なんだけど──そのチャプリツキーが，若い頃のある日，ゾリッチ相手に三十万ルーブルほど負けたんだよ。彼は絶望していた。祖母は若い者の過ちには余り寛大ではなかったが，どういうわけだか，チャプリツキーにだけはこの習慣に例外を設けたのだった。彼女は彼に，今後は生涯二度と賭け事をしないと約束させて，順番に賭けるべき三枚の札を教えたのだった。チャプリツキーはすぐさまゾリッチに会いに行き，復讐戦を申し込んだ。彼は最初のカードには五万ルーブル賭けた。彼は勝ち，倍賭けをやった。結局彼は三枚のカードで借りを返し，儲けさえした…でも，ほら，六時だ！　床に就く時間だよ」

各人がコップを空け，別れた。

II

老伯爵夫人アンナ・フェドトヴナは，化粧室の鏡の前に座っ

— 169 —

スペードの女王

ていた。三人の小間使が彼女を取り巻いていた。一人は紅のつぼを，もう一人は黒いピンの箱を捧げ持っていた。三人目は，炎色のリボンが付いた馬鹿高い縁なし帽を捧げていた。伯爵夫人は，もはや，いささかも自分が美しいとは思っていなかった。だが，彼女は，若かりし頃の習慣を保持していて，五十年前に流行った服装をし，往年の伊達娘らしくたっぷり時間をかけかつ念入りに化粧をするのだった。侍女は引込み窓の際にある刺繍台に向って仕事をしていた。

「お早ようございます。お祖母さま」と，一人の青年士官が，化粧室に入って来るなり言った。「お早ようございます。マドモワゼル・リーズ。お祖母様，一つお願いに上がりました」

「何なの，ポール？」

「友人の一人を紹介させて下さい。それで，お祖様の舞踏会に彼を呼んでやって頂きたいのです」

「その人を舞踏会に連れていらっしゃいな。そして，お前がそこで私に引き合わせてくれればいいわ。昨日は＊＊＊大公妃様の所でしたの？」

「ええ，そうです。すばらしかったですよ！五時まで踊りました。エレツキー嬢の美しかったこと！」

「おやまあ，お前は甘いのだね。美貌という点では，何と言ってもあの人のお祖母様のダリヤ・ペトロヴナ公爵夫人ですよ，見せたかったねえ！　でもねえ，すっかりお年をお召しになったことでしょうね，ダリヤ・ペトロヴナ公爵夫人は？」

「何ですって，お年を召したですって！」とトムスキーはうっかり叫んでしまった。「あの方が亡くなってから，もう七年になるのですよ！」

侍女が顔を上げて，若い士官に目配せをした。彼は直ちに，同年輩の人が亡くなったことは伯爵夫人には隠すように，と厳

— 170 —

スペードの女王

しく言われていることを思い出した。彼は唇を噛んだ。ところが，伯爵夫人は，自分の旧い友達がもはやこの世の者ではないと知っても，極めて平静を保っていた。

「お亡くなりですって？」と彼女は言った。「へーえ，知りませんでしたよ。私たちは一緒に女官を仰せつかったのよ。そして，私たちが拝謁を賜ったとき，皇后様は…」

老伯爵夫人が若い頃の逸話を語るのはこれで百遍目だった。

「ポールや」と彼女は，話が終わると，言った。「手を貸して私を立たせておくれ。リーザンカ，私のたばこ入れはどこ？」

そして彼女は，三人の小間使を従えて，身づくろいを済ませるために，大きな衝立の陰に移った。トムスキーは侍女と二人きりになった。

「奥様にお引き合わせになりたいという殿方は，どなたですの？」と，リザベタ・イヴァノヴナが小声で尋ねた。

「ナルーモフです。ご存じですか？」

「いいえ。軍人さんですの？」

「そうです」

「工兵さんですか？」

「いいえ，近衛騎兵です。あなたは，何だって，工兵だと思っていらしたのですか？」

侍女はほほえんだ。だが，答えなかった。

「ポール！」と，伯爵夫人が衝立の陰から大きな声で言った。

「新しい小説を届けておくれ。何でもいいわ。ただね，お分かりだろうが，今風のはご免だよ」

「どんなのがよろしいのです，お祖母様？」

「主人公が父親を締め殺すこともなければ母親を締め殺すこともなく，水死人が出て来ることもない小説だよ。私には水死人ほど怖いものはないのだからね」

— 171 —

スペードの女王

「今どきそんな小説がどこにあるのです？　ロシアの小説ではいけませんか？」

「へえ！　ロシアの小説ってのがあるのかい？　一つ届けておくれ。忘れやしないだろうね」

「かしこまりました。さようなら，お祖母様，急いでますので。さようなら，リザベタ・イヴァノヴナ。いったい，どうしてあなたにはナルーモフが工兵であって欲しかったのですか？」

そして，トムスキーは化粧室から出て行った。

リザベタ・イヴァノヴナは，ただ一人残って，カンバス刺繡（ししゅう）にもどり，引込み窓の前に座った。すると，直ちに，通りの隣家の角に，一人の若い士官が現れた。彼が現れると，侍女はたちまち耳まで赤くなった。彼女は布地の下に顔を隠さんばかりに頭を低くした。そのとき，伯爵夫人がすっかり着替えをすませてもどってきた。

「リーザンカ」と彼女は言った。「馬車の用意をさせておくれ。散歩しましょう」

リザベタはすぐさま立ち上がって，刺繡を片付け始めた。

「おや，いったいどうしたの？ねえ，お前，聞こえないのかい？すぐに馬車の用意をするように言って来なさい」

「ただ今」と侍女が答えた。

そして彼女は控えの間（ひか）に駆け込んだ。

召使が，ポール・アレクサンドロヴィッチ伯爵から届いた本を持って，入って来た。

「よろしく言っておくれ。リーザンカ！　リーザンカ！　いったい彼女はこんなふうにどこを走り回ってるんだろうね？」

「着替えようとしていました，奥様」

「時間はありますよ。お座り，一冊目を取って，私に読んどくれ」

— 172 —

スペードの女王

侍女は本を取って数行読んだ。

「もっと大きな声で！」と伯爵夫人が言った。「いったいどうしたのだい？　声が嗄れているのかい？　お待ち，そのスツールを近づけておくれ…　いいわ」

リザベタ・イヴァノヴナは，さらに二ページ読んだ。伯爵夫人はあくびをした。

「そんな退屈な本はうっちゃっておしまい」と彼女は言った。「つまらないったらありやしない！　そんなものはポール伯爵に返しておしまい。そしてちゃんとお礼を言うように…　それはそうと，馬車は？　来ないのかしらね？」

「ほら，参りましたわ」とリザベタ・イヴァノヴナは窓から眺めながら答えた。

「おやおや，お前は着替えてないのかい？　いつだって待たなくちゃならないのだからねえ！　やりきれないったらありやしない」

リザベタは自分の部屋に駆け込んだ。彼女がそこに入って二分ほど経つと直ぐに，伯爵夫人は力いっぱい鈴を鳴らした。彼女の三人の小間使が一方の扉から，家令が別の扉から入って来た。

「私の呼ぶのが聞こえないらしいね」と伯爵夫人が大声で言った。「リザベタ・イヴァノヴナに私が待ってると言って来なさい」

そのとき，彼女がよそ行きを身につけ，帽子をかぶって入って来た。

「やっとお出ましになったのだね」と伯爵夫人が言った。「たいへんなおめかしだね！　どういうわけなの？　誰かお目当ての人がいるのかね？　さあて，天気はどうかしら？　風があるようだね」

— 173 —

スペードの女王

「いいえ，奥様，ございません」と家令が言った。「それどころか，大変暖こうございます」

「お前たちの言うことなど当てになるものですか。風窓を開けてごらん。言った通りだろ… ひどい風だよ！ それに氷のように冷たい！ 馬を外しておしまい。リーザンカ，出かけるのはやめだよ。そんなにおめかしするには及ばなかったね」

「何とみじめな生活なのだろう！」と侍女はごくごく小さな声で独り言を言った。

実際，リザベタ・イヴァノヴナは大変かわいそうな女であった。『他人のパンは苦く，他家の敷居は越えるに高し』とダンテは言っている。だが，誰が身分の高い老婦人のもとに身を寄せている哀れな侍女の悲嘆を語るというようなことがあろうか？とはいえ，伯爵夫人は，意地悪なのではなくて，世間からちやほやされた婦人らしくまったくの気まぐれだったのである。彼女は社交界で中心的な役割を演ずることを久しく止めてしまっている婦人の常として，吝嗇（りんしょく）で，身勝手で，利己的だった。彼女は決して，舞踏会に欠席することはなかった。彼女は，そこでは，化粧をし，時代遅れの服装をして，片隅にじっと居続け，まるで醜悪な案山子（かかし）の役割を果たすためにわざわざそこに置かれているように見えるのだった。みんなは，会場に入ると，一人一人彼女に丁重な挨拶をしに来るのだったが，しかし，こういった儀礼が終わると，もう誰一人彼女に話しかけはしなかった。彼女は邸で厳密に作法を守りながら都中の人々を接見したが，名前と顔が一致しなかった。数多い使用人たちは，ご馳走・洗濯付きで控えの間でぬくぬくと過ごしながら，好き勝手のし放題で，あたかも死がすでに邸内に入り込んでいるかのように，邸にある物すべてがくすねられるのだった。リザベタ・イヴァノヴナは，絶えることのない心労のうちに生活を送って

スペードの女王

いた。彼女がお茶を注ぐ，すると，砂糖の使い方が多いと言って叱られた。彼女が伯爵夫人に小説を読んで聴かせる，すると，伯爵夫人は作者たちのまずさ加減のいっさいを彼女の故にした。彼女がこの貴婦人の散歩のお伴をする，と，敷石の悪いのも天気の悪いのも彼女の故にされるのだった。お手当は雀の涙ほどであるのに，決してきちんきちんと支払われたことがなく，しかもみんなと，つまりきわめて少数の人々並みに身なりを調えることが要求されるのだった。社交界でも，彼女の役回りはみじめなものだった。みんなが彼女を知っていたが，誰一人彼女を顧みようとはしなかった。舞踏会では，彼女は踊った，ただし，パートナーが足りないときだけであった。婦人連がやって来て彼女の手を取り，サロンの外に連れ出すのは，どこか化粧を直す必要があるときだった。彼女には自尊心があったので，自分の境遇のみじめさを痛感したものだった。彼女はじりじりしながら，自分をつないでいる鎖を断ち切ってくれる救い主を待ち望んでいた。しかしながら，若者たちは，うわべこそ軽率きわまるがその実慎重で，彼女に好意を寄せるのは大いに慎んでいた。そのくせ，リザベタ・イヴァノヴナは，彼らが賛辞を惜しまない，図々しいかさもなければ愚かしいあの令嬢たちの百倍もきれいだった。彼女は一度ならず，サロンの華やかさと退屈さを離れて，古い衝立，継ぎを当てたじゅうたん，整理だんす，小さな鏡台，色を塗った木のベッドなどのある自分の小さな部屋にひとり閉じ籠もりに行ったものだった。そして，そこの，真鍮製のシャンデリヤの獣脂のろうそくの光の下で，心ゆくまで泣くのだった。

　ある日，つまりナルーモフ家で行われたトランプ会の夜の二日後で，われわれがたった今スケッチしたばかりのシーンに先立つこと一週間前の，ある朝，リザベタは窓の前の刺繍台に座

— 175 —

スペードの女王

り，通りをぼんやり眺めていて，一人の工兵士官が立ったまま
じっと彼女を眺めているのに気がついた。彼女は顔を伏せると，
ますます熱心に仕事を始めた。五分後に彼女は無意識のうちに
通りを眺めた。士官は同じ場所にいた。窓の下を通りすがる青
年たちに媚を売る習慣がないので，彼女はおよそ二時間もの間
刺繍台に視線を向け続けていた。そのとき，昼食の知らせが来
た。そこで，立ち上がって仕事を片付けねばならなかった。こ
の動作の間に，彼女は同じ所にいる士官がまたも目にとまった。
これは彼女には大変不思議なことであった。昼食後，彼女はい
ささか胸を高ぶらせて窓に近づいたが，工兵士官はもはや通り
にはいなかった。彼女は彼のことを考えるのは止めてしまった。

　二日後，伯爵夫人と馬車に乗り込もうとしたとき，彼女はふ
たたび彼が門の前にまっすぐ立っているのを見た。彼は毛皮の
襟で半ば顔を隠していたが，黒い目が帽子の陰できらきら輝い
ていた。リザベタは理由がよく分からないままに怖くなって，
震えながら馬車に腰をおろした。

　家にもどると，彼女は胸をどきどきさせながら窓に駆け寄っ
た。士官はなじみの場所にいて，燃えるようなまなざしを彼女
に向けていた。彼女は直ぐに引き下がったが，好奇心に燃え，
初めて味わう不思議な感情の虜になっていた。

　その時以来，その青年技術将校が彼女の窓の下にやって来て
うろうろしない日はなかった。やがて彼女と彼の間には，暗黙
の交友関係が成り立った。刺繍台に座ると，彼女は彼の存在を
意識するのだった。そして彼女は顔を上げては，日増しに長く
彼を眺めるようになった。青年はこの純粋な好意に対しておお
いに感謝しているように思われた。彼女は若い娘特有の激しく
てすばやいまなざしで，二人の眼が会うたびに，士官の青白い
頬がさっと赤くなるのに気がついた。一週間後には，彼女は彼

スペードの女王

にほほえみかけるようになった。

　トムスキーが祖母に友人の一人を引き合わせる許しを求めた
とき，この哀れな娘の心臓はひどく高鳴り，ナルーモフが近衛
騎兵に属していると知ると，彼女は自分の秘密を軽率な人に漏
らして台無しにする危険を招いてしまったことを激しく後悔し
た。

　エルマンはロシアに定住した一ドイツ人の息子だが，そのド
イツ人は彼に資産を少しばかり残したのだった。彼は，自立性
を保ち続けようと固く決心し，遺産から入る収益には手を付け
ないという掟を自らに課して，自分の俸給で暮らし，自分にど
んな些細な出来心も許さなかった。彼はあまり気さくな方では
なく，野心家だった。そして，彼の控え目な態度が同僚たちに
なかなか彼を愚弄する機会を与えなかった。見せかけの静けさ
の下に，彼は激しい情熱や奔放な想像力を隠していながら，し
かもいつも自分を抑えることができ，青年にありがちな逆上を
防ぐことができた。こんなわけで，彼は，生まれながらの賭博
好きでありながら，ただの一度もトランプに触れたことがなか
った。それというのも，無くてもすむ金を手にすることを当て
にして必要な金を犠牲にできる身分ではないことが分かってい
た（し，彼自身そう口にしていた）からである。そのくせ，幾
晩も夜通し緑のクロス台の前で過ごし，くるくる変わる勝負運
の行方をどきどきしながら見守るのだった。

　サン・ジェルマン伯の三枚のカードの話は彼の想像力をひど
く刺激し，彼は一晩中そのことばかり考えた。『もしも』と翌日
の晩，彼はペテルブルグの街をさまよいながら考えた。『老伯爵
夫人がぼくに秘密を漏らしてくれたら？　もし，せめて三枚の
勝札を言ってくれたら！…　それには彼女のもとに出入りして，
信頼をかち得，取り入らなければならない…　そうなんだ！

— 177 —

スペードの女王

彼女は八十七歳だ！　彼女は，今週にも，いや多分明日にも，死ぬかもしれない…　第一，例の話…　あのなかに一言でも真実があるのだろうか？　いやいや，節約，節制，勤労，これがぼくの三枚の勝札なのだ。ぼくが自分の資産を倍増し，十倍にもするのはこの三枚の札によってなのだ。それこそが自立と安楽とをぼくに保証してくれるのだ』

　こんなふうに思いをめぐらせているうちに，ペテルブルグの大通りの一つに面したかなり古い造りの邸宅の前にやって来た。その通りは馬車でいっぱいで，華やかに照明された正面玄関に馬車が一台また一台と乗りつけて来た。それぞれの馬車の開いた昇降口から，あるときは若い婦人の小さな足が，またあるときは将軍の乗馬靴が，と思うと今度は透かし模様のストッキングが，と，次には，外交官の短靴が現れるのが彼には見えた。毛裏付き外套やマントが列をなして大男の門番の前を通って行った。エルマンは立ちどまった。

　「どなたのお邸ですか？」と彼は詰所に詰めていた夜警に尋ねた。

　「＊＊＊伯爵夫人です」

　それはトムスキーの祖母であった。

　エルマンは身震いをした。三枚のカードの話がまたも彼の心に浮かんだ。彼は邸に住んでいる婦人やその富やその神秘的な能力のことを考えながら，その邸の周りをうろつき始めた。彼は，ようやくみすぼらしい自分の部屋に帰ったが，なかなか寝つかれなかった。眠りが彼の五官をとらえると，彼はカードや緑のクロスやドゥカート金貨や紙幣の山が目の前でちらちら動いている夢を見た。彼は自分が倍賭けにつぐ倍賭けをして，いつも勝っては，ドゥカート金貨の山をポケットにねじ込んだり，財布に紙幣を詰め込んだりしている夢を見た。目が覚めると，

— 178 —

スペードの女王

彼はもはや途方もない大金が見られないことに溜息をつき，気をまぎらすために，ふたたび町をぶらつきに出た。やがて彼は，＊＊＊伯爵夫人邸の前に出た。抗いがたい力が彼を引っ張って来たのだった。彼は立ちどまり，窓々に注意を向けた。窓ガラス越しに，彼は，若くて髪も黒々として美しい顔が，多分，本か刺繍台に，優雅に傾いているのを認めた。その顔が上がった。彼は若々しい顔と黒い目とを見た。この瞬間が彼の運命を決した。

                    Ⅲ

　リザベタ・イヴァノヴナは肩掛けと帽子を脱ごうとしていた。すると，伯爵夫人の迎えが来た。彼女は馬車にふたたび馬をつながせたところだった。道路際で，二人の従僕が馬車の昇降口に老婦人をやっとのことで抱えあげようとしていたとき，リザベタは青年士官を直ぐ側に認めた。彼女は彼が手をつかんだように感じて，恐ろしさで頭が混乱した。そして，士官は，彼女の指の間に一枚の紙きれを残して，早くも姿を消してしまっていた。彼女は大急ぎでそれを手袋に隠した。途中ずうっと，彼女には何も見えず，また何も聞こえなかった。車のなかでは，伯爵夫人は絶えず次のような質問をする習慣があった。

　「今挨拶をした人はどなた？　この橋は何というの？　あの看板には何と書いてあるの？」

　リザベタはまったく見当外れの返事をしては，伯爵夫人に叱られた。

　「いったい，今日はどうしたのかねえ？　いったい，何を考えているのだろうねえ？　それとも，私の言うことが聞こえないの？　私は舌がもつれてはいないし，未だ気も確かだというのに？」

— 179 —

スペードの女王

　リザベタは伯爵夫人の話を聞いてはいなかった。家に帰ると，彼女は部屋に駆け込んで戸を閉め，手袋から手紙を出した。手紙は封印されていなかった。それで，読まないわけにはゆかなかった。手紙には恋心が書きつづられていた。手紙はやさしく，敬意に満ちたもので，とあるドイツの小説からの逐語訳だった。しかし，リザベタはドイツ語を知らないので，大いに満足した。

　とはいえ，彼女はひどく困惑していた。生まれて初めて秘密を持ったからだ。若い男と文を取り交わすなんて！　彼の大胆さが彼女を震えさせた。彼女は自分の軽はずみを悔やんだ。だが，どうしたらいいか分からなかった。

　窓辺で仕事をするのを止め，冷たくして，若い士官が彼女に言いよる気持を萎えさせる，あるいは彼に手紙を返す，あるいはまた強いきっぱりとした調子の返事を出す…　どうしたものか？　彼女には友だちも相談相手もいなかったのだ。彼女は返事を出すことにした。

　彼女は机に向かって座り，紙とペンを手にして，じっと考え込んだ。幾度か，二言，三言書き出しては，破り捨てた。文面が素気なさすぎたり，しかるべき慎みを欠いたりしたからだ。さんざん苦労をして，とうとう，彼女は満足できる数行の文章を書き上げた。

　『心から』と彼女は書き出した。『あなた様のご意向は立派な殿方のご意向であり，あなた様には軽はずみな御振舞いによって私を傷つけるおつもりのないことを信じて居ります。さりながら，私どもの交際はかかる仕儀にて始まるべきではないことは，御賢察頂けるものと存じます。されば，御文をお返し申し上げます。今後，私が，この軽はずみな振舞いをくやむことのなきよう御配慮下さいませ』

　翌日，エルマンを認めると直ぐに，彼女は刺繡台を離れ，客

— 180 —

スペードの女王

間に行き，風窓を開け，手紙を通りに投げた，若い士官がそれを見失わないことをちゃんと計算して。はたしてエルマンは直ちにそれを拾い，砂糖菓子店に入って読んだ。そこには期待を裏切るようなことは何も見つからないので，彼は恋の手管（てくだ）の出だしにかなり満足して，家に帰った。

　数日後，ひどく利発そうな目をした少女が，婦人服店からだと言って，リザベタ嬢に会いに来た。リザベタは，彼女を迎えたとき，不安がないわけではなかったが，未払いの計算書だろうと思っていた。だが，渡された書き付けを開いて，エルマンの筆跡を認めたときの彼女の驚きは大きかった。

　「間違ってますよ。この手紙は私に宛てたものではありませんから」

　「まことに申し訳ございませんが」と婦人服店員はいたずらっぽい微笑を浮かべながら答えた。「どうかそれをお読み下さいませ」

　リザベタはそれに視線を走らせた。エルマンは逢い引きを求めていた。

　「そんなこと，できっこないわ！」と彼女は，要求の大胆さやらそれが彼女に伝えられた方法やらに恐れをなして，叫んだ。「この手紙は私宛てのものじゃないわ！」

　そして彼女はそれをきれぎれに引き裂いた。

　「もしそのお手紙がお嬢様宛てではございませんでしたら，どうしてお破りになったのです？」と店員が言った。「手紙の正しい受取人に届けなければなりませんでしたのに」

　「あらまあ！　ご免なさいね，おねえさん」とリザベタはどきまぎして言った。「後生だから，もう二度と手紙を持って来ないで下さいな。そしてあなたにお使いをさせた方に，こんな振舞いを恥ずかしいとお思いになるように伝えて下さいね」

— 181 —

スペードの女王

　しかしながら，エルマンは，簡単に引き下がるような男では
なかった。リザベタは毎日あの手この手で送られて来る新しい
手紙を受け取った。彼女に送られて来るのは，今や，もうドイ
ツ語からの引き写しではなかった。エルマンは激しい情熱に衝
き動かされて書き，まさしく自分の言葉で語っていた。リザベ
タはこのような雄弁な言葉の奔流には抗しきれなかった。彼女
は喜んで手紙を受け取り，やがてはそれに返事を出すようにな
った。日毎に彼女の返事は長くかつ優しくなっていった。とう
とう，彼女は彼に，次のような文面の手紙を，窓から投げたの
だった。

　「本日＊＊＊大使公邸で舞踏会がございます。伯爵夫人はそこ
に参られます。私どもは2時までとどまることになりましょう。
したがいまして，次のように致しますと，あなた様は見とがめ
られずに私と会うことができましょう。伯爵夫人がお出かけに
なれば直ぐに，11時頃になると思いますが，留守の者は引き下
がります。門衛だけが玄関に残るでしょうが，彼は大体いつも
自分の樽小屋で居眠りをしています。11時になり次第お入り下
さい。そして直ちに，急いで階段を上がって下さい。もし控え
の間で誰かに会うようなことかあれば，伯爵夫人が御在宅かと
お尋ね下さい。いらっしゃいませんという返事がもどってくる
でしょう。その場合は，あきらめてお引き取り下さらねばなり
ません。でも，まず誰にもお会いになることはないでしょう。
伯爵夫人お付きの女たちはみんな遠くの部屋に固まって居りま
すから。控えの間にいらっしゃいましたら，左へいらして下さ
い。そして，伯爵夫人のお寝間に入るまで，ずっと真っ直ぐお
進み下さい。寝間の大きな衝立の陰に，ドアが二つあります。
右手のドアは納戸とつながっており，左手のドアは廊下に通じ

― 182 ―

スペードの女王

ていて，その突き当たりに螺旋階段があります。この階段を上
がると，私の部屋でございます」

　エルマンは，逢い引きの時間を待つ間，待伏せている虎のよ
うに震えていた。10 時から彼は伯爵夫人邸の門前で待ちかまえ
ていた。ひどい天気だった。風が吹き荒れ，綿をちぎったよう
な雪が降りしきっていた。街灯はぼんやりとした光を投げかけ
るばかりで，通りには人影はなかった。ときどき，痩せ馬に鞭
を当てながら夜遅くまでうろついている通行人を探す辻馬車が
通って行った。エルマンは，薄いフロックコート一枚しか身に
まとっていないのに，風も雪も感じていなかった。ついに伯爵
夫人の馬車が現れた。彼は，まるで亡霊のようなよぼよぼの老
媼が，毛裏のついた大きな外套にしっかりと身を包み，長身の
従僕二人に両脇から抱きかかえられてクッションの上に下ろさ
れるのを見た。引き続いて，リザベタが小さなマントをまとい，
頭に天然の花を飾って，まるで矢のようにさっと馬車に乗り込
んだ。戸が閉まり，馬車はやわらかい雪の上を鈍い音を響かせ
ながら走り出した。門番が玄関の扉を閉めた。二階の窓々が暗
くなり，静けさが邸に満ちた。エルマンは辺りを行ったり来た
りした。やがて，彼は街灯に近づき，時計をのぞいた。11 時 20
分前だった。彼は，街灯にもたれ，時計の針に目を凝らして，
いらいらしながら残り時間を数えていた。11 時ぴったりに，エ
ルマンは石段を上がって玄関の扉を開き，中に入ったが，その
ときそこはひどくまぶしかった。ああ，ついてる！　門番がい
ない。彼は，しっかりしたすばやい足どりで，あっと言う間に
階段を越えて，控えの間に入った。そこでは，ランプの前に，
お仕着せを着た従僕が古くさくてひどく汚らしい安楽椅子に横
になって眠っていた。エルマンはすばやく彼の前を通り，食堂

— 183 —

スペードの女王

と客間を通り抜けたが，そこには明かりはなかった。控えの間のランプが彼が進むのに役立った。とうとう彼は寝室に到着した。古びた聖者像でいっぱいの聖龕（せいがん）の前には，黄金のランプがともっていた。金色の肘掛椅子やふかふかのクッションをのせた色あせた長椅子が，中国の絹布を張った壁に沿って，対照的に並べられていた。そして，ルブラン夫人の筆になる二枚の大きな肖像画が真っ先に目についた。一枚には，淡緑色の服を着て胸に勲章をつけた，太った，血色のよい四十男が描かれていた。もう一つは，こめかみのところで振り粉をした髪を高く束ね，耳の上に一輪のばらを挿した，鷲鼻の気品のある若い婦人の肖像画だった。部屋中至る所に，ザクセン焼の羊飼いたちや，さまざまな形をした壺や，ルロワの置時計や，籠や，扇や，モンゴルフィエの気球や，メスメルの磁気と同じ時代，つまり前世紀の大発明物である貴婦人向きのさまざまな玩具類が見られた。エルマンは衝立（ついたて）の陰に回った。すると，そこには，鉄製の小さなベッドが隠れていた。彼は二つのドアに気がついた。右手は窓のない納戸のドアで，左手は廊下のドアだった。彼は後者を開き，かわいそうな侍女の部屋に通じる小さな階段を見た。それから彼は，そのドアを閉めて納戸の中へ入った。

　時はゆっくりと流れて行った。家の中は，静まり返っていた。客間の時計が真夜中を告げた。するとふたたび，静けさがもどった。エルマンは，火のないストーヴにもたれて，立っていた。彼は落ち着いていた。彼の心臓は，避けることができないと知っているが故に自らに振りかかるあらゆる危険に敢然と立ち向かう決心をした人の心臓のように，大変規則正しく打っていた。彼は一時が鳴るのを耳にし，次いで二時が鳴るのを耳にした。すると直ぐその後に，馬車の遠い響きが聞こえて来た。そのとき彼は，思わず胸が騒ぐのを感じた。馬車は急速に近づいて来

スペードの女王

て，停まった。やがて，階段を走る召使たちの大きな足音，が
やがや言う声。すべての部屋部屋に明かりがともり，三人の年
輩の小間使が同時に寝室に入って来る。最後に，歩くミイラの
ような伯爵夫人が現れ，ヴォルテール風の大きな肘掛椅子に倒
れ込む。エルマンは隙間から眺めていた。彼はリザベタが自分
の直ぐそばを通るのを目にし，彼女の足音が小さな螺旋階段を
急いで行くのを耳にした。彼は，心の奥底に，良心の呵責みた
いなものを感じたが，それも消えてしまった。彼の心はふたた
び石と化した。

　伯爵夫人は鏡の前で衣装を脱ぎ始めた。ばらの髪飾りを取り，
振り粉をしたかつらを彼女自身の短く刈り込んだ真白な髪から
はずした。ヘア・ピンが彼女のまわりに雨のように落ちた。銀
糸を織り込んだ，黄色いドレスが彼女のむくんだ足もとに滑り
落ちた。エルマンは，心ならずも，ぞっとしない寝化粧の一部
始終を見てしまった。とうとう，伯爵夫人は部屋着とナイト・
キャップ姿になった。年齢にずっとふさわしいこの姿になると，
彼女は先ほどより，ちょっぴりおぞましさが少なくなった。

　大方の老人同様，伯爵夫人は不眠に悩まされていた。着替え
をすますと，彼女は肘掛椅子を窓枠の所に移動させ，女たちを
引き下がらせた。ろうそくを消すと，部屋はもはや聖画像の前
で燃えている灯明に照らされるだけ，となった。伯爵夫人は，
真っ黄色になり，すっかりちぢこまり，唇はたれさがり，体を
右に左にゆっくりとゆすっていた。とろんとした目からは，思
考力の不在が読み取れた。こんなふうに体をゆすっているのを
見ていると，彼女はまるで，意思の力で動いているのではなく，
何か秘密の仕掛けによって動いているかのようであった。

　突然，この死人のような表情が一変した。唇は震えるのを止
め，目に生気がもどった。伯爵夫人の前に，見知らない男が現

— 185 —

スペードの女王

れたのだった。エルマンだった。

「奥様，怖がらないで下さい」と，エルマンは小声で，ただし一語一語はっきりと言った。「お願いですから，怖がらないで下さい。私は，あなた様にほんの少しも，危害を加えようとは思っていません。それどころか，私はあなた様におすがり致したくて参ったのです」

老媼は，まるで訳が分からないかのように，黙って彼を見詰めていた。彼は，彼女が耳が遠いのだと思って，耳もとに身をかがめて，先ほど言ったことを繰り返した。伯爵夫人は依然として押し黙っていた。

「あなた様は」とエルマンは続けた。「私に全生涯にわたる幸福を確実に与えることがおできになります。しかもあなた様は，何ら犠牲を強いられることはないのです…　私はあなた様が三枚のカードを私に教えることがおできになることを承知しております，そのカードは…」

エルマンは中断した。伯爵夫人はたぶん何を要求されているかが分かったのだ。恐らく彼女は返事を探っていたのであろう。彼女は言った。

「あれは冗談だったの…　ほんとに，冗談なのよ」

「そんなことはございません，奥様」と，エルマンは怒った口調で言い返した。「チャプリッキーのことを思い出して下さい，あなた様が儲けさせた…」

伯爵夫人はうろたえたように見えた。一瞬彼女の表情に，激しい心の動揺が現れたのだ。が，じきにもとの痴呆のような無表情にもどった。

「三枚の必勝カードをお教え願えませんでしょうか？」とエルマンが言った。

伯爵夫人は黙っていた。彼は言葉を続けた。

— 186 —

スペードの女王

「どうしてその秘密をお漏らしくださらないのですか？　お孫さんたちのためですか？　お孫さんたちはそれがなくてもお金持です。お孫さんたちにはお金の値打が分かりません。ですから，あなた様の三枚のカードは，お孫さんたちに何の役に立ちましょうか？　あの人たちは放蕩者です。自分の資産を守れないような人は，たとえ自分の意のままになる魔神の術を持っていても，貧窮のうちに死ぬことになるでしょう。しかし，私は真面目な人間です。お金の値打を知っています。私でしたら，あなた様の三枚のカードは無駄にはなりません。ですから…」

彼は言葉を切り，震えながら答えを待った。伯爵夫人はひと言も発しなかった。

エルマンはひざまづいた。

「もしあなた様の御心がかつて恋というものをご存じでしたら，もしあなた様がその甘い喜びをおぼえておいででしたら，もしあなた様がかつて赤子の産声にほほえんだことがおありでしたら，もし何かしら人間らしい感情があなた様の心臓を高鳴らせたことがおありでしたら，良人への愛，恋人への愛，母親への愛，この世にあるいっさいの聖なるものへの愛にかけて，お願い申し上げます。どうか私の願いを退けないで下さい。あなたの秘密を私にお明かし下さい！　──さあ，お願いします──もしやその秘密は，何か恐ろしい罪，あなた様の永遠の幸福の喪失，と関連があるのでしょうか？　あなた様はまさか悪魔と契約を結びはしなかったでしょうね？…　よろしいですか，あなた様は相当なお年です。もう先はそう長くはありません。私はあなた様のいっさいの罪を私の魂に引き受け，ただ一人神の前に立ってその責めを負う覚悟ができております！　──あなた様の秘密をお教え下さい！　──一人の男の幸福があなた様の手中にあることを，私ばかりか，私の子供たち，私の孫たちみ

── 187 ──

スペードの女王

んなもあなた様の遺徳を後々まで称え，あなた様を聖女の如く
崇めるであろうことをお考え下さい」

老伯爵夫人はただの一言も答えなかった。

エルマンが立ち上がった。

「いまいましい婆あめ！」と，彼は歯ぎしりをしながら叫ん
だ。「私がお前にしゃべらせることができないとでも思うの
か！」

そして彼は，ポケットからピストルを取り出した。

ピストルを見ると，伯爵夫人は，ふたたび激しい心の動揺を
見せた。彼女の頭はいっそう激しく揺れ動き。彼女は，まるで
ピストルを払いのけようとするかのように，両手を差し伸ばし
た。それから，突然体をのけぞらせると，動かなくなった。

「さあ，教えて下さい！　駄々をこねるのはよして下さい」と
エルマンは彼女の手を取って言った。「最後のお願いです。私に
三枚のカードを教えて下さいませんか？さあ，どうなんです？」

伯爵夫人は答えなかった。エルマンは彼女が死んでいるのに
気がついた。

IV

リザベタ・イヴァノヴナは，自分の部屋で，まだ舞踏会の衣
装のまま座り込み，深い物思いに沈んでいた。邸に帰ると，彼
女は小間使に服の着替えの手伝いは要らないと言って，直ちに
彼女らを引き下がらせ，エルマンがいるのではと期待に身を震
わせ，また，いなければいいがとも願いながら，自分の部屋に
入ったのだった。彼女は一目で彼がいないことを見てとって，
自分たちの逢い引きを失敗させた巡り合わせに感謝した。彼女
は，服を着替えることも思いつかずにすっかり物思いにふけり
ながら座り込み，ほんの少し前に始まったばかりなのに，自分

— 188 —

スペードの女王

をかくも深入りさせてしまった二人の関係の一部始終を，頭の中でたどり始めた。彼女が窓からあの青年士官を見かけてからやっと三週間経っただけだのに，早くも彼女は彼に手紙を書き，彼は彼女から夜の逢い引きの約束を取りつけるのに成功したのだった。彼女は彼の名前は知っている。だが，それだけだった。彼女は彼から大量の手紙はもらったが，彼は一度も彼女に話しかけたことはなかった。だから，彼女は彼がどんな声をしているか知らないのだった。ふしぎなことに，彼女はまさに今夜まで，彼の噂を一度も聞いたことがなかった。今宵，トムスキーが，いつも自分が熱心に相手をしていたのに，ポリーヌ＊＊＊公爵令嬢がいつもと違って自分以外の男に媚びていると思い込んで，ことさらに無関心をひけらかすことによって彼女を見返してやろうと思いついたのだった。こんな結構な目的で，彼はリザベタを誘って際限もなくマズルカを踊ったのだ。彼は彼女の工兵士官びいきをさんざんからかった。そして今まで口にしたことより遙か以上のことを知っているふりをしているうちに，彼が口にした冗談のうちのいくつかが図星だったり，リザベタが一度ならず自分の秘め事がもれているのだと信ずるというようなことがあった。

「それはそうと」と彼女はほほえみながら言った。「そういった話をいったいどなたからお聞きになりましたの？」

「あなたが知っている士官の友人からですよ。ひじょうに変わった男でね」

「そんなに変わった男の方とはどなたですの？」

「エルマンという奴ですよ」

彼女は何も答えなかった。が，彼女は自分の手足が凍るのを感じた。

「エルマンは小説の主人公みたいな奴でね」とトムスキーが続

— 189 —

スペードの女王

いて言った。「ナポレオンみたいな顔に，メフィストフェレスみたいな魂を持っているのですよ。彼は良心がとがめる少なくとも三つの罪を抱えていると思うね。おや，顔色が真青ですよ！」

「頭痛がするのです。それで，あなたに何とおっしゃったのです，そのエルマンさんは？　あなたはその方をこうお呼びするのでしょう？」

「エルマンは自分の友だち，あなたがご存じの工兵士官に大いに不満なのです。彼は自分ならそんなふうにはしないのにと言ってます。それに，エルマンは間違いなくあなたに思召（おぼしめし）があるようです。少なくとも，彼は友人の内緒話に異常なほど聞き耳を立てているようです…」

「で，その方はどこで私をご覧になったのでしょう？」

「教会でしょう，たぶん。それとも散歩のときかな。神のみぞ知る，ですよ。いや，もしかしたら，あなたのお部屋かもしれませんね，あなたが眠っている間に。彼は何だってできるのですから…」

ちょうどそのとき，マズルカの慣例に従って，彼に oubli（お忘れ）？か regret（お心残り）？を選ばせるために近づいて来た三人の婦人がリザベタ・イヴァノヴナの好奇心をひどく掻き立てていた会話を中断してしまった。

マズルカ公認のこのような浮気沙汰の結果，トムスキーに選ばれた婦人はポリーヌ公爵令嬢だった。マズルカのフィギュアに特有の動きをくり返したり，ポリーヌが席にもどるのに手間取ったりしている間に，二人は互いに長々と弁解し合ったのだった。トムスキーは，パートナーのもとにもどったとき，もはやエルマンのこともリザベタ・イヴァノヴナのことも念頭にはなかった。彼女は話を続けようとしたが無駄だった。しかしそのうちに，マズルカが終わり，その直後に老伯爵夫人は立ち上

— 190 —

スペードの女王

がって，帰邸した。

　トムスキーの謎めいた言葉は，マズルカに付き物の無責任な話にほかならなかった。だが，それらは老伯爵夫人の哀れな侍女の胸中深くに入り込んでしまった。トムスキーがざっと描いた肖像は彼女には驚くほど似ているように思われた。そして，小説から得た知識のおかげで，彼女は自分の崇拝者のかなり平凡な顔立のなかに，彼女を魅惑するとともに彼女を怖がらせるものを読み取っていた。彼女は両手の手袋を外し，肩掛けを脱いだまま座っていた。そして花を飾ったままの頭が胸にくっつきそうなほど垂れていた。そのとき突然ドアが開いて，エルマンが入って来た。彼女は身震いした。

　「どちらにいらっしゃいましたの？」と，彼女はひどく身を震わせながら尋ねた。

　「伯爵夫人の寝室です」と，エルマンは答えた。「たった今しがたそこから出て来ました。あの方は亡くなりました」

　「ええっ！… 何をおっしゃるのです！」

　「しかもどうやら」と彼は続けた。「あの方が亡くなったのはぼくのせいらしいのです」

　リザベタ・イヴァノヴナは，すっかりおびえて彼を見詰めていた。すると，トムスキーが言った次のような言葉が思い出された。『彼は良心がとがめる少なくとも三つの罪を抱えている！』エルマンは窓際に座って，彼女にいっさいを語った。

　彼女は恐れおののきながら，それを聴いた。となると，あれほど情熱的な手紙，あの燃えるような言葉，あれほど大胆で粘り強い求愛，こういったことのいっさいは，愛が生み出したのではなかったのだ。金銭のみ，これこそが彼の魂を奮い立たせていたのだった。ひたすら彼に心を捧げていた彼女は，彼を幸せにすることができたのだろうか？　かわいそうにも，彼女は，

— 191 —

スペードの女王

盗っ人であり自分の老いたる恩人の殺害者である者に意のままに操られる道具だったのだ。彼女は後悔の念に責めさいなまれながら，痛恨の涙を流していた。エルマンは黙って彼女を見詰めていた。が，この不孝な女の涙も，苦悩のためにいっそう胸を打つ彼女の美しさも，この鉄のように非情な魂を揺り動かすことはできなかった。彼は公爵夫人の死に思いを馳せて後悔するようなことはなかった。ただ一つの考えだけが，彼を深く悲しませていた。それは自分の財産をそれによって築き上げるつもりでいた秘密を，取りもどす術もなく失ってしまったことだった。

「ほんとにあなたは恐ろしい人ね！」とリザベタは，長い沈黙の後に叫んだ。

「殺すつもりはなかったんだよ」と，彼は冷ややかに答えた。「ピストルには弾丸は込めてなかったのだから」

二人は長い間口をきくことも顔を見合わせることもなかった。夜が明けて来た。リザベタは蠟皿の中で燃えているろうそくを消した。部屋は青白い光で明るくなった。彼女は涙のたまった目をぬぐい，それをエルマンの方へ向けた。彼は腕を組み，眉をひそめて，相変わらず窓際にいた。こんな態度をとっている彼を見ると，彼女は無意識のうちにナポレオンの肖像を思い浮かべた。彼がこんなふうに似ていることが，彼女を苦しめた。

「どうやってあなたにここから出ていただけばよいのでしょう？」と，とうとう彼女が彼に言った。「隠し階段を通ってお出しするつもりでおりましたの。でも，それには伯爵夫人の部屋を通らなければなりません，私にはとても怖くて…」

「せめてどこにその隠し階段があるかだけ，言って下さい。そうすれば，私一人で参りましょう」

彼女は立ち上がって引き出しのなかから鍵を探し，出て行く

— 192 —

スペードの女王

のに必要ないっさいの情報を与えながら，彼にその鍵を渡した。
彼は彼女の冷たくなった手を取り，うなだれた彼女の額に接吻
して，出て行った。

　彼は螺旋階段を降りて，伯爵夫人の部屋に入った。彼女はす
っかり硬直して，肱掛椅子に座っていた。表情は少しも引きつ
ってはいなかった。彼は彼女の前に立ちどまり，恐ろしい現実
を確認するかのように，しばらくの間彼女を見詰めた。それか
ら，彼は納戸に入り込み，壁掛けをまさぐって，階段に通じる
小さなドアを見つけた。降りて行くとき，彼の頭に奇妙な考え
が浮かんだ。『この階段を伝って』と彼は考えた。『およそ六十
年も前のちょうど同じような時刻には，刺繍のある服をまとい
王鳥型の髪をして，三角帽を胸にしっかりと押しつけながら，
この寝室から出て行く色男が見られたのだろうが…。その男は
ずいぶん前から墓に埋められていたが，やっと今日，その昔の
情人の心臓が鼓動を止めたのだ』

　階段を降りきった所に，彼はもう一つのドアを見つけ，鍵で
開けた。彼は回廊に入り，すぐに通りに出た。

V

　この運命の夜の三日後の朝の九時に，エルマンは＊＊＊修道
院に入ろうとしていた。そこで老伯爵夫人の遺骸に最後の別れ
を告げることになっていたのだ。彼は後悔はしていなかった。
だが，自分があの気の毒な女の殺害者だという事実に目をつぶ
るわけにはゆかなかったのだ。彼は信仰心は持たなかったが，
ご多分に漏れず多くの迷信にとらわれていた。彼は，死んだ伯
爵夫人が彼の生涯に仇なすかもしれないと確信していたので，
彼女の葬儀に参列することによって，彼女の霊を鎮めようと考
えたのだった。

― 193 ―

スペードの女王

聖堂は人でいっぱいで，彼は席を見つけるのに苦労した。遺骸はビロードの天蓋の下の豪華な柩台の上に安置されていた。伯爵夫人は，白繻子のドレスをまとい，レースのかぶりものをして，両手を胸の上に組んで，柩のなかに横たわっていた。柩台のまわりに，家族が集まっていた。下男たちは黒い長衣を着て，肩に紋章の付いたリボンの飾り結びを付け，手にろうそくを持っていた。子，孫，曽孫ら，正喪服を着た一族の者たちは誰も泣いてはいなかった。もし，涙が流されたとしたら，それは空涙と思われることだろう。伯爵夫人が余りにも老齢だったので，彼女の死は誰一人驚かすことはなかったし，ずいぶん前から，彼女をまるですでにこの世を離れているかのように見なすことに馴れてしまっていたのだ。名高い説教家が棺前説教をした。彼は，簡潔にして感動的な二，三の文章で，長い年月をキリスト者として最後を迎えるための心を打つ準備のうちに過ごした，この信仰篤き人の最後の旅立ちを描いた。『死の天使は』と，その説教家は言った。『敬虔なる黙想の歓びに包まれ，《真夜中の花婿》を待ちわびている彼女を連れ去ったのでありました』

お勤めはしめやかな黙想のうちに終わった。そこで，親族が故人に最後のお別れをするために進んだ。彼らに続いて，参列者全員が長い列をなして，長年の間自分たちの楽しみにとって目ざわりな案山子のような存在だった人に，最後の拝礼をするのだった。伯爵夫人の家の者が最後に進んだ。二人の女に支えられた，故人と同年輩の老家政婦が目についた。彼女にはひざまづく力が失くなっていたが，その女主人の手に接吻をするとき，目から涙が流れ出た。

順番がきて，エルマンが柩に近づいた。彼は，樅の小枝がまき散らされている敷石に，ほんのしばらくの間ひざまづいた。

— 194 —

スペードの女王

それから立ち上がり，真っ青になって枢台の段を上がり，頭を下げた… とそのとき，彼には，死者が突然ウィンクしながらからかうような目つきで彼を眺めているように思われた。エルマンは，急にのけぞって，仰向けに倒れた。人々は急いで彼を助け起こした。ちょうど同じ時，聖堂の前庭で，リザベタ・イヴァノヴナが気を失って倒れたのだった。このできごとで，ほんのしばらくの間，葬儀の荘厳な雰囲気が乱れた。参列者たちはひそひそ話を交わし，故人の近親者に当たるずるそうな侍従が側にいたイギリス人の耳もとにささやいた。「あの若い士官は伯爵夫人の息子なんですよ。内縁の関係ですがね，もちろん」これに対してイギリス人は答えた。「おやおや！」

一日中，エルマンはひどく気分が悪かった。彼がいつも食事をしているさびれたレストランで，彼は慣例に反して，気をまぎらわそうと，大酒を飲んだ。しかしながら，ワインはただ彼の想像力を掻き立て，彼がとりつかれている想念を新たに刺激するばかりであった。彼は早々に家にもどり，服を着たまま，ベッドに身を投げて，泥のように眠り込んだ。

目が覚めたときは夜もふけていて，月の光が彼の部屋を照らしていた。彼は時計を見た。3 時 15 分前だった。彼にはもはや眠気がなくなっていた。彼はベッドに座り，老伯爵夫人のことを考えていた。

このとき，通りにいた誰かが，あたかも彼の部屋をのぞき込もうとするかのように，窓に近づいて来て，直ぐに通り過ぎて行った。エルマンはほとんどそれに気づかなかった。一分後に，彼は控えの間のドアが開くのを耳にした。彼は従卒が，いつもの通り酔っ払って，夜遊びから帰って来たのだと思った。だが，やがて，聞きなれない足音を耳にした。誰かが，寄せ木張りの床の上を静かにスリッパを引きずりながら，入って来た。そし

— 195 —

て，扉が開いて，白衣を着た女が部屋の中を進んで来た。エルマンは，その人は自分の年取った乳母だと思った。そこで彼は，夜中のこんな時刻に，いったい彼女は何の用でやって来たのかといぶかった。ところが白衣の女は，すばやく部屋を横切って，たちまち彼のベッドの足下にやってきた。と，エルマンは伯爵夫人であることが分かった！

「私は自分の意志に反してあなたの所に来ました」と，彼女は，しっかりした声で言った。「私はあなたの願いをかなえなくてはならないのです。『3』『7』『エース』と張れば，次々にあなたの勝ちとなります。しかし，24時間に一枚以上賭けてはなりません。そしてその後は，生涯二度と賭け事をしてはいけませんよ！ 私は，あなたが私の侍女リザベタ・イヴァノヴナを娶るという条件で，私を殺めた罪を許しましょう」

こう言うと，彼女はドアの方に向かい，ふたたび床の上をスリッパを引きずりながら引き下がって行った。エルマンは彼女が控えの間のドアを押すのを聞き，一瞬の後に，白い姿をしたものが通りへ出て行き，まるで彼を眺めるためであるかのように窓の前に立ち止まるのを見た。

エルマンはしばしの間茫然となった。彼は立ち上がって，控えの間に入った。従卒は，いつも通りに酔っ払って，床に横になって眠っていた。彼は，従卒を起こすのに大いに骨を折った。だが，彼からほんの少しの情報も得られなかった。控えの間のドアは鍵がかかっていた。エルマンは自分の部屋にもどって，直ちに彼が目のあたりにしたことのいっさいを書き留めた。

VI

物質界において二つの物体が同時に同じ場所を占めることができないのと同様に，二つの固定観念が同時に精神界を占める

スペードの女王

ことはできない。『3』『7』『エース』は，やがてエルマンの頭の中から，伯爵夫人の臨終の記憶を消し去った。『3』『7』『エース』はもはや彼の頭から消えることはなく，絶えず口から出て来るのだった。通りで若い娘に会うと，「なんと美しい体をしているのだろう！ハートの3に似ている」と彼は言ったものだった。時間をきかれる。すると，彼はこう答える。「ダイヤの7時15分前」彼が会うひどく太った男は彼に『エース』を連想させるのだった。『3』『7』『エース』は夢にまで彼にまとわりつき，さまざまな奇妙な形で現れるのだった。彼にはいくつもの『3』が泰山木のように花開くと見えた。『7』はゴシック様式の門として開き，『エース』は奇怪な蜘蛛のように，空中にぶら下がっているように見えた。彼の思いはことごとくただ次の目的に集中していた。『かくも高くついたこの秘密を如何に利用すべきか？』彼は旅行するための休暇を願い出ようと考えた。パリに行けば，と彼はひそかに思った。賭博場がどこかに見つかり，そこで三回の勝負をして財を成すことができよう。だが，やがて，偶然が彼をこのような気苦労から救い出した。

　モスクワには，かのチェカリンスキーが主宰する，賭博好きの金持が集まるクラブがあった。この男は，全生涯を賭け事に打ち込んで，何百万もの富を蓄えていた。それというのも，彼がかせぐのは紙幣で，負けるのは銀貨ばかりだったからだ。彼の豪壮な邸宅，すばらしい食事，開放的な態度が多くの友人を作り，彼はみんなの尊敬を集めていた。その彼がペテルスブルグにやって来たのだ。そこで，直ちに，青年たちが，カードのために舞踏会を忘れ媚態による誘惑より緑のクロス台のスリルの方を好んで，彼のサロンに殺到した。エルマンはナルーモフに連れられて，チェカリンスキーの邸に行った。

　彼らは，礼儀正しく愛想のいい使用人たちが大勢詰めている

スペードの女王

長く続く部屋を幾つも通り抜けた。どの部屋にも人がいっぱい
いた。将軍や枢密院議員たちはホイストをしていた。若い連中
は長椅子に寝そべって，アイスクリームを食べたり，大きなパ
イプをふかしたりしていた。大広間では，張り手が二十人ほど
周りにひしめき合っている長いテーブルの前で，邸の主人がフ
ァラオンの親をやっていた。その人は，髪は雪のように白く，
やさしそうで上品な顔をした，およそ六十歳ぐらいの男だった。
その丸くて生き生きとした顔には，機嫌のよさと親切さとが読
み取れた。目は絶えることのない微笑で輝いていた。ナルーモ
フがエルマンを彼に紹介した。直ちにチェカリンスキーは手を
差し出し，よくいらっしゃいました，自分の所では遠慮は御無
用に願います，と言って，ふたたび親にもどった。

　勝負は長く続いた。みんなは30枚以上のカードに張った。チ
ェカリンスキーは，一回ごとに勝負を中断し，勝った者に
倍賭けをする時間を与えたり，支払ったり，相手の要求をてい
ねいにきいたり，さらにはもっとていねいに，上の空の人がう
っかり折り曲げてしまった角を伸ばさせたりした。

　とうとう一勝負が終わった。チェカリンスキーはカードを切
り，次の勝負に取りかかろうとした。

　「カードを一枚もらってもいいですか？」と，エルマンが，テ
ーブルの片側全部をふさいでいる太った男越しに手を差し出し
ながら言った。

　チェカリンスキーは，上品な微笑を送りながら，承諾のしる
しに丁寧に頭を下げた。ナルーモフは笑いながら，彼がこれま
での厳格な方針を放棄したことを祝福し，彼の勝負事への門出
に心から幸運を祈った。

　「よし，これでいい」とエルマンは，自分のカードの裏に数字
を書き込んでから言った。

— 198 —

スペードの女王

「いかほどですか？」と，親は，目を細めながら言った。「失礼ですが，見えませんので」

「四万七千ルーブル」とエルマンが言った。

この言葉を聞くと，みんなは顔を上げ，視線をエルマンの方に向けた。

『こいつは気が狂ったぞ』とナルーモフは考えた。

「失礼ながら，念のために申し上げますが」と，チェカリンスキーが，例の変わらない微笑を浮かべながら言った。「賭け金が少々大きすぎるように思われますが… ここではこれまで一回の勝負に二百七十五ルーブルしか張られたことがございませんので」

「あ，そうですか」とエルマンは言った。「で，ぼくにカードを配って下さいますか，それとも，だめですか？」

チェカリンスキーは同意のしるしに頭を下げた。

「ただ申し上げたいのは」と，彼は言った。「皆さま方を完全にご信頼申し上げてはおりますが，現金の場合しか親を務め兼ねるのですが…あなたのお話は黄金に匹敵する，と心底確信してはおります。しかしながら勝負事の習いと計算の都合から，現金をカードの上に置いて下さいますと，ありがたいのですが…」

エルマンは，ポケットから手形を取り出し，それをチェカリンスキーに差し出した。彼は，それを一瞬のうちに調べて，エルマンのカードの上に置いた。

彼はカードを配った。右には 10 が，左には 3 が出た。

「勝った」とエルマンは，自分の札を見せながら言った。

驚きのざわめきが，勝負師たちの間を駆けめぐった。一瞬，親の眉が寄った。だが，直ぐに，彼のいつもの微笑が顔に現れた。

— 199 —

スペードの女王

「お支払い致しましょうか？」と彼は勝者に言った。

「お差し支えなければお願いします」

チェカリンスキーは，財布から数枚の紙幣を取り出して，直ぐさま支払いを済ませた。エルマンは，儲けをポケットに入れ，テーブルを離れた。ナルーモフの驚きは治まらなかった。エルマンはレモン水を一杯飲んで，家に帰った。

翌日の晩，エルマンはふたたびチェカリンスキー邸に現れた。彼は相変わらず親を務めていた。エルマンがテーブルに近づいた。すると今度は，張り手たちが急いで席を空けてくれた。チェカリンスキーは媚びるように会釈をした。

エルマンは新しくカードが配られるのを待った。それからカードを一枚取って，その上に，四万七千ルーブルと，その他に，昨夜の儲けを載せた。

チェカリンスキーがカードを配り出した。右にジャックが，左に7が出た。

エルマンは7を見せた。

ああ！　とみんなが嘆声を発した。チェカリンスキーはみるからに落ち着きを失っていた。彼は，九万四千ルーブル数えて，エルマンに渡した。後者は，落ち着き払ってそれを受け取り，立ち上がって直ちに出て行った。

彼は，翌日，またもいつもの時刻に現れた。みんなが彼を待っていた。将軍や枢密院議員たちは，この途轍もない勝負を見ようとして，自分たちがやっていたホイストを止めた。青年士官たちも長椅子を離れていた。邸中の人々がサロンに詰めかけていた。みんなが，エルマンを取り囲んだ。彼が入って来ると，他の張り手たちは，彼が親と四つに組むのを見たくてたまらず，張るのを止めてしまった。当の親の方は，青ざめてはいるが相変わらず微笑を浮かべて，彼がテーブルに近づき自分と一騎打

— 200 —

スペードの女王

ちの勝負をする気でいるのを眺めていた。彼らはそれぞれが同時に，トランプの封を切った。エルマンがカットした。それから彼は，カードを一枚取って，それを紙幣の山でおおった。まるで決闘の準備のようであった。深い沈黙がふたたび，部屋を支配していた。

　チェカリンスキーがカードを配り始めた。彼の手は震えていた。右手にクイーンが出て来るのが見えた。左手はエースだった。

　「エースが勝った」と言って，エルマンは，自分のカードを見せた。

　「あなたのクイーンは負けですよ」とチェカリンスキーが，いやにやさしい声で，言った。

　エルマンは震えた。彼は，エースではなく，スペードの女王（クイーン）を目の前にしていた。彼は自分の目が信じられず，自分がどうしてこんなふうに間違ってしまったのか分からなかった。

　この不吉なカードをじっと見つめていると，彼には，スペードの女王（クイーン）がウィンクをし，からかうような様子で，彼に笑いかけたように思われた。彼は，そのスペードの女王（クイーン）と故伯爵夫人との間に奇妙な相似性があるのを，ぞっとしながら認めた。「いまいましい婆（ばば）あだ！」と，彼は，恐怖に駆られて叫んだ。

　チェカリンスキーは，熊手の一掻きで，自分の儲け全部を掻き寄せた。エルマンは，長い間茫然（ぼうぜん）となったまま，動けないでいた。ついに彼がトランプ台から離れると，ひとしきり，騒々しいおしゃべりが始まった。「すばらしい勝負師だった！」と張り手たちが言った。チェカリンスキーはカードを切り，勝負が続いた。

― 201 ―

スペードの女王

結び

　エルマンは気が狂った。彼は今，オブホーク病院の十七号室にいる。彼は自分に向けられるいかなる質問にも答えることはない。だが，彼が絶えず次のように繰返すのが聞こえる。「3―7―エース！　3―7―女王(クイーン)！」

　リザベタ・イヴァノヴナは，故伯爵夫人の執事の息子で大変やさしい青年と結婚したばかりだ。彼はよい働き口に就いていて，品行方正な青年だ。リザベタは気の毒な親類の娘を手元に引き取って，教育している。

　トムスキーは騎兵大尉に昇進し，公爵令嬢ポリーヌ＊＊＊を娶(めと)った。

エピグラフの和訳

Пи́ковая да́ма означа́ет та́йную недоброжела́тельность.

Нове́йшая гада́тельная кни́га.

スペードの女王の意味は，隠された悪意。

『最新の占い本』

I

А в нена́стные дни

Собира́лись они́

Ча́сто;

Гну́ли — бог их прости́! —

От пяти́десяти

На́ сто,

スペードの女王

И вый́грывали,
И отпи́сывали
Мелом.
Так, в нена́стные дни,
Занима́лись они́
Де́лом.
そして天気の悪い日には，
連中はよく
集まったものだ。
賭け金を（驚くなかれ！）
50 から 100 へと倍にして，
勝っては，
チョークで
書きつけていた。
そんな具合に，天気の悪い日には，
連中は
精を出していた。

II

Il paraît que monsieur est décidément pour les suivantes.
Que voulez-vous, madame? Elles sont plus fraîches.
Све́тский разгово́р.

〈フランス語のエピグラフはネットテキストの注のロシア語訳を
和訳したもの〉
Вы, ка́жется, реши́тельно предпочита́ете камери́сток.
Что де́лать? Они́ свеже́е (*франц.*).
どうやら断然，腰元たちの方がお気に入りのようね。

― 203 ―

スペードの女王

仕方あるまい？　あっちの方が生きがいいんだから。
「社交界の会話」

Ⅲ

Vous m'écrivez, mon ange, des lettres de quatre pages plus
vite que je ne puis les lire.
Переписка.

Вы пи́шете мне, мой а́нгел, пи́сьма по четы́ре страни́цы, быстре́е,
чем я успева́ю их прочита́ть (*франц.*).
私の天使よ，あなたは手紙を4枚ずつも書いてくださって，そ
れもすごく早くて読むのが追いつかないほどですよ。「往復書
簡」

IV

7 Mai 18**.
Homme sans mœurs et sans religion!
Переписка.

7 мая 18**. Челове́к, у кото́рого нет никаки́х нра́вственных
пра́вил и ничего́ свято́го! (*франц.*)
18** 年5月7日　道徳律もなければ，敬虔さのかけらもない人
なのです！「往復書簡」

V

В э́ту ночь яви́лась ко мне поко́йница бароне́сса фон В***. Она́
была́ вся в бе́лом и сказа́ла мне: «Здра́вствуйте, господи́н
сове́тник!»

スペードの女王

Шве́денборг.

その夜，亡くなられた男爵夫人フォン・V*** が我がもとに現れ
ました。彼女は全身白衣をまとい，こうおっしゃいました。「ご
きげんよう，顧問官どの！」 スウェーデンボルグ

VI

— Атанде́!

— Как вы сме́ли мне сказа́ть атанде́?

— Ва́ше превосходи́тельство, я сказа́л атанде́-с!

「待った！」

「私に，待ったとは，なにごとじゃ」

「閣下，私は，待たれませ，と申し上げたのです！」

著者紹介

調佳智雄 ［しらべ・かちお］ 早稲田大学名誉教授
（フランス語，フランス文学）

直野洋子 ［なおの・ようこ］ 国際基督教大学他　非常勤講師
（ロシア口承文芸学）

目録進呈　落丁本・乱丁本はお取替えいたします。

平成 28 年 9 月 20 日　　Ⓒ第 1 版発行

仏―露　スペードの女王

訳注者	調 直	佳 野	智 洋	雄 子

発行者　佐 藤 政 人

発 行 所

株式会社　**大 学 書 林**

東京都文京区小石川 4 丁目 7 番 4 号
振替口座　00120-8-43740 番
電話　（03）3812-6281〜3 番
郵便番号　112-0002

ISBN978-4-475-01592-9

豊国印刷・牧製本

～大学書林～
～語学参考書～

調 佳智雄著	超入門フランス語	A 5 判	160頁
調 佳智雄 ジャン-マリ・ルールム 共著	フランス語ことわざ用法辞典	B 6 判	382頁
調 佳智雄 加 藤 雅 郁 編	フランス語分類単語集	新書判	280頁
伊 東 英 調 佳智雄 訳註	モーパッサン短篇集 I	B 6 判	208頁
伊 東 英 調 佳智雄 訳註	モーパッサン短篇集 II	B 6 判	208頁
調 佳智雄 曽根田憲三 訳註	仏–英（ポー，ボードレール） 黒猫／ウィリアム・ウィルソン	B 6 判	248頁
調 佳智雄 原 潔 訳注	仏–独（ティーク） 金髪のエクベルト	B 6 判	176頁
伊 東 英編	カナ発音仏和小辞典	ポケット判	768頁
小 林 路 易 島 岡 茂 編	フランス語常用6000語	B小型	344頁
出 水 慈 子編	フランス語会話練習帳	新書判	186頁
出 水 慈 子著	ビジネスマンのフランス語	B 6 判	216頁
山 田 原 実 島 田 実 著	新しい仏文解釈法	B 6 判	320頁
川 本 茂 雄著	高等仏文和訳演習	B 6 判	328頁
島 田 実著	やさしい仏文解釈	B 6 判	132頁
市 川 慎 一著	コミュニケーションの仏作文 —基 礎 編—	B 6 判	112頁
市 川 慎 一著	コミュニケーションの仏作文 —中 級 編—	B 6 判	136頁

—目録進呈—

〜大学書林〜
〜語学参考書〜

島　岡　　茂著	フランス語統辞論	Ａ５判	912頁
島　岡　　茂著	フランス語の歴史	Ｂ６判	192頁
島　岡　　茂著	古フランス語文法	Ｂ６判	240頁
島　岡　　茂著	続・フランス文法の背景	Ｂ６判	248頁
島　岡　　茂著	古プロヴァンス語文法	Ｂ６判	168頁
工　藤　　進著	南仏と南仏語の話	Ｂ６判	168頁
佐佐木茂美訳注	薔薇の物語	Ｂ６判	152頁
瀬戸直彦編著	トルバドゥール詞華集	Ａ５判	376頁
ピエール・コルネイユ作 鈴　木　　暁訳註	ル・シッド	Ｂ６判	176頁
但　田　　栄訳注	アポリネールのコント	Ｂ６判	228頁
吉田郁子訳注	セヴィニエ夫人の手紙	Ｂ６判	164頁
佐竹龍照 内田英一訳注	英−仏（ワイルド） サ　ロ　メ	Ｂ６判	224頁
佐竹龍照 内田英一訳注	英−仏（ゴーティエ，ハーン） クラリモンド	Ｂ６判	256頁
島　岡　　茂著	英仏比較文法	Ｂ６判	264頁
佐野直子編	オック語分類単語集	新書判	376頁
多田和子編	オック語会話練習帳 〈ラングドシヤン〉	新書判	168頁
多田和子著	現代オック語文法	Ａ５判	296頁

― 目 録 進 呈 ―

～大学書林～
～語学参考書～

著者	書名	判型	頁数
佐藤純一著	ロシア語史入門	Ａ５判	432頁
阿部軍治著	独習ロシア語	Ｂ６判	312頁
阿部軍治編 山田　恒	ロシア語分類語彙集	新書判	336頁
阿部軍治編 ゴルボフスカヤ	ロシア語会話練習帳	新書判	236頁
野崎韶夫著	英語対照ロシヤ語会話	Ｂ６判	168頁
阿部軍治著 ゾーヤ・オーコニ	ロシア語基本文1000	新書判	216頁
和久利誓一編	ロシヤ語小辞典	ポケット判	538頁
野崎韶夫編 橋本みさご	和露小辞典	ポケット判	450頁
チェーホフ作 阿部軍治訳注	谷間	Ｂ６判	188頁
トルストイ作 阿部軍治訳注	コサック	Ｂ６判	200頁
プーシキン作 小沢政雄訳注	ベールキン物語	新書判	130頁
チェーホフ作 中村　融訳注	殻に入った男	新書判	92頁
チェーホフ作 野崎韶夫訳注	結婚申込み・熊	新書判	136頁
トルストイ作 和久利誓一訳注	子供の知恵	新書判	88頁
ゴーゴリ作 吉原武安訳注	外套	新書判	154頁
コロレンコ作 染谷　茂訳注	マカールの夢	新書判	156頁
ツルゲーネフ作 岡沢秀虎訳註	ツルゲーネフ散文詩	新書判	80頁
黒田龍之助編	ウクライナ語基礎1500語	新書判	188頁
中井和夫著	ウクライナ語入門	Ａ５判	224頁
藤井悦子訳注	シェフチェンコ詩選	Ｂ６判	224頁

― 目 録 進 呈 ―